上海建领城达律师事务所
SHANGHAI JIANLING CHENGDA LAW FIRM

THE FIRST CASE OF

TRUST DISPUTE

THE WHOLE CASE HANDLING RECORD

信托纠纷第一案
全程办案实录

如何办理新型、疑难、复杂诉讼案件

周吉高　赵虎阳　阚蓉　编著

法律出版社
LAW PRESS·CHINA

图书在版编目(CIP)数据

信托纠纷第一案全程办案实录:如何办理新型、疑难、复杂诉讼案件/周吉高,赵虎阳,阚蓉编著. —北京:法律出版社,2015.3

ISBN 978-7-5118-7449-8

Ⅰ.①信… Ⅱ.①周…②赵…③阚… Ⅲ.①信托—经济纠纷—案例—中国 Ⅳ.①D922.282.5

中国版本图书馆 CIP 数据核字(2015)第008246号

责任编辑/冯高琼　　**装帧设计**/李　瞻

出版/法律出版社　　**编辑统筹**/法规出版分社
总发行/中国法律图书有限公司　　**经销**/新华书店
印刷/三河市龙大印装有限公司　　**责任印制**/吕亚莉

开本/720毫米×960毫米　1/16　　**印张**/19.25　　**字数**/225千
版本/2015年2月第1版　　**印次**/2015年2月第1次印刷

法律出版社/北京市丰台区莲花池西里7号(100073)
电子邮件/info@lawpress.com.cn　　**销售热线**/010-63939792/9779
网址/www.lawpress.com.cn　　**咨询电话**/010-63939796

中国法律图书有限公司/北京市丰台区莲花池西里7号(100073)
全国各地中法图分、子公司电话:
第一法律书店/010-63939781/9782　**西安分公司**/029-85388843　**上海公司**/021-62071010/1636
北京分公司/010-62534456　**深圳公司**/0755-83072995　**重庆公司**/023-65382816/2908

书号:ISBN 978-7-5118-7449-8　　**定价**:48.00元

编 者 简 介

周吉高

上海建领城达律师事务所主任、首席合伙人。周律师先后于同济大学、中国科学院和复旦大学取得工学学士、工学硕士和法律硕士学位，具有律师、注册会计师和造价工程师资格，目前担任上海市律师协会建设工程业务研究委员会主任、上海市工商联房地产商会法律分会会长等社会职务，并兼任同济大学法学院教务委员会副主任。

主要业务领域：房地产、建设工程、投融资和工程保险业务。

赵虎阳

上海建领城达律师事务所律师。赵律师毕业于华东政法大学国际法学院和英国利兹大学法学院国际商法专业，分别取得法学学士学位和法学硕士学位（LLM）。

主要业务领域：房地产、金融和兼并与收购业务。

阚 蓉

上海建领城达律师事务所合伙人、律师。

主要业务领域：房地产、建设工程和公司法。

前　言 PREFACE

2013 年 12 月 6 日，随着上海市高级人民法院二审终审判决的公布，持续近两年之久、业内人士所称的国内"信托纠纷第一案"终于画上了句号。时至今日，办理案件时的兴奋与激情已经退去，当回过头来整理我们办理这起案件的资料时，留下更多的是理性思考。作为法律界、房地产业和金融行业内影响巨大的一起信托纠纷案，案件的审理过程与判决结果无疑将会影响中国的信托行业和房地产行业。笔者之所以下这样的结论是就这起案件在中国信托法律史和信托业务发展史的作用而言的。众所周知，虽然《信托法》正式通过已有 13 年之久，信托业务在中国的迅猛发展也快得令人称奇，尤其是 2008 ~ 2012 年，中国房地产业高歌猛进；但是，一个比较反常的现象是《信托法》的运用在司法实践中极为罕见，委托人与受托人之间因信托关系而对簿公堂的案件非常少，这种现象与现实中业务开展得如火如荼，对比鲜明，显得非常不平衡。虽然我国不是判例法国家，但"路径依赖"这一经济学规律也会体现在法律的适用领域，尤其是在一个基本属于空白的法律领域，"领头羊"式的判例对之后案件的法律适用、法律理解都毫无疑问会产生一定影响。

这起案件涉及的纠纷从诉讼开始就受到专业人士和媒体的关注与评论，网上对本案的讨论可谓空前激烈。一个经济案件能够引起如此大的轰动也可谓开创了一个先例。人们从各种信息渠道关注着本案，努力地去还原双方纠纷的全貌。虽然网上可以找到与本案相关的两审法院的判决书，但是判决书的内容毕竟是经过筛选、精简之后的内容，只能展示纷繁复杂真相的冰山一角。作为本案房地产公司的代理律师,我们在双方纠纷刚刚产生时介入其中,也掌握了更全面细致的资料,我们希望能够将整个案件的经过呈现给感兴趣的读者,希望读者能够了解我们是如何面对并成功地代理新型、复杂、疑难案件的,是怎样学习、研究信托原理、法律、法规的,又是如何结合案情对法律关系进行定性并就诸如合同关系、合同效力等问题进行判定的,以及我们是如何制定代理策略、应对诉讼的。在中国目前的金融环境下,私营企业的资金压力和融资成本很高,作为资金供给方的金融机构一般处于比较强势的地位,因此与交易相关的法律文本、交易结构等均是对其有利的。而这显然对资金需求方及其律师不利,在这种情况下如何扭转局面、反败为胜,对律师来说,是一个巨大的挑战。

因此,我们对本案的办理过程进行了详细的归纳和总结,将我们的心得体会与各位同行和相关行业的从业人员及感兴趣的读者分享,并为促进中国信托业及信托法律的发展与完善尽一丝绵薄之力。我们写作本书的另外一个初衷是希望通过全面展示代理律师的代理过程,为广大律师同仁代理新型、复杂、疑难案件提供一些借鉴。

此外,审理本案的法官在面对这样一个全新类型的案件时,认真研究案情和法律、法规,并与律师对事实与法律问题进行了充分的沟通,其敬业和专业精神令人敬佩。在此,我们认为有必要对本案的一审审判长符望法官以及主审法官嵇瑾致以特别的谢意,尤其是符法官在收到我们约稿的请求后,欣然同意将自己对本案审理和裁判的解读与思考的文章附于本书,以飨读者。

最后,出于对当事人隐私的尊重,我们在本书中隐去了涉及的公司名称、人名等相关信息,希望读者理解。

本书编者

2014 年 11 月于上海

目 录 CONTENTS

第1编 案件总览

第一章 案件事实和主要法律问题的介绍 …………………………… (003)

一、案件事实介绍 …………………………… (003)

二、本案的交易结构和主要法律问题 …………………………… (009)

第2编 案件办理纪实

第一章 我们介入本案的过程及诉讼之前阶段的主要情况 ………… (015)

一、信托公司宣布贷款提前到期及房地产公司回应 ………………… (015)

二、向公证处发出不予签发执行证书的律师函及公证处回应 ……… (019)

三、问题归纳与研究及寻求和解 …………………………… (023)

第二章 案件一审阶段办理实录 …………………………… (026)

一、信托公司起诉的相关情况介绍 …………………………… (026)

二、一审中我们的应对策略 …………………………… (031)

三、案件一审的审理经过及判决结果 …………………………… (080)

第三章 一审判决前后对本案社会观点的归纳与回顾 ………… (142)

一、本案诉讼阶段初期社会舆论及行业内对本案的认识 ………… (142)

二、一审判决之后社会舆论及行业内对本案认识的转变 ………… (145)

第四章 二审收官阶段 …………………………… (147)

一、二审烽烟再起 …………………………… (147)

Contents

二、二审中我方的策略和主要变化 ……………………………… (154)
三、二审的审理经过和判决结果 ……………………………… (155)

第3编 办理本案过程中的思考

从一起房地产信托纠纷看信托六大乱象 ………………………… (191)
关于财产权信托的五个法律问题辨析
——兼评《从一起房地产信托纠纷看信托六大乱象》之评论 ……… (200)
关于财产权营业信托纠纷第一案法院的判决与思考
——国内首例房地产财产权营业信托纠纷案件 ……………… (206)
"资产收益财产权"能否作为信托财产初探 ……………………… (223)

第4编 社会反响

第一章 新闻媒体对本案的报道精选 ………………………… (229)
一、受益权信托引爆司法地雷 判例决定行业变局 …………… (229)
二、某房地产公司案一审判决出炉 某信托公司主张债权缩水 …… (233)
第二章 法官对本案裁判的解读 ……………………………… (237)
第三章 中国信托行业的发展现状及对《信托法》修改的建议及展望 ……………………………… (253)
后记 …………………………………………………………… (259)
附录
一、本案办理过程中所参考的主要书籍及资料 ………………… (262)
二、信托业务中涉及的主要法律法规及房地产信托贷款相关的主要规定 …… (263)

第1编

案件总览

The Part
I

·第一章·

案件事实和主要法律问题的介绍

一、案件事实介绍

本案中,双方的争议涉及信托与借贷法律关系,而每个法律关系项下都有繁杂的过程和文本,加上本案当事人合作时间长达两年多。因此,考虑到本案涉及的事实纷繁复杂,我们将本案的关键事实按照时间的先后顺序进行归纳,以便读者快速了解本案。

本案的主要事实按照发生的先后顺序如下:

1.2009 年 9 月 11 日,作为委托人的某投资开发有限公司(以下简称"某房地产公司")和作为受托人的某信托投资股份有限公司(以下简称"某信托公司")签订了一份《××资产收益财产权信托合同》。双方在合同中约定:本信托系指根据本合同设立的信托,系受托人基于委托人交付的信托财产向投资人发行信托受益权份额 62,700 份而设立的一项信托。信托受益权分为优先受益权和一般受益权,其中,信托优先受益权规模不超过人民币 2.3 亿元,但不低于 2.15 亿元;其余为信托一般受益权。基础资产,系指委托人持有的位于某地的"×××"项目土地的国有土地使用权和在建工程。信托财产,系指委托人对基础财产依法享有取得收益的权利及因对其管理、运用、处分或其他情形而取得的财产。信托目的是委托人为实现基础资产财产价值的流动化，以其合法享有的取得基础资产收益的权利设定的同时，向投资者发行信托受益权份额的财产权信托，受托人按信托文件约定为受益人的利益管理、运用、处分信托财产、向受益人分配信托利益。本信托存续期间，信托财产所涉及的基础资产继续按原有方式保管，委托人承诺妥善保管基础资产，并负责管理、经营和销售该基础资产。为保证基础资产收益款的按时足额收回以及保证委托人履行资金补足义务，委托人自愿以受托人为抵押权人将基础资产抵押给本信托，以保证受托人在管理信托财产时顺利行使各项权利，包括但不限于对该基础财产的受益权和处分权。本信托应在保管银行开立信托专户，信托专户的开设和管理由受托人负责，受托人承诺开设独立的信托专户对所募集的资金及信托财产进行管理，本信托的一切资金往来均需通过该账户进行。受托人不得假借本信托的名义开立任何其他账户，亦不得使用本信托专户进行本信托业务以外的活动。如一般受益人未按本合同约定向信托专户内汇集基础资产收益款或未履行资金补足义务的，逾期期间应计收罚息，罚息按应付未付价款的日万分之二点一计收。若委托人、受托人和受益人未履行其在本合同项下的义务，或一方在本合同项下的声明、保证严重失实或不准确，视为该方违约。本合同的违约方应赔偿因其违约而给守约方或其他相关方造成的全部损失。

2.2009年9月11日，某信托公司以贷款人的身份与作为借款人的某房地产公司、作为保证人的某房地产公司的两名股东和该房地产公司的关联公司签订了一份《信托贷款合同》，在合同中约定:贷款期限为三年,起止日期为2009年9月18日至2012年9月18日(以借据为准)。借款人以位于某地的×××项目的国有土地使用权和在建工程抵押给贷款人。当借款人向信托专户或贷款人指定账户划转的资金不能达到表1中的最低现金余额要求时,如借款人未按约定补足资金,逾期期间应计收罚息,罚息按照日万分之二点一执行。借款人逾期支付本合同和《资金监管协议》的相关款项,从逾期之日起按每日万分之二点一向借款人计收罚息;同时,贷款人有权自逾期之日起向借款人按年利率10%计收复利,并以实际逾期天数每日万分之三计收违约金。《资金监管协议》及补充协议均是本合同的组成部分,与本合同具有同等效力。

表1　某信托公司信托指定专户最低现金余额表

时间	最低现金余额（万元）	时间	最低现金余额（万元）
2009年年底以前	2070①	信托成立后第360天	A×10%
信托成立后第485天	(A×20%×105%)/3	信托成立后第515天	(A×20%×105%)×2/3
信托成立后第545天（满1.5年）	A×20%×105%	信托成立后第575天	A×11.4%－2070②
信托成立后第665天	A×28%×1/3	信托成立后第695天	A×28%×2/3
信托成立后第725天（满2年）	A×20%+A×80%×10%	信托成立后第755天	A×60%×6%③

续表

时间	最低现金余额（万元）	时间	最低现金余额（万元）
信托成立后第 815 天	A×66% ×15%	信托成立后第 905 天	A×66% ×40%
信托成立后第 935 天	A×66% ×50%	信托成立后第 965 天	A×66% ×60%
信托成立后第 995 天	A×66% ×70%	信托成立后第 1025 天	A×66% ×80%
信托成立后第 1055 天	A×66% ×90%	信托成立后第 1090 天（满 3 年）	A×66% ×110%

备注：(1)A 为全部贷款初始本金；

(2)①②③项目为贷款人向借款人收取的财务顾问费。

3. 同日，某信托公司与某房地产公司还签订了一份《资金监管协议》，双方在协议中约定：在本协议有效期内，为保证位于某地的×××资产收益财产权信托项下全部优先受益权按时、足额分配，某房地产公司保证并承诺信托专户及某信托公司指定的账户内最低现金余额要达到表 1 要求（该表与《信托贷款合同》中某信托公司指定专户最低现金余额表一致）；《抵押协议》、《担保函》是本协议的从属部分，与本协议具有同等法律效力。

4. 同日，某房地产公司和某信托公司还签订了两份《抵押协议》，均约定：为确保《信托贷款合同》项下某房地产公司义务的履行，该公司愿意以其有权处分的在建工程提供抵押担保。

5. 同日，某房地产公司的关联公司与两名公司股东分别向某信托公司出具了《担保函》，主要内容均为确保作为主合同即信托合同和《资金监管协议》项下某房地产公司的义务能切实履行，自愿就某房地产公司在主合同项下的全部义务的履行向某信托公司提供不可撤销的连带责任保证担保。

6.2009年9月17日，某信托公司与某房地产公司、某房地产公司的关联公司及两名股东向某公证处申请办理了《具有强制执行效力的公证书》，赋予《信托贷款合同》、《抵押协议》和《资金监管协议》具有强制执行的效力。

7.2009年9月24日，某信托公司"×××"资产收益财产权信托成立并发布公告。该公告中明确，信托优先受益权实际募集资金2.15亿元，其余为信托一般受益权，由某房地产公司持有。

8.2009年9月25日、27日，某信托公司从信托专户账号中分别转账给某房地产公司1亿元、1.15亿元，共计2.15亿元，在特种转账借方传票的摘要中分别载明"支付信托优先受益权转让款"和"优先受益权转让款"。

9.2010年12月，某信托公司与某房地产公司签订了《"×××"资产收益财产权信托补充协议》，双方在协议中约定：某房地产公司申请提前回购本信托项下期限为18个月和24个月部分的信托优先受益权，回购本金金额为8600万元，某信托公司在某房地产公司回购信托优先受益权后，协助某房地产公司按照约定的计算方法办理在建工程的解除抵押手续。

10.2012年，作为债权人的某信托公司与作为债务人的某房地产公司签订了《〈信托贷款合同〉之补充协议》。协议约定：为配合债务人申请委托贷款，债务人自愿于本合同签署后2个工作日支付首笔保证金300万元并提供三处房地产，债权人在收到该项保证金且第二顺位抵押登记手续办理完毕后2个工作日内，为债务人办理《抵押协议》项下6500平方米抵押物的解除抵押登记手续；债务人应于上述约定的解除抵押手续完毕之日起(以债权人出具解押函件的当日)10个工作日内，再支付第二笔保证金2700万元，本协议项下累计支付保证金应为3000万元。某房地产公司分别于2012年6月11日、7月2日，向某信托公司付款3,100,000元、19,248,284元，合计22,348,284元。

11.2012年6月，某房地产公司的两名股东与某信托公司签订了《抵押合同》，合同约定：为确保《信托贷款合同》项下某房地产公司义务的履行，两名股东以其有权处分的房产提供抵押担保；随后两名股东在2012年6月12日和13日分别办理了房产抵押登记。

12.2012年9月18日，某信托公司以某房地产公司违反《信托贷款合同》约定为由，宣布信托贷款提前到期，向上海市第二中级人民法院起诉，并提出以下诉讼请求(注：摘录主要诉讼请求)：(1)某房地产公司归还某信托公司贷款本金128,400,000元；(2)某房地产公司偿付某信托公司贷款利息12,840,000元以及自2012年9月24日起算按年利率12%计算至偿还本金之日的利息；(3)某房地产公司支付某信托公司违约金23,948,727元以及自2012年9月25日起算按每日万分之三计算至偿还本息之日的违约金；(4)某房地产公司支付某信托公司罚息16,764,109元以及自2012年9月24日起算每日万分之二点一计算至实际偿还本息之日罚息；(5)某房地产公司支付某信托公司复利303,882元以及自2012年9月25日起算按年利率10%计收复利至实际清偿本息之日;(6)某房地产公司偿付某信托公司实现债权费用111.5万元;(7)某信托公司在上述金额内就位于某地的"×××"房地产项目下的房屋享有抵押权;(8)某房地产公司的两名股东和关联公司对上述某房地产公司债务清偿承担连带担保责任。

二、本案的交易结构和主要法律问题

从第一部分介绍的本案事实所呈现出的表面内容来看,某房地产公司与某信托公司既签订了《信托合同》,也签订了《信托贷款合同》,双方之间似乎存在两种法律关系,即信托关系和借贷关系。为便于读者分析,我们将上述事实部分体现出来的内容制作了如下的交易结构图(图1):

在本案的一审中,某信托公司是以双方之间的借贷法律关系提起诉讼,并且提供了一些看上去非常有说服力的证据,但是本案的事实及法律关系是否真就像某信托公司所称,一个理性的读者在了解了第一节介绍的事实以及上述的交易结构图后,很有可能头脑中会打一个大大的问号,而这个问题将成为本案中争议双方、法院面对的最核心的问题。

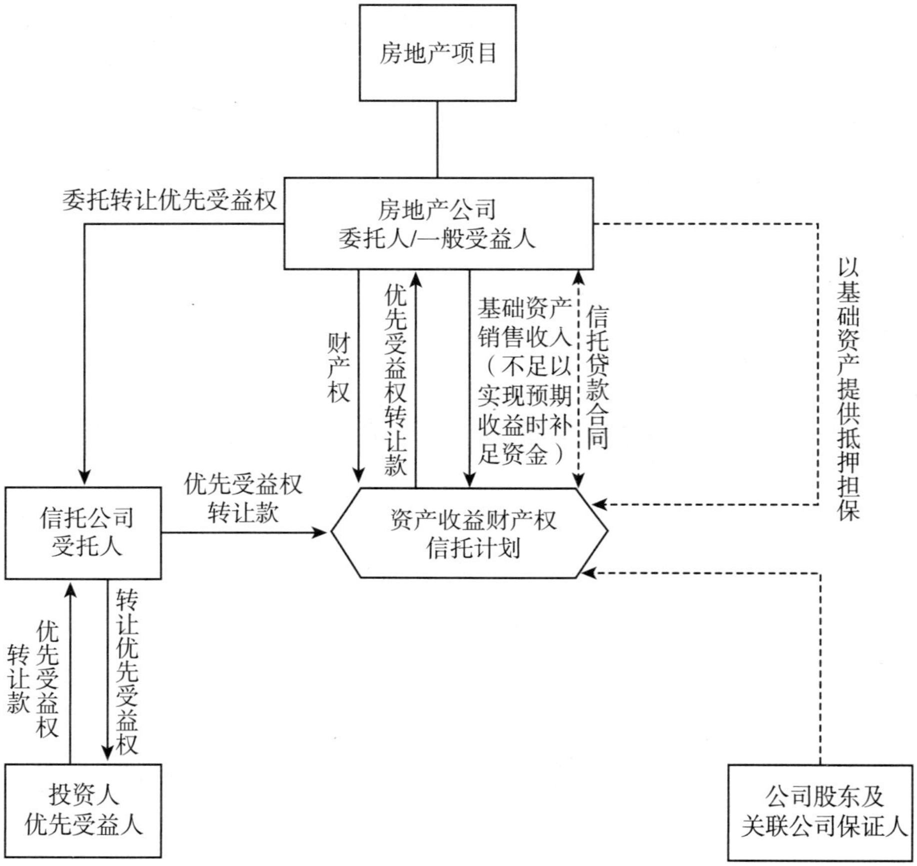

图1　交易结构图

从第一部分中本案的主要法律事实以及图1，可以归纳出在本案中一些最核心的法律问题：

1. 某房地产公司与某信托公司之间的法律关系究竟是信托关系还是借贷关系？

2. 如果双方之间的法律关系为信托关系，那么是什么类型的信托关系？

3. 在本案中，信托法律关系与借贷法律关系能否共存？
4. 某信托公司主张的抵押权是否成立？
5. 某信托公司请求的金额是否合法合理？

考虑到在本案中，回答上述问题需要结合证据和法律进行详细的论证，如果在本书的开头便展开，难免会给读者以突兀的感觉，并且使全书有“头重脚轻”之嫌。出于这样的考虑，我们将上述问题糅合到第 2 编对案件的办理过程之中。之所以在本部分将上述问题提出来，是希望读者在阅读本书以下内容时能够带着问题思考，随着本书内容的逐步展开形成自己的结论，并能够对本书作者的办案思路进行评判和分析。

第2编

案件办理纪实

The Part

Ⅱ

·第一章·

我们介入本案的过程及诉讼之前阶段的主要情况

建领城达律师事务所从2010年起开始担任本案中当事人之一的某房地产公司的法律顾问,因此当某房地产公司与某信托公司在2012年产生纠纷时,某房地产公司最先向我们寻求法律意见。

一、信托公司宣布贷款提前到期及房地产公司回应

双方关系进入剑拔弩张状态的标志性事件是2012年4月某信托公司向某房地产公司发出了《贷款提前到期通知书》(以下简称《通知书》),该《通知书》的主要内容如下:

"根据你公司与我公司于2009年9月17日签订的《信托贷款合同》,你公司向我公司借款人民币21,500万元整,借款期限为3年。自2009年10月9日起暂计至2012年3月31日你公司已多次逾期未支付解押保证金、未满足最低余额要求。

现我公司宣布上述合同项下的贷款本息全部提前到期,请你公司收到本通知书后即刻归还贷款本金128,400,000.00元,利息12,840,000.00元(按贷款期限为3年计收),并归还相应的财务顾问费14,421,716.00元,其他有关的违约金、罚息、复利、滞纳金将另行通知你公司,否则我公司

将根据上述合同的约定及《中华人民共和国民事诉讼法》、《中华人民共和国公证法》的规定,向某公证处申请出具执行证书,以维护我公司的合法权益。"

某房地产公司在收到该《通知书》后很快转给了我们征求法律意见,询问如何避免发生贷款提前到期的法律后果、如何赢得时间归还贷款等问题。显然,万一公证处出具执行证书,将不可避免地进入强制执行程序,这对某房地产公司而言极为不利。于是,我们的首要任务是避免发生贷款提前到期与避免直接进入强制执行程序。

由于我们担任某房地产公司的法律顾问是在其与某信托公司之间进行融资的安排、签订一系列法律文本之后,对于双方交易的具体背景并不了解,因此在收到某房地产公司转发的《通知书》后,我们要求某房地产公司提供了与该《通知书》相关的文件。在对某房地产公司提供的《信托贷款合同》和《抵押协议》进行审阅及初步分析后,我们最初是依据双方之间存在借贷关系为基础向某房地产公司提供的意见,对某信托公司的主张在此基础上进行抗辩,发送给某信托公司的函件原文如下:

关于贵司无权宣布贷款本息提前到期的函

某信托投资股份有限公司及董事长×××女士:

贵司于今年4月向我司发出了《贷款提前到期通知书》,在《通知书》中贵司表示:自2009年10月9日起暂计至2012年3月31日我司多次逾期未支付解押保证金、未满足最低余额要求。据此,贵司宣布《信托贷款合同》项下的贷款本息全部提前到期,要求我司收到《通知书》后即刻归还贷款本金1.284亿元,利息1284万元,并归还相应的财务顾问费1442.1716万元。

经查阅信托贷款合同、抵押合同及相关法律规定,我司认为:贵司无权要求提前收回贷款本息。

主要理由如下:

一、《信托贷款合同》中关于解押保证金及最低余额要求的约定违反了《合同法》规定的公平原则,我司主张撤销或不予履行

《合同法》规定,当事人应当遵守公平原则确定各方的权利和义务。但是,《信托贷款合同》中对于我司的相关义务和责任约定十分苛刻,尤其是关于解押保证金及最低余额要求的约定,按照双方约定,在我司可以提前归还贷款的情况下,利息及财务顾问费用仍需支付;在还款期限尚未届至的情况下,一方面,我司需要将巨额保证金划入贵司的信托账户;另一方面,仍需要支付10%的利息及6%的财务顾问费用;双方的权利义务明显不对等,显然违背了公平原则。据此,我司在此主张撤销或不予履行解押保证金及最低余额要求之约定,当然,亦不承担相应的违约责任。

二、房地产严控及宏观环境发生重大变化，依据最高人民法院《关于适用〈中华人民共和国合同法〉若干问题的解释（二）》第26条规定，我司主张变更（即撤销）关于解押保证金及最低余额要求之约定

最高人民法院《关于适用〈中华人民共和国合同法〉若干问题的解释（二）》第26条规定："合同成立以后客观情况发生了当事人在订立合同时无法预见的、非不可抗力造成的不属于商业风险的重大变化，继续履行合同对于一方当事人明显不公平或者不能实现合同目的，当事人请求人民法院变更或者解除合同的，人民法院应当根据公平原则，并结合案件的实际情况确定是否变更或者解除。"

国家自2010年4月开始对房地产市场实施了史上最为严厉的调控政策，导致整个房地产市场的销售萎缩，同时房地产开发商的融资渠道被严控，导致大部分房地产开发商资金短缺，我司也是其中之一，该影响是我司在签署《信托贷款合同》时无法预见的，且也不属于不可抗力情形，更非商业风险。据此，我司主张变更（即撤销）关于解押保证金及最低余额要求之约定，并随之撤销相应的违约责任之约定。

综上所述，双方有关解押保证金及最低余额要求之约定，违反公平原则，而该约定又属于情势变更可以撤销之内容，故贵司无权以"多次逾期未支付解押保证金、未满足最低余额要求"为由提前收回贷款本息。

目前，我司已经采取措施，积极融资，已经与有意向融资的单位进行了有效的沟通，对资金到位的时间、金额等均已经达

成了初步意向，若顺利融资6月或7月上旬即可提前归还贷款。比如：我司已经与上海某传媒有限公司达成了初步的融资意向，并且明确了资金的用途用于归还贵司的信托贷款及利息，初步确定6月底将使资金到位，届时我司将可提前归还贵司的贷款。

某房地产投资开发有限公司

二〇一二年五月二十一日

抄送：某公证处

二、向公证处发出不予签发执行证书的律师函及公证处回应

在某房地产公司收到某信托公司的通知后不久，也收到了某公证处发来的函件，函件具体内容为某信托公司以某房地产公司多次逾期支付还款保证金、未满足最低余额要求的理由要求该公证处出具执行证书，因此该公证处发函核实还款情况。

某房地产公司在收到该函件后及时进行了回函，说明了双方的事实情况，并且请求公证处不予签发执行证书。但是，在某房地产公司发出回函后，某公证处并未给予答复，因此某房地产公司又委托我们就某公证处的函件发出律师函。为了有效避免公证处出具执行证书进而直接进入强制执行程序，我们认真研究了具有强制执行效力的公证书内容及形式，同时全面研究了有关公证处出具执行证书的前提条件，在此基础上，向某公证处发出了《关于不同意贵处出具执行证书的律师函》，在该《律师函》中，主要阐明了不应出具执行证书的具体理由：

一、贵方所出具公证书名为具有强制执行效力的公证书，实为普通公证书并未赋予强制执行效力

最高人民法院、司法部《关于公证机关赋予强制执行效力的债权文书执行有关问题的联合通知》第3条规定："公证机关在办理符合赋予强制执行的条件和范围的合同、协议、借据、欠单等债权文书公证时，应当依法赋予该债权文书具有强制执行效力。"

《司法部强制执行类要素式公证书通用格式》的《强制执行类要素式公证书通用格式》中第1条必备要素第3款公证结论第(5)项要求公证文书的证词的结论部分应赋予该债权文书强制执行。

贵处所签发的公证书中的证词结论部分仅对签署《信托贷款合同》(附《抵押合同》二份、《资金监管协议》)中三方当事人的印章、签名属实进行了确认，说明了合同三方当事人的签约行为符合《民法通则》第55条的规定，合同内容符合《合同法》、《担保法》的有关规定，并未表明赋予相应的债权文书具有强制执行效力。所以，贵处出具的公证书虽名义上为具有强制执行效力的公证书，实际上并未赋予强制执行效力，仅为普通的公证书，贵处不可依据不具有强制执行效力的公证书出具执行证书。

二、根据《公证法》和《公证程序规则》的规定，公证机关能够证明具有强制执行效力的公证文书仅为债权文书，不包括抵押担保协议，故贵处不可就抵押协议赋予强制公证效力，更不可出具执行证书

《公证法》第37条第1款规定："对经公证的以给付为内容并载明债务人愿意接受强制执行承诺的债权文书，债务人不履行或者履行不适当的，债权人可以依法向有管辖权的人民法院申请执行。"

最高人民法院、司法部《关于公证机关赋予强制执行效力的债权文书执行有关问题的联合通知》第2条规定："公证机关赋予强制执行效力的债权文书的范围：(一)借款合同、借用合同、无财产担保的租赁合同；(二)赊欠货物的债权文书；(三)各种借据、欠单；(四)还款(物)协议；(五)以给付赡养费、扶养费、抚育费、学费、赔(补)偿金为内容的协议；(六)符合赋予强制执行效力条件的其他债权文书。"

《公证程序规则》第39条规定："具有强制执行效力的债权文书的公证，应当符合下列条件：(一)债权文书以给付货币、物品或者有价证券为内容；(二)债权债务关系明确，债权人和债务人对债权文书有关给付内容无疑义；(三)债权文书中载明当债务人不履行或不适当履行义务时，债务人愿意接受强制执行的承诺。"

从以上的法律规定可见，具有强制执行效力的公证文书仅适用于债权文书，抵押担保协议并非债权文书，对抵押担保协议未规定可以以公证书的方式赋予强制执行效力。故贵处不

得就抵押协议赋予强制公证效力,更不可出具执行证书。

三、尚不具备签发执行证书的法定条件

最高人民法院、司法部《关于公证机关赋予强制执行效力的债权文书执行有关的问题的联合通知》第5条第1款规定“公证机关签发执行证书时应当注意审查以下内容:(一)不履行或完全不履行事实确实发生”;第3款规定“债务人对债权文书规定的履行义务无疑义”。

实际情况为:

1. 某房地公司不履行或者完全不履行的事实并无发生。

(1)根据《信托贷款合同》的约定,某房地产公司向某信托公司归还了每期应当归还的贷款本金和利息,并且还提前归还贷款本金4815.6万元。

(2)关于某信托公司在2012年4月发函给某房地产公司宣布《信托贷款合同》项下的贷款本息全部提前到期,要求某房地产公司即刻归还本息及财务顾问费的事宜,某房地产公司已向某信托公司发函认为其无权宣布贷款本息全部提前到期。所以,贵处不能根据某信托公司单方面发出的《贷款提前到期通知书》而认定某房地产公司不履行或者完全不履行《信托贷款合同》的约定。

2. 某房地产公司对债权文书的履行义务有疑义。某房地产公司对《信托贷款合同》中的财务顾问费用存有疑义,认为财务顾问费用违反法律规定,之前支付的财务顾问费用应当返还给某房地产公司,尚未支付部分不应予以支付。

《信托法》第26条规定："受托人除依照本法规定取得报酬外，不得利用信托财产为自己谋取利益。"

《信托公司集合资金信托计划管理办法》第5条规定："信托公司设立信托计划，应当符合以下要求：……（七）信托合同应约定受托人报酬，除合理报酬外，信托公司不得以任何名义直接或间接以信托财产为自己或他人牟利。"

可见，某信托公司除了可以向信托当事人收取报酬外，不得收取其他费用，现某信托公司向某房地产公司收取的财务顾问费用的行为违反了上述法律规定。对于某房地产公司已经支付的2070万元财务顾问费用应当返还，尚未支付部分某房地产公司不予支付。

综上所述，根据上述的法律规定，贵处不应签发执行证书。

在某公证处收到我们的《关于不同意贵处出具执行证书的律师函》之后，该公证处未向某信托公司签发执行证书，而是出具了不予签发执行证书的通知，从而避免了法院凭执行证书直接进入强制执行程序的不利后果。这为双方协商谈判赢得了时机。

三、问题归纳与研究及寻求和解

此后，一方面，某房地产公司积极寻找融资方，并达成了多份融资意向；另一方面，作为顾问律师，我们策划与某信托公司的谈判策略，对某房地产公司而言，其目标可以归纳为两点：（1）尽可能延期归还贷款；（2）尽可能不承担高额罚息、违约金、复利等。

为了实现客户的上述目标，我们收集了客户的所有与本纠纷有关的全部资料，并在此基础上整理相关事实，同时提出一系列的实体问题进行研究，主要实体问题包括：

(1)双方之间到底是信托法律关系，还是信托贷款法律关系？若为信托法律关系，则是何种信托法律关系？

(2)该信托法律关系项下是否存在信托贷款法律关系？两者是否能够并存？是包含关系，还是排斥关系？

(3)双方之间如为信托关系，则属于何种类型的信托关系？该信托与一般的集合资金信托有何不同？

(4)信托贷款合同是否有效？是否实际进行了履行？双方签订了贷款合同之补充协议以及某房地产公司基于该补充协议进行了部分还款是否意味着双方实际履行合同为贷款合同而非资产收益财产权信托合同？

(5)抵押合同以信托贷款合同作为主合同，抵押权是否生效？

为了研究并回答上述实体问题，不是简单地找信托法、相关行政法规、规章就能得出结论的。事实上，我们研习了所有与信托有关的法律、行政法规、规章以及银监会等部门的规范性文件，而且也购买并阅读了相关信托法律实务书籍，但是，我们无法就相关问题得出确定的结论，如双方之间到底是信托法律关系还是信托贷款法律关系以及双方若为信托法律关系是何种信托法律关系等问题。上述疑问均为实务性问题，而非原理性问题或者说根本性问题，那么根本性问题是什么呢？归纳起来很简单，就是何为信托？信托有哪些基本特征？该问题解决了，其他问题也就可以迎刃而解。为此，我们继续深入研究，在购买大量实务性信托书籍后，又购买了大量有关信托原理的理论性书籍，包括《信托法教材》、《信托基本原理——被误读的信托》等，其中《信托基本原理——被误读的信托》一书，让我们深入了解和掌握了信托法基本原理，结合我们代理疑难、复杂案件的研究经验，前述问题稍加研究，就轻而易举地得出了结论。

关于程序问题，我们归纳为：在公证处签发不予出具执行证书通知的情况下，某信托公司能否直接提起诉讼？在公证处签发不予出具执行证书通知后，某房地产公司是否可以申请撤销或者变更公证书？若公证处不予撤销或者变更，则是否可以向有关部门投诉或申请复议或提起行政诉讼？而研究这些问题的目的，一方面在于掌握法律在程序方面的规定；另一方面，可以为客户赢得更多的延期归还贷款的时间。

通过客户的努力招商，以及我们对上述问题研究后策划的谈判方案，与信托公司几乎谈成和解方案，即由某资产管理公司收购信托公司的信托贷款债权及相应的利息，双方仅因部分流动资金贷款未达成一致意见导致和解失败。分析和解失败的原因，主要在于信托公司误以为通过诉讼可以获得更多的利益，特别是高达45%左右的罚息、违约金、复利等。

·第二章·

案件一审阶段办理实录

一、信托公司起诉的相关情况介绍

2012年9月24日,某信托公司向上海市第二中级人民法院针对某房地产公司、两名股东及某房地产公司的关联公司提起诉讼。上海市第二中级人民法院按照"金融借款合同纠纷"的案由受理了该案,并于2012年9月28日向被告发出了应诉通知书。某房地产公司及其他三位被告在收到应诉通知书后,与本所签订了聘请律师合同,委托本所的律师为四被告代理本案的一审诉讼。客户同时委托上海申达律师事务所陶武平律师代理某房地产公司的关联公司。

在提起诉讼后,某信托公司向法庭申请变更了部分诉讼请求。由于我们在本案办理中的应对策略和法院的审理在很大程度上是围绕着某信托公司的请求进行的,因此我们将某信托公司变更后的起诉内容完整地展示给读者。某信托公司起诉的主要内容包括请求事项部分和事实与理由两部分,具体内容摘录如下:

请求事项:

1. 判令某房地产公司归还原告贷款本金人民币128,400,000元;

2. 判令某房地产公司偿付原告贷款利息人民币12,840,000元(利息以贷款本金128,400,000元为基数,自2011年9月24

日起算，算至2012年9月23日，利率按年利率10%计算），以及偿付以贷款本金人民币128,400,000元为基数，按年利率12%计算，自2012年9月24日起算，算至某房地产公司实际清偿上述本金之日止的利息；

3. 判令某房地产公司支付原告违约金人民币23,948,727.86元（违约金以第一被告违约金额为基数，自2009年11月23日起算，算至2012年9月24日），以及支付以贷款本息计人民币141,240,000元为基数，按每日万分之三计算，自2012年9月25日起算，算至某房地产公司实际清偿上述本息之日止的违约金；

4. 判令某房地产公司支付原告罚息人民币16,764,109.50元（罚息以某房地产公司逾期支付的相关款项为基数，自2009年11月23日起算，算至2012年9月24日），以及支付以贷款本息计人民币141,240,000元为基数，按每日万分之二点一计算，自2012年9月25日起算至某房地产公司实际清偿上述本息之日止的罚息；

5. 判令某房地产公司支付原告复利人民币303,882.47元（复利以某房地产公司逾期支付的相关款项为基数，自2009年9月23日起算，算至2012年9月24日），以及支付以贷款本息计人民币141,240.000元为基数，按年利率10%计收复利，自2012年9月25日起算，算至第一被告实际清偿上述本息之日止；

6. 判令某房地产公司偿付原告为实现债权而支付的费用计人民币1,115,000元；

7. 如某房地产公司不履行上述第1～6项债务清偿义务，则判令原告有权将某房地产公司抵押给原告的、位于某地的共计

14本房屋他项权证项下的房地产项目的房屋及相应面积的土地使用权以折价或者以拍卖、变卖该房屋的所得价款优先受偿;不足清偿上述第1~6项债务部分,原告有权向某房地产公司继续追偿;

8. 如某房地产公司不履行上述第1~6项债务清偿义务,则判令原告有权将某房地产公司抵押给原告的、位于某地的共计4本房屋他项权证项下的房地产项目的房屋及相应面积的土地使用权以折价或者以拍卖、变卖该房屋的所得价款优先受偿;不足清偿上述第1~6项债务部分,原告有权向某房地产公司继续追偿;

9. 如某房地产公司不履行上述第1~6项债务清偿义务,则判令原告有权将房地产公司两位股东共同抵押给原告的、位于某地的两处房产以折价或者拍卖、变卖该房地产的所得价款优先受偿;不足清偿上述第1~6项债务部分,原告有权向某房地产公司继续追偿;

10. 判令房地产公司两位股东和其关联公司对上述某房地产公司应履行的第1~6项债务清偿承担连带保证责任。

11. 判令被告承担本案全部诉讼费用。

事实和理由:

2009年9月11日,原告与借款人某房地产公司以及保证人共同签订编号为×××号的《信托贷款合同》,约定由某房地产公司作为借款人向原告申请信托贷款,金额为不超过人民币2.3亿元,贷款用于"×××"项目的开发和后续建设及财务结构调整,某房地产公司不得挪作他用。合同约定,该贷款本金分三次偿还，贷款利率为年利率10%，贷款利息从“×××”资产收益财产权信托成立之日起计收；如某房地产公司未能按期偿还信托贷款本金，信托贷款逾期期间贷款年利率按12%计收；如某房地产公司未能如期按照合同规定支付任何合同规定应由其支付的任何到期款项，则构成对该合同的违约，原告有权采取下列措施：宣告合同项下贷款本金立即提前到期，提前收回部分或全部已发放的贷款，并按全部贷款期限（3年）计收利息，并通过各种形式向某房地产公司立即追索；某房地产公司逾期支付本合同和《资金监管协议》的相关款项，从逾期之日起按日万分之二点一计收罚息；同时，原告有权自逾期之日起向某房地产公司按年利率10%计收福利，并以实际逾期天数每日万分之三计收违约金，以及根据《抵押协议》的规定，拍卖、变卖或以其他方式处置抵押物（包括但不限于以原告指定的价格处置），用所得价款清偿全部贷款本金及至到期日（到期日指合同规定的任何一期的还本付息日届至或原告宣布提前到期）未付利息、复利、罚息、违约金、损失赔偿金及处置抵押物的相关费用；同时，原告有权要求房地产公司两位股东、关联公司承担连带保证责任；合同还约定，原告采取上述规定的措施后，仍不能弥补原告损失的，有权就未受偿部分向某房地产公司继续追偿。合同还对各方的其他权利、义务做了约定。

同日，某房地产公司与原告分别签订了编号为×××和×××的两份《抵押协议》，约定某房地产公司以位于某地的项目国有土地使用权和建筑面积为80,337.58平方米的在建工程抵押给原告，为某房地产公司与原告所签订的《信托贷款合同》项下债务的履行提供抵押担保；两份《抵押协议》并对抵押担保范围、抵押权的实现、违约责任等其他权利、义务做了约定。2009年9月18日，某房地产公司与原告就上述抵押向某地的国土资源局和建设局办理了抵押登记手续。

同日，某房地产公司与原告签订编号为×××号的《资金监管协议》，约定原告对某房地产公司销售资金进行监管等，以及双方特别约定，在协议有效期内，为保证“×××”资产收益权财产权信托项下全部优先收益权按时、足额分配，某房产公司保证并承诺满足信托专户及原告指定的账户内最低现金余额的约定，若任一时间节点未获满足，则某房地产公司必须于3个工作日内予以补足，否则某房地产公司即构成违约，原告有权按协议第十六章的规定采取相应措施等；《资金监管协议》并对资金监管、违约事项、违约处理等双方的其他权利、义务做了约定；《资金监管协议》系《信托贷款合同》的组成部分。

同日，房地产公司两位股东和关联公司分别向原告出具《担保函》，自愿为某房地产公司与原告所签订的主合同项下债务的履行提供不可撤销的连带责任保证担保；担保函并对保证担保范围、保证人应履行的其他义务做了约定。

2009年9月24日，“×××”资产收益财产权信托成立；同年9月25日、27日，原告按约从开设在中信银行上海浦东分行的信托专户向某房地产公司发放贷款共计人民币2.15亿元，履行了《信托贷款合同》约定的义务。

2012年6月，为确保《信托贷款合同》项下某房地产公司义务的履行，两位股东自愿分别以坐落于某地的两处房产作抵押担保，双方为此签订了《信托贷款合同》之补充协议，以及编号为×××号的《抵押合同》，明确约定各方的权利、义务，并于同年6月12日、13日分别办理了抵押登记。同年7月,鉴于某房地产开发公司开发建设的“×××”房地产项目部分房屋竣工备案,故原告与某房地产公司又签订了《补充协议》,并就已竣工备案的房屋于同年7月23日办理了房屋抵押登记。

《信托贷款合同》履行期间,某房地产公司自2009年11月23日起持续逾期支付合同约定的还款准备金,以及未能满足信托专户最低现金余额的约定,某房地产公司的行为已构成违约。为此,原告多次向某房地产公司催讨与交涉,但均未果。鉴于某房地产公司的违约,原告在交涉未果的情况下,按约向各被告宣布贷款于2012年9月18日提前到期,但各被告均未依约履行相应的合同义务;2012年9月24日,贷款期限届满,各被告均仍未履行还本付息及偿付违约金等义务。

综上所述,四位被告的行为均违反了《合同法》、《担保法》的相关规定,造成原告较大的经济损失。原告为维护自己的合法权益,根据《民事诉讼法》第24条规定,以及最高人民法院《关于如何确定借款合同履行地问题的批复》之规定,特向贵院提起诉讼,请判如所请。

在起诉的同时,某信托公司还向法院申请了财产保全,上海市第二中级人民法院依据某信托公司的申请出具了民事裁定书并予以执行。

二、一审中我们的应对策略

在接受某房地产公司的委托后,面对原告某信托公司的上述行动,我们针对本案的案情及当时案件所处的状态,在与客户充分沟通、协商的基础上，制定了缜密、详细的应对策略，我们的应对策略包括以下几个方面：程序方面、证据方面和实体法方面。在本部分接下来的内容中，我们将对如何在以上的三个层面实施相应的策略进行具体的阐述，以求将办案思路全面、清晰地呈现给读者。

第一，程序方面

正如本章第一部分提到的，某信托公司在提起诉讼时申请了财产保全，并且法院依此出具了裁定书。某房地产公司在收到上海市第二中级人民法院的该裁定并征求我们的意见后，对该裁定提出了复议申请，但法院在复议后并未变更原裁定内容，而仍然按照裁定的内容进行了查封扣押。在实际执行中，上海市第二中级人民法院一共查封了某房地产公司开发项目中的407套房产和某房地产公司名下的另一块土地使用权，还查封了某房地产公司关联公司名下的一套房产以及两宗土地的土地使用权。经计算，已经查封的财产数额远远高于裁定书中的保全金额18,755万元。

据此，我们认为法院的财产保全属于超额查封，并以某房地产公司的名义向法院申请解除财产保全。以下为我们提交给法院的《解除财产保全申请书》。

《解除财产保全申请书》

申请人：某房地产公司，住所：×××，邮编：×××，法定代表人：×××，职务：执行董事

被申请人：信托公司，住所：×××，法定代表人：×××，职务：董事长

请求事项:

1. 要求立即解除对申请人银行账户的冻结措施、对部分土地和房产的查封措施,按先后顺序为:申请人银行基本户和一般户、保证人房地产公司的关联公司的土地和房屋、申请人名下位于×××地的房地产项目中可对外销售的100套房屋、保证人的房屋、申请人的土地等。

细目:

(1)申请人银行基本户:×××地分行

账号:×××

申请人银行一般户:×××银行

账号:×××

(2)保证人房地产公司的关联公司位于×××地的土地和其上房屋,建筑面积650.03平方米。

(3)保证人房地产公司的关联公司位于×××的土地,面积为17,601平方米。

(4)申请人名下位于×××地可对外销售的100套房屋,面积为6029.14平方米。

(5)担保人×××与×××共有的位于×××地的私房1套,×××名下的私房2套。

(6)申请人位于×××的土地(土地使用证编号:×××号)。

2. 申请人提供抵押给被申请人的房产作担保,要求解除相应价值的房屋。

细目:申请人提供位于×××已抵押给被申请人的93套房屋(面积14,496.69平方米),要求解除相应价值的房屋。

总的要求概括为:除查封并保留查封申请人早已抵押给被

申请人的土地及相应房屋(建筑面积为34,210.73平方米,价值为3.05亿元),其他查封等措施全面解除。

事实与理由:

因原告某信托公司诉申请人金融借款合同纠纷(实为:经营性信托纠纷)一案,贵院以(2012)沪二中民六(商)初字第7号《民事裁定书》,裁定冻结申请人银行存款187,554,045.32元或相同价值的其他财产及权益。

申请人对该裁定不服,已于2012年10月31日提出了复议申请,认为:(1)原告的诉讼保全申请不符合条件;(2)申请财产保全所提供的担保不符合条件,依法应撤销保全裁定。因此,申请人请求依法撤销该裁定或者变更裁定财产保全数额为人民币8270万元。

此外,贵院在执行该裁定时,发生了对申请人进行了5倍的超额查封等措施。

(一)数倍超额查封等情况

1.申请人共被查封冻结了房屋、土地、银行存款等3项财产,价值合计90,990.06万元。

(1)查封了申请人位于×××地407套房产,面积共计66,210.36平方米。其中:独栋办公用房21套,面积29,661.53平方米,按9600元/平方米的评估单价,价值284,750,688元;非独栋办公用房386套,面积36,548.83平方米,按7960元/平方米的评估单价,价值290,928,686.80元。两项小计:57567.94万元(原文书有相应附件）。*

（2）查封了申请人位于×××的土地（土地使用证编号：×××号），根据土地估价报告显示土地单价4066.03元/平方米，总地价33,421.51万元（原文书有相应附件）。

（3）冻结了申请人开立在×××分行的企业基本户（账号：×××）及存款3200.40元和申请人开立在×××银行的企业一般户（账号：×××）及存款2961.97元。

2. 保证人房地产公司的关联公司共被查封两项财产，财产价值合计4943.27万元。

（1）查封了保证人房地产公司的关联公司位于×××的土地和其上房屋（权证号：×××），房屋建筑面积650.03平方米，单价7000元/平方米，价值4,550,210元（原文书有相应附件）。

（2）查封了保证人房地产公司的关联公司位于×××的土地，面积为17601平方米，单价4060元/平方米，价值71,460,060元（原文书有相应附件）。

3. 保证人×××、×××共被查封个人房屋三套、冻结个人银行账户一个，财产价值合计1750.4万元。

（1）查封了保证人×××、×××共有的位于×××私房1套，面积149.88平方米，价值450万元。

（2）查封了保证人×××名下的位于×××和×××的私房2套，面积分别为100.75平方米、241.44平方米，价值分别为300万元、1000万元（原文书有相应附件）。

---

* 原文书中有相应附件，以便法院审理时确认其真实性，本书在整理时未予以收录，下同。——编者注

(3)冻结保证人×××开立于×××银行的个人银行账户(银行账号:×××)及存款4000元整。

上述被查封冻结的财产合计:100,341.5万元。

(二)超额查封以及造成的后果及原因分析

1.超额查封金额与财产保全裁定金额18,755.4万元比,超出4.35倍;与申请人财产保全复议申请变更金额8270万元比,超额更是达到11.1倍。

2.超额查封造成的后果:

(1)企业银行基本户被冻结,员工工资被拖欠、社会保险无法缴交,企业人心涣散,无业员工流向社会,直接危及社会稳定。

同时,小区物业、保安等人员的流失,对已经入住的小区业主产生严重影响,并埋下重大的安全、治安隐患。

(2)查封申请人名下可以销售变现的房屋,导致企业无法获取流动资金维持运营,即使连日常办公基本所需的水费、电费等都无力负担,企业经营、销售陷入全面停滞。

同时,超额和全面的查封,导致申请人丧失偿债和融资的条件,申请人无法通过销售变现偿还包括被申请人在内的债权人的借款本金和利息,更加没有能力进行新一轮的融资,企业真是命悬一线。

(3)查封担保人房地产公司的关联公司唯一一套可售房屋和可开发经营土地,导致担保人事实上也陷入全面停业的状态,担保人面临着与申请人在上述(1)、(2)中所面临的完全相同的危机和困难。

(4)查封担保人×××、×××个人房屋和银行账户,导致个人银行按揭还贷违约，个人遭遇不良信用记录。

3. 造成超额查封冻结等原因分析：被申请人恶意企图利用法院整垮申请人。具体恶意表现如下：

(1)被申请人恶意隐瞒申请人于2012年6月11日、7月2日、7月3日偿还本金2500万元的事实，造成诉请和保全金额失实（原文书有相应附件）。

(2)在被申请人仅享有8270万元债权本金的情况下，提出了18,755.4万元的保全申请，超额保全的主观恶意十分明显。

(3)被申请人不顾申请人企业能否生存，查封、冻结了申请人几乎全部的企业财产。

(4)申请人原就被申请人债权到期后的转让事宜，取得过诸如×××资产管理公司北京办事处、×××资产管理公司上海办事处等机构同意收购的书面意向，申请人为此甚至还向×××公司支付过债务重组诚意金50万元，但由于被申请人整垮申请人的故意，在债权尚未到期、双方还在为债权转让进行协商谈判的时候，提起诉讼并采取超额查封，导致债权转让和债务重组等一系列前期努力化为泡影。

(5)选择性查封：一方面，被申请人选择全面和超额查封申请人以及担保人关联公司的有效资产；另一方面，对已经抵押给自己的房屋却不申请法院查封。仅通过这一点，就将被申请人欲借法院之手整垮企业的主观恶意充分表现出来。

（三）依法法院应立即解除超额查封等措施，仅将申请人抵押给被申请人房屋及相应土地予以查封

1. 依法立即解除超额查封的财产，解封优先顺序如请求一所列。

法律依据为:《中华人民共和国民事诉讼法》第94条第1款规定:“财产保全限于请求的范围,或者与本案有关的财物。”最高人民法院《关于人民法院民事执行中查封、扣押、冻结财产的规定》第21条第2款规定:“发现超标的额查封、扣押、冻结的,人民法院应当根据被执行人的申请或者依职权,及时解除对超标的额部分财产的查封、扣押、冻结。”

2. 申请人提供位于×××的93套房产(面积14,496.69平方米),均为评估单价为7960元/平方米的办公用房,总价值为人民币115,393,652.40元。这93套房产,被申请人和申请人已于2009年9月18日因本案系争合同共同办理过在建工程的抵押手续和公证手续,2012年7月23日又办理了在建工程转为房屋的抵押(原告证据第74~136页),与本案有密切关系,且除此抵押之外其上无任何权利负担、司法查封等情况,满足担保物所应具备的一切条件,申请人提供上述93套房产,提供担保或置换与其价值或面积相当的已查封的申请人房屋。

法律依据为:《民事诉讼法》第95条规定:“被申请人提供担保的,人民法院应当解除财产保全。”

3. 已经抵押给被申请人房地产足以保证被申请人债权实现,故仅应保留查封并继续查封该部分房地产。

申请人与被申请人于2009年9月18日因本案系争合同共同办理过在建工程的抵押手续和公证手续,抵押在建工程建筑面积为80,370.23平方米(后于2012年7月23日又办理了在建工程转为房屋的抵押),减去3年间总计销售、还本解压面积为46,159.50平方米,尚抵押有34,210.73平方米的房地产。本次被申请人通过法院查封了其中的19,030.88平方米房地产,尚有15,179.85平方米的房地产未查封。

被申请人享有的第一顺位抵押权的34,210.73平方米房地产,其中有14套独栋办公用房,面积19,714.04平方米,价值1.89亿元人民币;93套未查封房屋均为非独栋办公用房,面积14,496.69平方米,价值1.15亿元人民币。因此,申请人抵押被申请人的房地产价值已达到3.05亿元,且其上无其他权利负担或司法查封,足够被申请人实现债权,因此请求法院在继续查封上述34,210.73平方米房地产的前提下,解除对申请人其他财产和保证人全部财产的保全措施。

综上,由于被申请人的误导、恶意,并怀有通过法院企图整垮申请人的目的,贵院采取保全措施不当,依法应撤销保全裁定;超额查封等数额又是保全裁定数额的5倍,按本金计算10倍的措施,导致申请人面临生存危机,直接危害社会的稳定。据此,经申请人与三保证人协商,申请人提出除查封并保留查封申请人早已抵押给被申请人的土地及相应房屋外,立即解除其他的对申请人及三个保证人的所有查封等措施,避免被申请人利用法院整垮申请人的后果发生,维护社会稳定,维护公平正义,相信法院一定能够明鉴。

此致

上海市第二中级人民法院

申请人:某房地产公司

委托代理人:周吉高,上海建领城达律师事务所律师

日期:2012年11月1日

在我们向法院提交了上述“申请”后,法院就解除财产保全进行了法庭调查。在法庭调查的过程中,原告某信托公司提出施工企业对本案涉及的房地产项目享有工程价款的优先受偿权,并已经提起诉讼,诉讼请求金额为21,422万元,据此主张查封的500套房屋价值上应当扣减工程案件的21,422万元。我们对此说法进行了反驳,因为在2009年9月16日,施工方已向某信托公司和某房地产公司出具了《承诺函》,保证在“《信托贷款合同》项下的贷款本金、利息及其他相关费用未获全部清偿之前,我公司承诺不向某房地产公司要求偿还该等债权项下的任何本金、利息或其他相关费用”,施工企业的这一行为是在某信托公司的安排下做出的,也是某信托公司同意为某房地产公司设立信托计划的前提条件之一,因此某信托公司现在主张因施工企业享有优先受偿权而要求扣减,这种说法是不能成立的。

在我们进行了上述努力后,2012年12月17日上海市第二中级人民法院出具了民事裁定书,对被告提出的解除保全申请予以部分准许,民事裁定书的主要内容如下:

> “本院受理原告某信托公司诉被告某房地产公司、被告×××、被告×××、被告×××金融借款合同纠纷一案后,根据原告某信托公司的财产保全申请,于2012年9月26日裁定冻结被告某房地产公司、×××、×××、×××银行存款共计人民币187,554,045.32元,或查封四被告相同价值的其他财产及权益。四被告分别于2012年11月1日、2日,以本院已查封、冻结四被告的财产金额高达10.03亿元,明显超出裁定保全金额为由,分别向本院申请除了保留查封被告某房地产公司已抵押给原告的建筑面积为34,210.73平方米的土地及相应房屋

外,解除对其他财产的查封。

本院经审查后认为,鉴于本院对被告某房地产公司的基本账户以及其已售出的51套房屋采取的保全措施影响到企业员工的工资发放以及已售出的房屋的业主的权益;被告某房地产公司、×××、×××的被保全财产中也以原告为抵押权人办理过抵押登记;对被告×××的银行房贷账户的冻结亦影响银行通过该账户扣划其房贷的权益的实现及其还贷资信,且对被告某房地产公司名下已采取保全措施的办公楼、二期土地使用权等财产价值已超出原告申请财产保全的金额。综上,本院对四被告提出的解除保全申请予以部分准许。"

第二,证据方面

在证据方面,我们主要做了三方面的工作:一是申请延期举证,二是针对对方的证据准备质证意见,三是有针对性地收集我方的证据。

由于我们与对方在本案的法律关系的性质和争议数额上存在很大的分歧,相关证据在本案中至关重要。在证据的问题上,我们面临着两方面的任务:一方面,需要研究对方在起诉时提交的主张借贷关系的证据材料并准备质证;另一方面,需要准备收集证据材料以支持我方主张的信托关系的证据。接下来将详细介绍我们在证据方面所做的工作。

双方进行融资安排的时间跨度长达3年,其间签订了众多法律文件、产生大量的证据材料和资金往来等文件,整理和收集证据的工作量很繁重。而从我们收到应诉通知书至法庭最初指定的开庭时间间隔很短,基于此,我们向法院申请了延期举证,阐明了本案在证据方面存在的现实困难,并和法官进行了沟通,使法官充分理解证据问题对本案性质的认定和双方争议数额的确定都具有至关重要的作用,因此法院同意了我们延期60天举证的申请。

在对原告提交证据的质证方面，正如前面所述，由于双方事实往来的复杂性，证据的数量和内容也很繁杂，限于篇幅的原因，本书将对方的主要证据以及我们的质证意见呈现给读者。原告向法院提交的与本案的性质与争议数额相关的主要证据有《信托贷款合同》、《资金监管协议》、一份借据、一份收据以及信托贷款合同之《补充协议》，原告的证据均是为证明双方之间为借贷关系。

我们针对原告的上述证据，在充分研究了相关法律与事实之后，发表并向法院提交了有针对性的质证意见。对上述证据的主要质证意见如下：

1. 对《信托贷款合同》的质证意见，对该份证据的真实性无异议，但该《信托贷款合同》的内容不具有合法性，理由如下：

（1）《信托贷款合同》违反了《信托公司管理办法》关于信托公司贷款的规定，故合同无效。

该合同约定的贷款，既非《信托公司管理办法》第19条规定的信托财产管理运用或者处分之贷款方式，也非第20条规定的信托公司固有业务之贷款方式。

（2）《信托贷款合同》以合法形式掩盖非法目的，故合同无效。

该合同约定被告承担利息、罚息、复利、赔偿金、违约金，实际系原告利用受托人地位为自己谋取不当利益，故系以合法形式掩盖非法目的的行为，合同无效。

（3）《信托贷款合同》并非被告的真实意思表示，而系因原告误导而签订，签订并履行《资产收益财产权信托合同》才是双方真实意思表示。

《信托贷款合同》是原告为了办理基础资产抵押登记以及强制执行公证而虚构的，并且被告签订该协议是在原告的主导下进行的，签订的本意也仅是为办理抵押登记,而非真正要向原告借款。

此外,尤其需要注意的是,该信托贷款合同项下原告并未实际发放贷款。

2. 对《资金监管协议》的质证意见,对该证据的真实性无异议,但我们认为:(1)与本案没有关联性,而与《资产收益财产权信托合同》有关联性;(2)因该协议系《资产收益财产权信托合同》的附属合同,下列条款因违反了信托的基本原理而无效:第5.2款“房屋销售资金的监管”、第5.3款有关最低现金余额表/有关复利、罚息、违约金、损失赔偿金/有关财务管理费用之“特别约定”、第6.1款有关逾期竣工的违约金/有关被告被其他债权人申请强制执行的违约金以及第七章有关“违约处理”之约定。

3. 针对原告提供的借据(即某信托公司投资股份有限公司借款凭证,某信托公司留存联),我们的质证意见是:(1)该证据的真实性有异议,事实上原被告双方不存在借贷法律关系,也不存在财产权信托贷款。借款凭证为某信托公司的制式表格,内容(贷款种类、贷款期限、借款单位、利率等)均为原告制作,因原告误导被告,而使被告做出的错误意思表示(在借款单位栏目上加盖预留印鉴);(2)内容的合法性有异议,原因在于:财产权信托项下不存在信托贷款;信托贷款合同无效,且未实际发放贷款,贷款期限、利率等也不具有意义。

除了对原告提交的证据进行分析和质证之外,我们还针对我方的主张通过各种合法的途径收集证据。比如,为证明原被告双方实际履行了信托合同,我们向法院申请调查令,申请调查的范围包括:

1. 向原被告双方约定在上海某银行开立的信托专户中的资金流动及用途记录进行调查;

2. 申请向上海信托登记中心查阅某房地产公司与某信托公司之间资产收益财产权信托的初始登记、变更登记及终止登记的全部资料,包括全部信托文件、向监管机构报告信托推介的文件、信托财产权属证明材料、原告与上海信托登记中心签订的《信托登记服务协议》、《自律承诺书》及中心规定的其他文件、《信托合同》、《信托贷款合同》等，上述证据拟用于查明原被告之间实际履行的是资产收益财产权信托合同。

第三，实体法律方面

经过阅读本书以上部分的内容，读者应该会建立一个初步的印象，即本案的背景与事实非常复杂，法律关系交错，加之在本案之前，我国没有对本类案件的诉讼先例，因此要办好本案，需要对本案中涉及的实体法律问题有非常深入与透彻的研究。

我们首先根据获得的对方起诉材料和从客户处了解的信息与获得的资料，根据诉讼经验归纳出了与本案纠纷的定性和当事人权利义务紧密相关的若干个核心法律问题，分别是：

1. 某房地产公司与某信托公司之间的信托关系是否成立并且有效？
2. 本案的当事人之间的借贷关系是否存在？
3. 本案中，信托关系与借贷关系是否可能共存？
4. 某信托公司主张的抵押权是否成立？
5. 某信托公司要求的数额是否合法、是否有依据？

针对以上5个对本案纠纷的定性及当事人之间权利义务确定至关重要的问题，我们事务所组织律师进行了深入的研究与分析，以下详述之：

问题1：某房地产公司与某信托公司之间的信托关系是否成立并且合法有效？

判断当事人之间的信托法律关系是否成立并且合法有效，需要回到

《信托法》的规定和对相关条款的理解。

《信托法》第二章为关于信托设立的规定，其第6条、第7条、第8条、第9条与第10条规定了一个信托合法设立必须具备的要件，归纳以上各条的内容，一个信托合法的设立需要满足以下基本条件：有合法的信托目的、有确定且属于委托人合法所有的信托财产并且以书面的形式设立。同时，《信托法》第11条规定了信托设立中的无效情形，具体规定是："有下列情形之一的，信托无效：

（一）信托目的违反法律、行政法规或者损害社会公共利益；

（二）信托财产不能确定；

（三）委托人以非法财产或者本法规定不得设立信托的财产设立信托；

（四）专以诉讼或者讨债为目的设立信托；

（五）受益人或者受益人范围不能确定；

（六）法律、行政法规规定的其他情形。"

具体到承办的本案，我们对是否满足上述各要件分别进行了分析。对《信托法》要求的书面形式要件而言，某房地产公司与某信托公司签订了《资产收益财产权信托合同》，在满足该要件上没有争议；就合法信托目的的要件而言，双方在《资产收益财产权信托合同》第2条约定了信托目的，具体条款内容为"本信托的信托目的是，委托人为实现基础资产财产价值的流动化，以其合法享有的取得基础资产收益的权利设定的同时向投资者发行信托受益权份额的财产权信托，受托人按信托文件约定为受益人的利益管理、运用和处分信托财产，向受益人分配信托利益"，从上述表述可见，某房地产公司与某信托公司设立该信托计划的目的是实现资产收益的流动性、改善公司财务结构，信托目的是合法合理的。

在研究本案涉及的信托的合法性时，我们面临的一个主要障碍便是本案中的信托财产是否符合信托法的规定。本书第1编对本案的概览中介绍过,在《信托合同》中双方约定的信托财产的定义"系指委托人对基础资产依法享有取得收益的权利及因对其管理、运用、处分或者其他情形而取得的财产",委托人出托的基础资产收益的权利是指"权利人享有的获得对基础资产预售、销售或以其他形式使用和处分所形成现金收入(扣除基础资产预售、销售税费等支出)的权利"。《信托法》第7条对信托财产的规定为"设立信托,必须有确定的信托财产,并且该信托财产必须是委托人合法所有的财产。本法所称财产包括合法的财产权利",本案的《信托合同》中所约定的信托财产是否符合规定存在一定的模糊性和不确定性,问题的关键点如下:

首先,在基础法律层面,《信托法》第7条对财产"确定"以及"财产权利"包括哪些没有明确列明,加上在我国的司法实践中,《信托法》长期处于一种"沉睡"的状态。迄今为止,最高人民法院及各地的高级人民法院也未对《信托法》的理解与适用发布任何的司法解释或者指导意见。因此,在可以适用的法律层面,无法明确"资产收益权"是否可以作为信托财产。

其次,在学理层面,对资产收益权是否可以作为信托财产的分歧主要体现在资产收益权是否具有财产属性和确定性。持否定论的观点认为:资产收益权既不具有财产属性也不具有确定性。持这种观点的人认为从财会角度而言,资产收益权不能被确认为一项单独的资产在资产负债表中体现,而是隐含在基础资产中,因此不具有财产属性;主张资产收益权不具有确定的论点是从目前信托界对资产收益权的定义来看,资产收益权是基于将来在使用、处分资产时而对可能存在债务人享有债权的一种可得利益。在设立信托时,资产收益权如已产生实际的债权,则应当视为应收账款;如尚未有债务人,则资产收益权仅是在将来可能或期待获得的将来债权。既然是将来债权,则本身就没有确定性。而持肯定论者认为资产收益权具有财产权属性和确定性。根据资产收益权的定义并结合实践当中的操作方式,资产收益权近似于一种将来债权。所谓"将来债权"是指委托人即融资方在其对特定资产的经营管理中将来所享有的对第三人的金钱债权。我国立法尽管对将来债权尚无明文规定,但《担保法》及《物权法》已经有关于最高额抵押制度,可以看出立法者已承认了将来债权存在的合法性,基于以上观点,可见资产收益权是一种财产性权利,并且是一种积极的财产权利。就信托财产的确定性而言,持支持论者认为可以在信托文件中明确有关将来债权产生的因素和实现的可能性,包括但不限于所涉及的资产、所涉及的债务人、将来债权的合同类型、将来债权的范围、将来债权的收取方式等,实践中可认定为信托财产被"确定"。

我们认为"资产收益权"具有财产属性,同时也具有确定性,因此可以成为信托财产,具体的分析和理由如下:

(一)以资产收益权不能在资产负债表中体现出来作为理由否定资产收益权的财产权属性,我们认为是不充分的。从性质上来讲,资产收益权在资产负债表中虽未直接体现,但是其他的资产项目却带有资产收益权这种财产权的性质,如房地产企业开发建造的商品房在销售之前是列入"存货"的科目,销售后但未收到转让款之前存货的形态便转入了"应收账款"的科目核算,而应收账款本质上就是一种基于资产转让而获得的权利。因此,如果承认应收账款可以作为财产权的一种,同理,资产收益权也应当作为财产权;两者的区别只是资产收益权涵盖的范围要更广,不仅包括应收账款阶段的收益权,而且包括资产转化为应收账款之前的阶段,但本质上却是一样的。

(二)就确定性而言,需要区分一个"确定"的度在哪里。法律虽然规定了信托财产的确定性要求，但从法理上来理解，这里的确定并非完全固定，如财产的数额完全固定，否则即使用固定资产来作为信托财产，其仍然存在有减值的风险，其价值也仍然是不确定的。就资产收益权而言，虽然在设立时并不能确定收益权的数额准确是多少，但是如果在合同中约定了该收益权的时间、范围等，则可以认为该收益权是确定的。我们的理解也是与《信托法》立法者的本意相吻合的，在全国人大法工委编著的《中华人民共和国信托法释义》[①]一书中，对于《信托法》第 7 条"信托财产的范围"的解释为"依照本条第二款的规定，信托法中所称财产包括合法的财产权利。也就是说，可以成为信托标的的财产，不仅是实物财产，也包括无形财产，如商标专用权、专利权等。总的来说，作为财产权，应当是具有经济价值的权利，而人身权以及其他不独立具有经济价值的权利，不能作为信托的标的"。

在办理本案的过程中，中国证监会于 2013 年 3 月 15 日颁布了《证券公司资产证券化业务管理规定》，对解决资产收益权的性质问题起到了很大的作用。该规定第 8 条规定"本规定所称基础资产，是指符合法律法规，权属明确，可以产生独立、可预测的现金流的可特定化的财产权利或者财产。基础资产可以是单项财产权利或者财产，也可以是多项财产权利或者财产构成的资产组合。前款规定的财产权利或者财产，可以是企业应收款、信贷资产、信托受益权、基础设施收益权等财产权利，商业物业等不动产财产，以及中国证监会认可的其他财产或财产权利"。该规定直接将"基础设施收益权"界定为了财产权利，进一步支持了我们的理解与判断。

基于以上的分析与研究，我们认为本案中双方的信托法律关系成

---

① 卞耀武主编:《中华人民共和国信托法释义》，法律出版社 2002 年版。

立,并且是合法有效的。

问题2:本案的当事人之间的借贷关系是否存在?

本问题涉及两个层面的问题:一是双方之间签订的《信托贷款合同》是否有效,二是在合同无效而产生的返还原物的可能情形,考虑当事人之间是否有基于借贷关系的款项往来。

就第一个层面的问题而言,在我们最初接触本案时,由于获得的交易背景信息有限,对《信托贷款合同》的效力不是很明确,但是随着对案件的了解以及研究的不断深入,我们的观点是本案中双方签订的《信托贷款合同》是无效的。

信托公司可以发放信托贷款的直接依据是《信托公司管理办法》第19条和第20条,两条的内容分别是:

第19条规定:“信托公司管理运用或处分信托财产时,可以依照信托文件的约定,采取投资、出售、存放同业、买入返售、租赁、贷款等方式进行。中国银行业监督管理委员会另有规定的,从其规定。

信托公司不得以卖出回购方式管理运用信托财产。”

第20条规定:“信托公司固有业务项下可以开展存放同业、拆放同业、贷款、租赁、投资等业务。投资业务限定为金融类公司股权投资、金融产品投资和自用固定资产投资。

信托公司不得以固有财产进行实业投资,但中国银行业监督管理委员会另有规定的除外。”

根据上述规定,可见信托公司发放贷款的资金来源应当是两类:一类是信托财产,另一类是固有资金。并且,我们通过查询某信托公司的金融许可证,其载明的范围也只有“自有资金贷款以及信托”。在本案中,某信托公司主张双方签订的《信托贷款合同》是有效的,并且已经将合同项下约定的2.15亿元交付给某房地产公司。但是一个很明显的事实是，本案中所涉及的2.15亿元不是信托公司从投资者取得的信托财产，而是将某房地产公司交付的信托财产的优先受益权对投资者转让的价款，从这点也可以看出该2.15亿元根本不是信托公司的自有资金。

在此，需要对我们国家的金融管理体制简要加以介绍。我国的金融领域目前对市场准入实行的是特许经营，而在市场主体可以从事的业务领域方面又实行的是分业经营和分业管理的模式。国务院1998年颁布了《非法金融机构和非法金融业务活动取缔办法》，明确了金融业务的特许经营的性质。并且根据国务院于1999年颁布的《金融违法行为处罚办法》，对准予从事金融业务的市场主体的违法行为规定了处罚的标准，其中第9条规定："金融机构不得超出中国人民银行批准的业务范围从事金融业务活动。金融机构超出中国人民银行批准的业务范围从事金融业务活动的，给予警告，没收违法所得，并处违法所得1倍以上5倍以下的罚款，没有违法所得的，处10万元以上50万元以下的罚款；对该金融机构直接负责的高级管理人员给予撤职直至开除的纪律处分，对其他直接负责的主管人员和直接责任人员给予记过直至开除的纪律处分；情节严重的，责令该金融机构停业整顿或者吊销经营金融业务许可证；构成非法经营罪或者其他罪的，依法追究刑事责任。"2003年之后，根据十届人大常委会二次会议的决议，信托公司的业务范围由银监会批准。因此，在现在的监管体制下，信托公司的业务活动不得超出银监会批准的业务范围。

但是本案中的一个比较明显的事实是某信托公司与某房地产公司签订的《信托贷款合同》中约定的贷款金额2.15亿元既不是信托公司的自有资金，也不是信托财产，而是将信托财产产生的收益权对外转让获得的价款，因此某信托公司的这种行为是很明显的违反金融监管规定的操作。在此种情形下，该《信托贷款合同》的效力问题成为关键点。

在本案中,我们认为该《信托贷款合同》无效的法律依据有两个:

1. 根据最高人民法院《关于适用〈中华人民共和国合同法〉若干问题的解释(一)》第10条的规定:“当事人超越经营范围订立合同,人民法院不因此认定合同无效。但违反国家限制经营、特许经营以及法律、行政法规禁止经营规定的除外。”在本案中,某信托公司与某房地产公司签订该份《信托贷款合同》的行为超越了其金融许可证中记载的“自有资金贷款以及信托”的经营范围,而且这种超越经营范围从事金融业务的行为是违反国家特许经营制度的,因此该合同应当被认定为无效。

2. 根据《合同法》第52条以及最高人民法院《关于适用〈中华人民共和国合同法〉若干问题的解释(二)》第14条的规定,合同违反效力性的强制性规定是无效的。对何谓“效力性的强制性规定”,我国的法律及司法解释中并没有明确界定,根据合同法领域的权威王利明教授的观点,判断一项规定是否为效力性的强制性规定有以下的标准:(1)法律、法规规定违反该规定,将导致合同无效或不成立的,为当然的效力性规定;(2)法律、法规虽然没有规定违反该规定将导致合同无效或不成立,但违反该规定若使合同继续有效将损害国家利益和社会公共利益,这也属于效力性规定;(3)法律、法规没有规定违反该规定将导致合同无效或不成立,虽然违反该规定,但若使合同继续有效并不损害国家利益和社会公共利益,而只是损害当事人利益的,在此情况下该规范就不应当属于效力性规范。[①] 如果在本案中某信托公司与某房地产公司签订的《信托合同》被认定为有效,那么信托公司违规放贷的行为会严重破坏我国对金融秩序的监管制度,这种违反的行为应当被认为损害了国家利益以及社会公共利益。也基于此,我们认为前面的行政法规《非法金融机构和非法

---

① 王利明著:《合同法研究》(第1卷)(修订版),中国人民大学出版社2011年版;王利明:“论无效合同的判断标准”,载《法律适用》2012年第7期。

金融业务活动取缔办法》和《金融违法行为处罚办法》属于效力性的强制性规定。基于此,我们认为某信托公司与某房地产公司之间签订的《信托贷款合同》应当为无效的合同。

对于第二个层面的问题,根据《合同法》第 58 条的规定:“合同无效或者被撤销后,因该合同取得的财产,应当予以返还;不能返还或者没有必要返还的,应当折价补偿。有过错的一方应当赔偿对方因此所受到的损失,双方都有过错的,应当各自承担相应的责任”,在本案中我们需要考虑的问题是在《信托贷款合同》无效的情形下,某房地产公司是否会发生返还原物并赔偿损失的义务,而这样的义务产生的前提则是某信托公司依据借贷关系实际发放了贷款。但是根据本书第 1 编中有关案件事实的介绍,某信托公司向某房地产公司分两批转账的 2.15 亿元在特殊转账凭证中是以“支付信托优先受益权转让款”和“优先受益权转让款”的名义转账的,而不是以信托贷款的名义转账的,由此可见某信托公司根本没有履行《信托贷款合同》,《信托贷款合同》并非双方的真实意思表示。因此,对某房地产公司来说,在《信托贷款合同》无效的情形下也当然不负有返还的义务。

问题 3:本案中,信托关系与借贷关系是否可能并存?

在本案的当事人之间,信托法律关系与借贷法律关系是否可能共存。对此问题的回答是以前两个问题的分析为基础的,通过前面两个问题的分析,可以得知虽然当事人之间既签订有《信托合同》,也签订有《信托贷款合同》,但是从合同签订的先后顺序以及款项的走向来看,在当事人之间实际上只履行了《信托合同》。之所以双方会只履行《信托合同》是与双方之间的交易目的直接相关的,双方的交易实质是进行融资,某房地产公司将资产收益权委托给某信托公司并且从某信托公司处获得转让的资产收益权的价款,某房地产公司实现了融资的目的,信托公司完成了为房地产公司融资的任务，这宗交易的目的已经实现，因此《信托贷款合同》才始终没有履行。也因此可以得出结论，即双方之间的信托关系与借贷关系是不可能共存的，双方之间是单纯的信托关系。

问题4：某信托公司主张的抵押权是否成立？

要回答该问题，首先需要确认抵押权的性质及抵押权成立的条件。在我国目前的法律框架内，对抵押权制度进行规定的有两部法律，分别为《物权法》与《担保法》，具体规定为：

《物权法》第192条规定："为担保债务的履行，债务人或者第三人不转移财产的占有，将该财产抵押给债权人的，债务人不履行到期债务或者发生当事人约定的实现抵押权的情形，债权人有权就该财产优先受偿。前款规定的债务人或者第三人为抵押人，债权人为抵押权人，提供担保的财产为抵押财产。"

《担保法》第33条规定："本法所称抵押，是指债务人或者第三人不转移对本法第三十四条所列财产的占有，将该财产作为债权的担保。债务人不履行债务时，债权人有权依照本法规定以该财产折价或者以拍卖、变卖该财产的价款优先受偿。前款规定的债务人或者第三人为抵押人，债权人为抵押权人，提供担保的财产为抵押物。"

而且两部法律均明确地表示，我国的抵押权是从属性权利，是为担保债权的实现和债务的履行，因此抵押权有效的前提便是双方之间存在债权债务关系。

具体到本案，某信托公司与某房地产公司既在《信托合同》中约定了抵押权，也在《信托贷款合同》项下签订了《抵押协议》，但是我们经过分析认为，某信托公司无论依据上述哪种关系，其抵押权都不能成立。首先，依据《信托贷款合同》项下的《抵押协议》主张的抵押权而言，根据第二个问题对《信托贷款》合同效力的分析，我们认为《信托贷款合同》无效，这种情形下与之相附随的《抵押协议》也应当是无效的，抵押权也当然无效。其次，就依据《信托合同》中约定的抵押权而言，我们认为某信托公司的抵押权也是无效的，这是由双方之间的法律关系的本质决定的，根据《信托法》第2条的规定："本法所称信托，是指委托人基于对受托人的信任，将其财产权委托给受托人，由受托人按委托人的意愿以自己的名义，为受益人的利益或者特定目的，进行管理或者处分的行为。"信托制度这一制度滥觞于英国，是在契约制度之外创设的特殊法律工具。尽管我国在引进信托法律制度时将设立信托的文件翻译为"信托合同"，但在英文中信托设立文件的英文表述为 deed，而不是通常的 contract，而且不论在英国还是在我国的法律制度中，对信托加以调整的法律都是在合同法之外的一套专门的法律规则，这充分说明信托的委托人和受托人之间不是通常民法意义上的债权债务关系。在明确了这一点之后，读者应该能够比较容易推出某信托公司在《信托合同》下的抵押权无效的结论，因为抵押权所附属的债权债务关系在双方之间根本不存在。

问题5：某信托公司要求的数额是否合法、是否有依据？

在本案中，某信托公司要求某房地产公司归还信托贷款本金128,400,000元，以及依据《信托贷款合同》和《资金监管协议》项下所产生的利息、罚息、违约金和复利，累计高达年利率40%。

我们针对某信托公司在这个问题上的主张，进行了两方面的分析与研究：一是对于某信托公司主张的数额，二是对于其主张的利息、罚息、违约金和复利的数额。对于第一个方面，某信托公司要求某房地产公司应当偿还其128,400,000元的主张。首先，我们认为该偿还本金的要求依据《信托贷款合同》是不成立的，因为根据上述对问题2和问题3的研究与分析，某房地产公司与某信托公司之间的《信托贷款合同》应为无效的合同,并且某信托公司也根本未依据借贷关系向某房地产公司发放贷款,因此某信托公司主张归还贷款的借款本金的要求是不成立的;其次,即使按照双方之间真实有效的信托关系来处理往来的款项,并且假使某房地产公司在信托合同下负有返还本金的义务,在双方争议发生时,某信托公司主张某房地产公司欠付的金额也不正确。2010 年 12 月,某房地产公司与某信托公司签订了一份《资产收益财产权信托补充协议》,双方约定由某房地产公司提前回购本信托项下期限为 18 个月和 24 个月部分的信托优先受益权,回购本金金额为人民币 8600 万元,实际情况为截止到 2011 年 9 月 24 日某房地产公司共回购了总计 8660 万元的优先受益权本金,并且在该份《补充协议》中约定了回购优先收益权后某信托公司为某房地产公司解除抵押的内容,此交易过程有某信托公司向某房地产公司发出的《应收账款通知书》佐证。双方对前述的交易都予以认可,但是双方的争议产生在之后因某房地产公司为申请委托贷款的需要请求某信托公司帮助其办理解除部分财产抵押的过程中。某房地产公司为上述融资的目的,在某信托公司的安排下,与其签订了一份《信托贷款合同之补充协议》,约定由某房地产公司分两次支付保证金共计 3000 万元(300 万元 +2700 万元),并且约定了上述保证金不构成《信托贷款合同》项下的提前还款。之后,某房地产公司向信托专户存入 310 万元和 19,248,284元两笔保证金,共计 22,348,284 元,对支付的该部分款项的性质,本案当事人双方存在争议。某信托公司主张上述款项为《信托贷款合同》项下的保证金,并且应当冲抵违约金;但是我们认为某房地产公司支付的该笔款项的真实性质也是优先受益权本金的回购。我们之所以得出这样的结论是基于以下的分析:

(1)本案中双方签订的《信托贷款合同》应为无效合同,并且双方根本没有就借贷关系发生资金往来,因此某房地产公司也根本谈不上应付借款的义务，当然也就更不可能出现对应付借款的保证金，因此其支付的 2234 万元的真实性质不是保证金，也不能作为信托贷款下的违约金加以抵扣。

(2)根据双方往来的交易习惯判断，双方进行该项交易的真实目的应当是回购优先受益权本金。在本次交易之前，某房地产公司已经与某信托公司签订过优先受益权回购的协议，并且回购的主要对价是某信托公司释放对应的抵押内容。在双方存在争议的本次交易中，虽然双方签订的协议名义上是依据《信托贷款合同》，但交易的内容仍然是某房地产公司支付款项，某信托公司释放抵押，并且双方之间的信托法律关系一直都在履行，因此我们认为某房地产公司支付的 2234 万元应当属于回购信托优先受益权，截至双方纠纷发生时，即使有欠付本金的情况，也应当扣减该 2234 万元后得出数额为 106,051,716 元。

另外，考虑到现有的对信托法律的研究较少，加上本案中的争议涉及信托法律关系与借贷法律关系之间的关系，案情错综复杂，因此，在事务所组织律师团队进行研究之外，我们还就案件主要的法律问题征求专家学者的意见，以进一步明确争议的法律性质。我们征求了华东政法大学和中国政法大学在经济法与金融法律方面的专家，在征得客户同意后，将本案的事实和有关证据材料转给法律专家进行分析。法律专家在分析之后，提供了专家意见，意见的内容涵盖了本案的主要的法律问题：

1. 首先，双方在本案中的行为表面上存在两种法律关系，一方面，双方通过《资产收益财产权信托合同》以及《信托受益权份额投资书》、《投资说明书》、《保管协议》、《信托受益权投资风险申明书》等设立资产收益财产权信托关系；另一方面，双方又通过《信托贷款合同》、《抵押协议》、《资金监管协议》及其公证书等设立信托贷款关系。其次，现有的证据表明双方均认可相互间存在一笔 2.15 亿元人民币的资金交易。由于双方只发生过一笔大额资金的交易(人民币2.15亿元),故上述两关系中只可能发生一项。

2. 关于双方法律关系的性质问题,专家的意见是信托公司与房产公司之间关系只能是财产权信托。从合同对信托事项的精心安排,可见双方确实在追求财产权信托的效果,而此后的履约过程也完全遵循该信托的路线:信托公司向潜在投资人发出《资产收益财产权信托优先受益权投资说明书》、《资产收益财产权信托优先受益权投资风险申明书》,并与社会投资人(优先受益人)签订《优先受益权份额投资书》,发售优先受益权份额;2009年9月24日,信托公司发出资产收益财产权信托成立公告,宣布信托成立,实际募集资金2.15亿元;信托公司从其在保管银行的信托专户中将2.15亿元划给房产公司,并在"特种转账借方凭证"上注明为"信托优先受益权转让款"(这一付款是财产权信托合同约定的款项转交,性质上就是信托公司获得资产收益权所付出的对价)。

并且,专家认为双方之间是不存在信托贷款关系的。因为信托贷款通常是信托机构使用自有资金或以集合资金信托筹集的资金等向借款人发放贷款,而本案所涉资金2.15亿元并非自有资金或以集合资金信托筹集的资金,而是向投资人发售优先受益权份额取得的资金,不可能以此发放贷款。实践中,为规避规章、监管的限制以及成本考虑,往往用资产受益权信托代替信托贷款。财产权信托本身带有融资性质,本案中委托人的融资目的,通过财产权信托已能实现,不必要再出现信托贷款。

华东政法大学与中国政法大学专家的意见与我们的研究结论相吻合,这增加了我们对本案的信心。我们在研究的过程中,对信托法律制度的了解不断深入,也意识到在我国司法实践中对信托法律制度存在一些理解上的误区,如对信托关系的理解被合同法影响很大。为了使我们的意见更具有说服力,使法官能够摆脱传统上对信托法理解的误区,我们找到了复旦大学信托法律方面的专家、《被误读的信托——信托法原论》的作者高凌云副教授，与高凌云教授探讨了本案，并且高凌云教授应我们的请求，专门就本案出具了专家意见。高凌云教授的意见全文内容附在本书中，以飨读者。

关于股份有限公司诉某房产开发有限公司金融借款合同纠纷一案中涉及的若干信托法律问题的意见

复旦大学法学院

高凌云

2013年3月21日

敬启者：

我是复旦大学法学院副教授，近10年来一直从事信托法、国际金融法、国际商法、比较民商法的教学与研究工作，为复旦大学法学院研究生开设《国际金融信托法》课程，是国内法学院中从事信托法教学和研究的少数学者之一，发表和出版了若干与信托法相关的专业文章与专著。在某信托投资股份有限公司（以下简称信托公司）诉某房地产投资开发有限公司（以下简称房产公司）一案的纠纷发生后，对其中所涉及的信托与信托关系比较关注，并阅读了以下5份系争合同：

（1）房产公司作为委托人与信托公司作为受托人于2009年9月签订的《×××资产收益财产权信托合同》（以下简称《信托合同》）；

(2)信托公司与房产公司于2009年9月11日签订的《资金监管协议》;

(3)信托公司作为贷款人与房产公司作为借款人于2009年9月11日签订的《信托贷款合同》(以下简称《贷款合同》);

(4)房产公司与信托公司于2009年9月25日签订的《融资框架协议》;

(5)房产公司与信托公司于2009年8月签订的《融资及财务顾问服务合同》(以下简称《融资服务合同》)。

作为一位一直研究信托法、关注我国信托法律制度与信托业发展的学者,基于对上述合同(重点是《信托合同》)的审阅以及对信托法的理解,我对此案中涉及信托的一些法律问题进行了学理上的思考,并整理成以下文字,纯粹作为学者观点而非律师的代理意见,限于对案情的了解不够全面,因此,本意见书只针对本案中的部分问题提供意见,仅供参考。

根据笔者目前所得到的材料,双方当事人信托公司与房产公司的主要争议焦点是双方之间签署的《信托合同》(以及据其设立的信托)和《信托贷款合同》(以及其他相关文件)是否有效以及是否会同时有效,即信托合同项下是否存在有效的信托贷款关系。该问题的答案将决定双方之间的法律关系应定性为信托法律关系还是信托贷款法律关系;并且这个问题解决了,其他的问题都将迎刃而解。因此,本意见书针对上述问题,对本案所涉《信托合同》进行重点分析并提供学理上的建议。

一、本案所涉信托的效力

(一)依我国《信托法》,信托财产所有权不转移信托仍然有效

在我国,信托是舶来的制度。

信托源自英美衡平法,是一种能使所有权与受益权分离的财产管理设计,涉及三方当事人:委托人、受托人和受益人。具体而言,通过设立信托,财产所有人(委托人)将其全部或部分财产转移给一个令其信任的人(受托人),由后者为一个或多个受益人(受益人)的利益管理这些财产。信托财产的法律所有权由受托人持有,而其衡平所有权由受益人所有。[①] 这种信托财产双重所有权的后果是:一旦信托设立,委托人即放弃对财产的所有权,而将其转移给受托人,由后者持有信托财产的法律上的所有权而由受益人持有信托财产的衡平法上的所有权;并且,即便委托人之后仍然可以从信托财产中获得利益,也是以受益人的身份而非委托人的身份、且仅对信托财产持有衡平法上的权益。

该双重所有权概念与大陆法系的一物一权制存在先天的冲突,因此,在引进信托的过程中,各大陆法系国家对信托制度本身做了不同的修正。有大陆法系国家的学者把这种法律上的所有权叫作名义上的所有权,而把衡平法上的所有权叫作实质上的所有权或受益权。[②]

由于信托制度在英美法系国家充分展现了其优势,并且从私人民事信托扩展到商事领域,又在近年来的资产证券化等结构性融资交易中大显身手,很多大陆法系国家也纷纷将信托制度移植到本国。我国也不例外,于 2001 年 4 月颁布了《信托法》,对英美信托法进行了有中国特色的修正。《信托法》第 2

---

① George T. Bogert, *Trusts* (6 th Ed.) 1 (West Group 1987);美国《信托法第三次重述》第 3 条(2003)。

② 方嘉麟著:《信托法之理论与实务》,中国政法大学出版社 2004 年版,第 70 ~ 71 页。

条规定：

本法所称信托，是指委托人基于对受托人的信任，将其财产权委托给受托人，由受托人按委托人的意愿以自己的名义，为受益人的利益或者特定目的，进行管理或者处分的行为。

从上述定义中可以看出，我国信托法基本采纳了英美信托的特点，但是对双重所有权问题却进行了回避，允许信托财产不转移所有权，只是“委托给”受托人。本来英美信托的目的主要是将财产的所有权和受益权分离，而我国信托法既没有明确承认、也没有明确否认这种双重所有权形式，对信托与委托不加区分，为我国信托与信托法的发展埋下了隐患。通过法律的硬性规定，又使一些根据英美信托法不属于信托的法律关系根据我国《信托法》反而成为信托，可以享受到信托制度的优势。

我国学者对《信托法》的上述定义有不同的解释。比如，有人认为“委托给”就是“委托＋给”，实际上就是一种财产所有权的转移，与英美信托法的规则并无二致。但是由于信托法草案最初采用的是“转移给”，而在审议后修改为“委托给”，因此也有学者认为“委托给”就是一种委托，不涉及财产所有权的转移。[①] 然而信托业界为了规避风险，在实务中一般都会要求信托财产的所有权进行转移。虽然笔者认为我国信托法的这点欠缺需要纠正，但是，在此之前，既然根据我国现行《信托法》转移所有权或不转移所有权都可以设立信托，目前通过委托及其他不转移信托财产所有权方式设立的信托也应确定为有效。

本案所涉的《信托合同》中对信托财产的所有权是否转移

---

① 何宝玉著：《信托法原理研究》，中国政法大学出版社 2005 年版，第 10～11 页。

并无明确提及,在第6.3.1条中约定"基础资产所产生的全部收益系本信托项下的信托财产,不属于委托人的资产",这既可以说明双方当事人的意图是使这部分财产独立于委托人的其他财产,也可以暗示信托财产事实上进行了转移。不过无论如何,这都不应影响该信托的有效性。即便是前者,也说明双方当事人对于设立信托有着合意。

(二)本案所涉信托基本符合信托法要求的成立要件

根据我国《信托法》,信托成立的要件[①]包括:

(1)有合法的信托目的;[②]

(2)有自愿且有意以自己合法所有的财产设立信托的委托人;[③]

(3)有愿意且具备行为能力取得信托财产所有权的受托人;[④]

(4)有特定的或可以确定的受益人;[⑤]

(5)有确定的或可以确定的信托财产;[⑥]

(6)必须采用书面形式。[⑦]

由于我国信托法对信托的定义中没有要求信托财产的所

---

① 这里是指非公益信托的成立要件,关于公益信托的成立另有特殊规定,因与本意见书无关,因此不赘述。

② 参见《信托法》第6条。

③ 参见《信托法》第7条、第19条。其中第7条规定:"……信托财产必须是委托人合法所有的财产。"第19条规定:"委托人应当是具有完全民事行为能力的自然人、法人或者依法成立的其他组织。"

④ 参见《信托法》第24条。

⑤ 参见《信托法》第11条中规定的信托无效情形之(五):"受益人或者受益人范围不能确定",据此可以推断受益人必须确定或者可以确定。

⑥ 参见《信托法》第7条规定:"设立信托,必须有确定的信托财产,并且该信托财产必须是委托人合法所有的财产。""本法所称财产包括合法的财产权利。"结合《信托法》第11条规定的信托无效情形之(二):"信托财产不能确定"可以理解为信托财产需要确定或者能够确定。

⑦ 参见《信托法》第8条规定:"设立信托,应当采取书面形式。"

有权转移，因此，英美信托法所要求的信托财产的所有权必须从委托人处转移至受托人信托方可成立的要件根据我国信托法不适用。另外，我国不承认口头信托，因此书面形式成为信托成立的要件。

上述信托成立要件中的第五个要件是信托财产的确定性，然而这里的确定性并非要求在信托设立时信托财产必须确定，依《信托法》第11条，信托财产不能确定时信托无效。因此可以推断，只要信托财产能够（以一定的标准）确定，信托即有效。即信托财产只要"能够确定"即可。这一规定事实上对下文将要介绍的结构性融资（或资产证券化）交易中利用应收账款等未来收入作为信托财产设立信托提供了法律基础。

本案所涉《信托合同》是房产公司作为委托人，基于对信托公司作为受托人的信任，将其"对基础资产依法享有取得收益的权利及因对其管理、运用、处分或者其他情形而取得的财产"作为信托财产设立的信托，其信托目的是"为实现基础资产财产价值的流动化"，并约定在设立信托的同时"向投资者发行信托受益权份额"。[①] 如前所述，该合同中没有写明信托财产的所有权是否转移，但这并不妨碍本信托的合法性，因为我国信托法并未要求信托财产的所有权一定转移。

对照前述我国信托的成立要件来分析本案所涉信托：

（1）信托要有合法的信托目的。本案中的信托目的系"为实现基础资产财产价值的流动化"，并无不合法之处。

（2）有自愿且有意以自己合法所有的财产设立信托的委托

---

① 参见本案所涉《信托合同》第2条。

人,即房产公司。

(3)有愿意且具备行为能力取得信托财产所有权的受托人,即信托公司。

(4)有特定的或可以确定的受益人。《信托合同》第4.3条和第4.4条约定本信托的受益人包括总计不超过199人的优先受益人和一般受益人(即委托人),其中优先受益人由信托公司招募,如果募集不足则信托不成立。因此优先受益人在信托成立之时是可以确定的。另外,我国《信托法》第43条规定委托人可以同时是受益人,因此一般受益人亦合法。

(5)有确定的或可以确定的信托财产。根据本案《信托合同》第3条的约定,“初始信托财产为基础资产项下委托人依法享有的取得收益的财产权利”(3.1),且“基础资产所产生的任何形式的收益均构成基础资产的一部分,其收益自动成为本信托项下的信托财产”(3.4),并没有将基础资产的原始价值扣除在外,通读《信托合同》第3条“信托财产”项下的5个小节可以判定,包括基础资产及其全部收益在内的所有财产及财产权都是信托财产,因此符合信托财产的确定性要求。

(6)本信托合同采用了书面形式。

综上,本案所涉信托基本符合我国《信托法》要求的成立要件。

(三)本案所涉信托基本满足了登记要求

尽管上述六大要素均满足,但是针对本案所涉信托的有效性还可能依我国《信托法》第10条的规定提出异议。《信托法》第10条规定:

设立信托,对信托财产,有关法律、行政法规规定应当办理登记手续的，应当依法办理信托登记。

未依照前款规定办理信托登记的，应当补办登记手续；不补办的，该信托不产生效力。

从这个规定可以看出，信托登记并不是我国信托有效成立的必要条件，只有当信托财产的性质要求、且必须根据其他法律需要登记时，信托财产才必须登记。这时如果信托没有登记则无效。但是本条没有明确"有关法律、行政法规"是指专门关于信托登记的法规还是其他要求进行物权登记的法规，易生歧义。另外，有学者认为将信托登记作为信托的生效要件似乎有悖于信托的性质。

目前，信托登记是我国信托制度的软肋，因为既没有一个中央登记系统，也没有地方登记系统，而现有的动产、不动产登记体系也没有任何将信托登记纳入其中的意思，唯一的上海信托登记中心还是一个自愿登记机构，信托在该中心的登记凭据在司法审判中的证据力尚待检验。据笔者了解，本案所涉信托成立后，信托公司曾到上海信托登记中心做过登记。在目前法律规定含糊、强制性登记部门不明确的情况下，笔者认为，上海信托登记中心的登记应该是有效力的。因此，以信托没有登记对本案所涉信托的合法性提出异议站不住脚。

（四）结论：本案所涉信托合法有效成立

鉴于本案所涉信托符合我国信托法要求的信托成立要件，也满足了登记要求，并且2009年9月24日，信托公司分别向本案所涉信托的优先受益人和一般受益人发出"×××资产收益财产权信托"的成立公告，据此可以得出结论，该信托合法成立，《信托合同》合法有效。

二、本案所涉信托的性质

（一）本案所涉信托是商事信托

英美法中传统的信托是民事信托，然而随着经济的发展，商事信托日益成为资本市场的活跃分子，并且正因为商事信托在金融领域的巨大作用才吸引了众多大陆法系国家将信托制度移植到本国。从我国信托法中有关营业信托的规定可以看出，我国法律明确承认商事信托的法律地位。

英美法中民事信托与商事信托之间的主要区别是委托人在向受托人转移信托财产时是否收取对价。如果不收取对价，亦即该财产的移转是无偿赠与，则所创设的信托是私人民事信托，又叫无偿信托；如果委托人因向受托人转移信托财产而向受托人收取对价，则该信托是有偿的商事信托。[①] 这里的“有偿”和“无偿”并非指受托人是否因管理信托而收取服务费，而是指受托人在接受信托财产时是否需要向委托人支付对价。

民事信托与商事信托的另一个重要区别是委托人是否对信托的剩余财产持有利益。商事信托的委托人一般在商业交易达成之后对信托的剩余财产持有利益，而民事信托的委托人却不一定总是对信托的剩余财产保留利益。

因此，商事信托成为结构性融资的一个重要载体。它可以用于结构性融资交易，还可以用于分散借贷风险以及其他多样化的融资交易中。其中资产证券化就是结构性融资交易的一种形式。

我国信托法为信托制度的发展提供了原则性的规定，但

① Steven L. Schwarcz, *Commercial Trusts as Business Organizations*: *Unraveling the Mystery*, 58 Bus. Law. 559(2003).

是由于尚未经受实践的检验，细则一直没有出台。因此，有关商事信托及其在结构性融资交易中的地位和作用等没有直接相关的法律规定。然而，实务中我国各大信托投资公司都在做结构性融资交易业务甚至证券化业务，基本上都是按照英美商事信托的模式来操作。基于此，即便我国信托法没有规定信托财产的所有权必须转移，我国的商事信托中的委托人也必须将信托财产的所有权转移给受托人，因为它们为此收取了对价。

本案所涉信托明显是商事信托，委托人房产公司不可能将信托财产无偿赠与给受托人信托公司，《信托合同》中载明的信托目的是“委托人为实现基础资产财产价值的流动化”（第2条），并约定受托人应将投资人的资金“在信托成立并生效后一次性支付给委托人”（第4.6.1条），充分说明委托人将信托财产转移至信托的目的是得到对价。同时，委托人作为一般受益人，对信托的剩余财产持有利益（第4.5条）。因此本案所涉信托满足商事信托的要求。

（二）本案所涉信托是用于结构性融资的商事信托

在结构性融资交易中，需要融资的企业作为发起人，将自己拥有的、可以在未来产生稳定现金流的资产集合起来分成较小份额在资本市场上发行给投资者，从而分散资本风险，同时以较小成本得到融资，可以从事新的投资计划。然而，由于发起人自己发行证券限制较多，风险也较大，因此结构性融资交易往往通过设立一个特定目的载体（Special Purpose Vehicle, SPV）来进行，这样，发起人可以将自己的资产打包出售给这个SPV，而SPV向发起人支付购买这些资产的对价，从而发起人可以利用这笔融资进行其他商业投资。而SPV经常采用商事信托方式。该SPV(商事信托)本身没有足够的钱来支付信托财产的对价,便通过借贷或向资本市场发售资产支持证券来募集资金。这些证券既可以采取商业票据方式,也可以是类似于债券的信托受益权凭证。投资者购买这些证券的原因是他们对在背后支持这些证券偿付的资产价值有信心,亦即这些证券的信用质量比企业的担保债务的信用质量更高。①

其实,用于结构性融资中的信托与传统的民事信托并无二致,都是由委托人将其合法所有的财产转移给受托人,由受托人管理。然而,结构性融资中的信托受托人需要向委托人支付对价。虽然受托人也可以用自己的资产或通过贷款来支付对价,但通常受托人会将信托财产及其收益分成较小份额向投资者发售信托受益权凭证,以此取得的价款作为对价支付给委托人。而购买信托受益权凭证的投资人成为该信托的受益人。之后,受托人通过经营管理信托财产,将取得的收益用来偿付投资人持有的受益权凭证。

当结构性融资交易中的信托财产是资金时,受托人可能会亲自对信托财产经营管理,但当信托财产是其他形式的有形财产时,受托人一般会聘用其他专业机构——服务商(service provider)来管理信托财产,因为受托人大多是金融机构,对具体的财产管理没有经验和精力。有时,基于信托财产的特殊属性,受托人往往会委托信托财产的原始所有人——委托人来充当服务商,因为委托人既然是原始资产的发起人,往往对该资

① 高凌云著:《被误读的信托——信托法原论》,复旦大学出版社2010年版,第210页。

产的管理经营具有经验和专长。并且从委托人的角度看，他们也愿意为该笔结构性融资交易提供常规服务（即它们本来就从事的业务）而收取服务费，从而更加降低融资成本。[①]

显然，本案所涉信托正是用于结构性融资交易中的商事信托。委托人房产公司将其财产交付给受托人信托公司，受托人信托公司将其分割成份额，向公众投资人（优先受益人）发售，并用所得价款支付给委托人房产公司作为该财产移转的对价。之后，委托人房产公司的融资目的达成，融资完成，信托财产由受托人信托公司管理。而基于本案所涉信托财产为房地产及其未来收益，不是信托公司的经常性业务内容，因此，《信托合同》第6.2条约定："本信托存续期内，信托财产所涉及的基础资产继续按原有方式保管，委托人承诺妥善保管基础资产，并负责管理、经营和销售该基础资产……"可见受托人信托公司转委托房产公司作为服务商对作为信托财产的房地产进行管理、建造及销售等事宜，并将销售所得全额交付给信托专户，用于偿付优先受益人的本金和预期收益。因此，《信托合同》第3条中所约定的"委托人所持有的基础资产所产生的任何形式的收益均构成基础资产的一部分，其收益自动成为本信托项下的信托财产"（第3.4条）中委托人对信托财产的"持有"其实是基于信托公司的委托，作为"服务商"对信托财产的持有。

然而，有趣的是，在这种情况下该《信托合同》中不仅没有约定服务商房产公司为其管理信托财产而收取任何报酬，反而在第6.2条中约定："因保管该基础资产所发生的各项费用由

① Tamara Frankel, *Securitization*, *Structured Financing*, *Financial Assets Pools*, *and Asset-Backed Securities*（Aspen 1991）；成之德主编：《资产证券化理论与实务全书》，中国言实出版社2002年版。

Part Ⅱ

委托人承担。”即因保管基础资产而产生的开销均由服务商房产公司承担。当然，如果是基于双方充分理解本条款的情况下的合意约定也无可厚非，但是有悖于国际上通常的做法。

（三）结构性融资交易与担保贷款的实质性区别

在结构性融资交易中，商事信托的委托人（即结构性融资发起人）将信托财产转移给受托人SPV，SPV通过向公众投资者（受益人）发售信托受益权凭证募集资金，用募集的资金偿付委托人作为取得信托财产的对价，而后用信托财产及其所得收益支付投资者的信托受益权凭证。在足额偿付所有投资者后如有任何剩余财产则归属于委托人。因此有人认为证券化交易与担保贷款非常相似。

在担保贷款交易中，一旦贷款人收回了本金和利息，担保物的任何剩余价值都将被归还给借款人。然而结构性融资与担保贷款其实有着实质性的不同。通常企业担保债务的偿付取决于企业的承诺、业绩表现以及支付能力，而结构性融资交易中SPV发行的信托受益权凭证的偿付则依赖于支持资产所产生的现金流或第三方的保证，而非发起人的表现，信用质量更高。[①] 因此，结构性融资与担保贷款是完全不同的两种交易。适用于本案，当事人的目的是结构性融资而非取得担保贷款。

三、本案所涉信托的法律关系

基于以上对信托法基本原理的梳理以及对本案所涉《信托合同》的审查，下面针对本案中的信托当事人之间的法律关系进行分析。

---

① Steven L. Schwarcz, *Commercial Trusts as Business Organizations: Unraveling the Mystery*, 58 Bus. Law. 559, 562 - 563 (2003).

本案所涉信托是一个商事信托，其目的是进行结构性融资，“实现基础资产财产价值的流动化”（第2条）。如前所述，在用于结构性融资交易的商事信托中，委托人设立信托的目的是解决融资问题，必定对信托财产的转移收取对价。即便根据我国信托法没有信托财产所有权转移的硬性规定，但是在结构性融资交易中信托财产的所有权应该转移，因为委托人为此收取了对价，该对价是基于信托财产的价值而非基于对所委托事务提供的服务。

当然也有例外。比如，在房地产融资信托的情况下，如果房地产公司作为委托人向受托人收取的对价与其作为信托财产的房地产的价值（扣除其他税费和服务费等）相当，此时对价就是转移房地产所有权的对价。如果二者相差悬殊，则可能并非所有权转移的对价。不过基于商业考虑，一般来说，房地产公司设立信托的初衷都是想凭所拥有的房地产价值进行最大化融资，不大可能仅仅以房地产的增值部分来融资。

然而，如果承认信托财产所有权转移，类似本案所涉信托中的信托财产系为不动产，而不动产所有权转移必须经登记而后生效。这又回到第一部分中谈到的登记问题。当法律要求登记，而现实中没有任何地方可以令其合法登记时，只要当事人尽其最大努力为该信托进行了公示（如本案中向上海信托登记中心登记），笔者认为信托即应得到承认。

鉴于上述情况，本案所涉信托中的信托关系如下：

房产公司作为委托人，把其所拥有的土地使用权和在建工程作为信托财产，转移给受托人信托公司，由其负责经营管理。信托公司向房产公司支付了2.15亿元作为对价，而这笔钱是信托公司向公众投资者发售信托受益权凭证所得，首先信托公司相信房产公司的房产项目将来销售所得会远远超出2.15亿元；公众投资者也因相信信托公司的宣传而认定投资于该项信托不会遭受损失；同时，由房产公司作为一般受益人对信托财产拥有一般受益权，在优先受益人得到足额偿付之前不参与信托分配，无形中对其他受益人作出了超额担保，也坚定了公众投资人的信心。这里，信托的委托人是房产公司，受托人是信托公司，受益人中的优先受益人是公众投资者，而一般受益人是房产公司自己，信托财产是房产公司原始拥有的×××房地产项目的土地使用权和在建工程及其未来收益，信托目的是融资。

信托成立后，根据信托原理，委托人房产公司取得了信托财产的对价后，融资成功，照理说对信托财产已经没有任何作为法律上所有权人的权利（但是作为一般受益人还有权取得信托的剩余财产利益），信托财产属于受托人，一切风险也随之转移给受托人。受托人从此应该为受益人的利益负责该房地产项目的经营管理。

然而，和国际上其他结构性融资交易类似，这里的信托公司作为金融机构并不具备房地产企业的经营管理资质，因此信托公司作为受托人，也作为信托财产的（法律上的）所有人，需要另行聘用服务商来帮助其经营管理包括销售信托财产，并为此与其签订服务协议并支付服务费。这并不违背我国《信托法》，事实上，第30条规定：

委托人应当自己处理信托事务，但信托文件另有规定或者有不得已事由的，可以委托他人代为处理。

受托人依法将信托事务委托他人代理的，应当对他人处理信托事务的行为承担责任。

国际上通常的做法是聘用信托财产的原始所有人为服务商。这里信托公司就聘用了委托人房产公司作为服务商来“继续”经营管理信托财产。《信托合同》第6.1条进一步约定：

本信托优先受益人投资于信托优先受益权的资金，由受托人按信托文件的约定，交付给委托人，并监督委托人将资金用于支付×××项目的未付工程款和调整财务结构。

这里充分体现出房产公司作为服务商的角色，亦即受托人信托公司与委托人房产公司之间又形成另外一层委托法律关系，信托公司为被代理人，房产公司为代理人，依据民法和信托法的规定，代理行为对被代理人有拘束力，被代理人对代理人的行为承担责任。

四、本案所涉信托贷款合同及融资框架协议等的效力

本案所涉合同除《信托合同》外，还有《贷款合同》、《抵押合同》、《融资框架协议》等其他相关合同。因为本意见书重点分析《信托合同》，在此只对其他几个合同做简单分析。

（一）本案所涉《贷款合同》为无效的虚假合同

在正常的商业交易中，由信托投资公司为房地产公司提供贷款是可以的，只要不违反国家强制性法律法规和政策。这里不必具体分析本案中信托公司为房产公司提供贷款是否合法，仅从贷款合同及其履行情况看，就可以判断这里的信托贷款合同是一份虚假的贷款合同，因为信托公司并没有为房产公司提供任何贷款。至于2.15亿元的“优先受益权转让款”，如前所述，是基于《信托合同》因房产公司向信托公司转让信托财产所

得对价,是信托成立的前提条件,并非信托公司为其提供的贷款。认定这笔钱是贷款则等于:

(1)承认信托公司从房产公司处无偿取得作为信托财产的基础资产后,又自己将该基础资产抵押给自己,为房产公司提供贷款。其中的混乱逻辑一目了然;或者

(2)承认信托公司设立了虚假的财产信托,目的是以设立资金信托的方式为房产公司提供贷款从而有逃避监管之嫌。

事实上,2.15亿元是信托公司支付给房产公司的对价。《信托合同》第4.6.1条约定:“投资人应于推介期内向受托人缴付资金,该等投资资金在本信托成立并生效后一次性支付给委托人。”这显然是设立信托的对价而非贷款。如果是单纯的贷款,信托投资公司则存在非法集资的嫌疑,因为信托公司不对房地产拥有权利,如何向投资者出售基础资产支持的信托受益权凭证?信托受益权的基础资产是什么?如果房产公司仅仅委托信托公司发售信托受益权凭证,基于委托关系,所得价款更加理所当然属于房产公司,怎能算作信托公司发放的贷款呢?结合《信托合同》第6.3.1条约定“基础资产所产生的全部收益系本信托项下的信托财产,不属于委托人的资产”,可以看出房产公司已经不拥有基础资产及其收益的所有权。此时,房产公司无偿转移基础资产给信托公司,并且为信托公司管理经营信托财产,管理费还自己出(第6.2条),所得全部收益却给信托公司,拿到的钱还算贷款,这笔交易的法律关系之乱难以想象。

另外,上述《贷款合同》第三章第3.2(6)条和《资金监管协议》第二章第2.2(7)条都规定了“×××资产收益财产权信托

成功设立”为贷款发放的先决条件之一;《贷款合同》第五章约定“本合同项下的贷款,供借款人用于×××项目的开发和后续建设、财务结构调整等用途。对本合同项下的贷款资金,借款人不得挪作他用”。《资金监管协议》第四章“资金用途”有同样的约定。这更加证明了本案中当事人之间的关系是、且仅是信托关系,除非房产公司除了收到2.15亿元的信托融资外,又从信托公司处取得了另外一笔2.15亿元的贷款,否则房产公司与信托公司之间没有任何贷款关系。

“信托合同”之项下绝对不会产生这样一种以同一笔信托融资款项再次作为贷款的关系。

此外,本案所涉《信托合同》第5.2条提到“受托人根据信托文件约定通过处置抵押物收回信托优先受益权本金及预期收益”;在第6.2条约定“委托人自愿以受托人为抵押权人将基础资产抵押给本信托(双方另行签订抵押协议),以保证受托人在管理信托财产时顺利行使各项权利,包括但不限于对该基础资产的受益权和处分权,并保证委托人到期履行资金不足义务”。另外,从笔者了解的情况看,双方均承认信托合同的效力。基于上述原因可以得出,以基础资产做抵押(如有)是基于《信托合同》,而非任何其他贷款合同。如果抵押因基于《信托合同》无法登记而无效,因此双方以虚假的《贷款合同》作为抵押合同的主合同,一方面,该虚假贷款合同无效;另一方面,应该透过现象看本质,(基于本意见书第一部分的分析)承认信托合同的效力。

当然,目前我国业界对信托财产所有权转让的误解可能是造成信托公司为保障自己的利益为自己设置多重担保的原因,更因为目前信托登记制度的缺失，依信托合同进行信托财产登记还行不通，因此很多信托公司出此下策，以虚构的贷款取得抵押权，虽然情有可原，但是根据法律明显是以合法形式掩盖非法目的，因此这类所谓的信托贷款合同无效。相应地，抵押合同作为该贷款合同的从合同也无效。

不仅如此，由于信托关系的存在以及《贷款合同》的无效，相关法律文件中约定的“罚息”、“复利”等条款也相应无效。《信托合同》第7.2.4条规定了罚息；《贷款合同》第十六章约定了“违约处理办法”，包括罚息和/或复利和/或违约金；《资金监管协议》第六章“违约事项”中第6.1条约定了违约金，第七章“违约处理”中也约定了罚息、复利。对此，《贷款合同》和《资金监管协议》中的第一章都提供了以下定义：罚息是指“中国人民银行公布的适用于金融机构贷款的罚息利率的罚息”；复利是指“中国人民银行公布的适用于金融机构贷款的复利利率的复利”。既然《贷款合同》虚假无效，贷款和贷款关系根本不存在，那么所谓的罚息、复利等基于金融机构“贷款”而产生的罚息、复利自然如无本之木，无源之水，也没有存在的基础。

可以理解，信托公司成为受托人后对受益人负有信义义务，因此信托公司需要保证有足够的款项支付受益人，如果能好好研究信托法，领会信托法中信托财产所有权转移的理论，通过其他方式保障信托的利益，可能就不会设计出如此逻辑混乱的交易文本了。

（二）本案所涉其他法律文本中出现的“财务顾问费”（或“融资服务费”）没有法律依据

除了《信托合同》和《贷款合同》外，“房产公司”和“信托公司"还于2009年8月签订了《融资及财务顾问服务合同》,对财务顾问费(或"融资服务费")作出了规定。由于2009年9月25日双方又签署了一份《融资框架协议》,基本上承接了上述《融资及财务顾问服务合同》的主要内容,并且其中第11条第1款约定"本协议签署后,《融资及财务顾问服务合同》自动终止",因此这里主要分析《融资框架协议》以及其他几个法律文本中与财务顾问费(或"融资服务费")相关的条款。

《融资框架协议》第1条约定房产公司委托信托公司为项目提供融资及财务顾问服务。该协议第2条第2款约定,房产公司确认应支付给信托公司的"年综合融资费用"为实际融资额的16%,其中10%部分作为资金成本用于支付信托产品投资者收益、保管费、信托报酬和其他信托费用等,其余部分为融资服务费用,并约定融资服务费不低于人民币叁仟贰佰贰拾伍万元整。

《资金监管协议》第5.2条约定"凡本协议所述房屋的所有销售、预售收入主要用于分配信托合同项下的优先受益权本金和预期收益以及财务顾问服务费用等"。《信托贷款合同》第12.4条和《资金监管协议》第5.3条列出的《信托指定专户最低现金余额表》中也列出3项甲方(信托公司)向乙方(房产公司)收取的财务顾问费。

细看上述《融资框架协议》和其他相关法律文本的内容可知,信托公司提供的主要服务内容即是作为受托人为房产公司设计结构性融资交易。信托公司因提供该服务原可依《信托合同》约定取得合理报酬,而根据上述《融资框架协议》取得"融资服务费"。因提供同一个服务而重复收取两次费用(第一次是信托报酬,第二次是融资服务费,或者也叫“财务顾问费”),违反了诚实信用、等价有偿的民法原则,因此没有法律根据。且构成利用受托人地位谋取不当利益。

五、本案对完善我国信托法的意义暨本意见书小结

本案中的双方当事人一方是资金需求方房产公司,另一方是相对处于强势地位的资金提供方信托公司。然而,由于种种原因,双方并没有通过传统的贷款方式进行融资交易,反而决定采用近年来国际上比较流行和先进的结构性融资方式,通过设立商事信托来向公众投资者募集资金,从而达到融资目的。通过对双方签署的《信托合同》进行审阅并分析可以得出,本案所涉《信托合同》合法有效,信托有效成立,信托关系依法确立。然而,由于我国《信托法》之先天不足与后天又失于培育,造成信托财产所有权归属的不确定以及信托登记等制度的缺失,以至于受托人信托公司感觉其对信托财产的权利无法依据《信托法》得到保障,因此,信托公司又通过与房产公司签署《信托贷款合同》的方式把这种结构性融资虚假定性为贷款,试图把当事人之间的关系转化成债权债务关系,并因此得以将信托财产中的基础资产作为抵押物取得抵押权。

然而,由于房产公司从该笔融资交易中唯一所得是2.15亿元的信托受益权销售收入,并没有再从信托公司处取得任何其他贷款,因此,当事人之间信托关系的成立阻却了贷款关系的成立,并导致虚假《贷款合同》的从合同《抵押合同》也随之无效。因此,当纠纷发生后,受托人信托公司欲以房产公司违反金融借款合同为由提起诉讼,实在是没有法律依据。

信托法传入我国后一直有如“水上浮油”,与我国的法律制

度无法完全融合。《信托法》颁布至今从未实质性经受过司法审判的检验,因此本意见书的分析和讨论都只停留在学术层面。本案的审理将有助于厘清我国信托法中的一些误区,从而为我国信托制度的发展扫清道路。

希望本案的审理对完善我国信托法律制度,发展我国信托业能够起到推动和促进作用,从而使源自英美法的信托制度能够和我国的法律制度水乳交融为一体,为进一步深化我国金融体制改革、活跃我国资本市场作出贡献。

作者简介

高凌云,复旦大学法学院副教授。华东政法学院国际法学学士、新加坡国立大学比较法学硕士、美国威拉姆特大学法学博士。美国纽约州、俄勒冈州律师,比利时根特大学法学院、美国密执安大学、哈佛大学和加州大学欧文分校法学院访问学者,美国凯斯西储大学法学院、东芬兰大学法商学院及拉普兰大学法学院客座教授,美国 American Law Reporter(ALR)合约撰稿人,发表的文章或著作中与信托法相关的如下:

1."利用信托制度促进我国反腐倡廉建设——官员财产申报应与信托法律制度相结合",载《廉政文化研究》2012 年第 2 期;

2.《被误读的信托——信托法原论》,复旦大学出版社(2010 年 3 月);

3."我国产业投资基金相关法律问题研究",载《河北法学》2009 年第 7 期;

4."信托登记法律问题研究",第二作者,载《政府法制研究》2009 年第 1 期，系上海市行政法制研究所 2008 年项目并受上海市重点学科建设项目经费资助；

5.“在中国发展私人信托的必要性和可能性”，载《复旦大学人文社会科学论丛》(社科版)2007 年第 4 期；

6.“如何解决复杂的结构性融资交易中可能出现的信息不对称问题——对《复杂交易中信息披露模式的重新思考》译评”，载《当代法学研究》2007 年第 1 期；

7.“运用英美信托制度发展我国资本市场”，载《当代法学研究》2006 年第 2 期；

8.“资产证券化交易的重要工具：商事信托”，提交中国法学会民商法 2005 年年会，并发表于年会论文选集。

三、案件一审的审理经过及判决结果

提交答辩状

在经过前一阶段的充分准备后，我们归纳了研究成果，并向法院提交了答辩状。答辩状的全文内容如下：

民事答辩状

尊敬的审判长、审判员：

关于原告某信托公司投资股份有限公司(以下简称某信托公司)诉四被告某房地产公司投资开发有限公司(以下简称某房地产公司)、×××、×××、×××(以下简称关联公司)金融借款合同纠纷一案，现被告根据本案的事实与法律规定发表

如下答辩意见,供合议庭参考:

(一)就同一债权在具有强制执行效力公证债权文书的情形下,贵院依法应裁定驳回原告的起诉

原告起诉依据的《信托贷款合同》、两份《抵押合同》、一份《资金监管协议》于2009年9月17日在某公证处办理了编号为×××号《具有强制执行效力的公证书》,赋予四份合同具有强制执行效力。

原告于2012年4月19日向某公证处申请出具执行证书,公证处经与被告某房地产公司核实后,认为不具备出具执行证书的条件(详见原告补充证据(三)的《通知函》),但并未撤销具有强制执行效力的公证书。

最高人民法院《关于当事人对具有强制执行效力的公证债权文书的内容有争议提起诉讼人民法院是否受理问题的批复》(法释〔2008〕17号)规定:债权人或者债务人对该债权文书的内容有争议直接向人民法院提起民事诉讼的,人民法院不予受理。但公证债权文书确有错误,人民法院裁定不予执行的,当事人、公证事项的利害关系人可以就争议内容向人民法院提起民事诉讼。因此,原告在公证处未撤销具有强制执行效力的公证书以及法院未裁定不予执行的情况下,就具有强制执行效力公证债权文书提起诉讼的,依法应不予受理。故依据最高人民法院《关于适用〈中华人民共和国民事诉讼法〉若干问题的意见》第139条"立案后发现起诉不符合受理条件的,裁定驳回起诉"之规定,贵院应裁定驳回原告起诉。

（二）原告与被告某房地产公司之间的法律关系系资产收益财产权信托关系，而非信托贷款合同关系，因此，某信托公司基于信托贷款合同关系提起的全部诉讼请求均应予以驳回

1. 从信托的设立、变更、履行到信托终止之信托整个过程来看，原告与被告某房地产公司之间的法律关系系资产收益财产权信托关系

2009年9月11日，某房地产公司与某信托公司签订《"×××"资产收益财产权信托合同》（以下简称《资产收益财产权信托合同》），双方约定：某信托公司基于某房地产公司交付的信托财产向投资人发行受益权62,700份而设立的资产收益财产权信托；基础资产为某房地产公司项目国有土地使用权和建筑面积为80,370.23平方米的在建工程；信托财产为某房地产公司对基础资产依法享有取得收益的权利及因对其管理、运用、处分或者其他情形而取得的财产；信托文件包括但不限于本合同、《信托受益权份额投资书》、《投资说明书》、《保管协议》、《信托受益权投资风险申明书》；信托系为了实现某房地产公司基础资产财产价值的流动化，以基础资产收益的权利向投资者发行信托受益权份额的财产权信托，为受益人利益管理、运用和处分信托财产；信托受益权规模为62,700万元，每份信托单位对应的价值为人民币1万元，其中，优先受益权规模不超过人民币23,000万元；受益人投资资金由某信托公司交付给某房地产公司，并由某房地产公司用于项目的未付工程款和调整财务结构；信托存续期限为3年；基础资产所产生的现金收益，由某房地产公司归集和划入信托专户，信托专户由受托人负责在保管银行开立和管理，其承诺本信托一切资金往来均需通过

该账户进行，受托人不得假借本信托的名义开立任何其他账户，亦不得使用本信托专户进行本信托业务以外的活动。

2009年9月24日，某信托公司发布编号：×××号资产收益财产权信托成立公告，宣布信托成立，实际募集资金为人民币21,500万元。此后，某信托公司从其在保管银行（账户名称：×××，账号：×××）的信托专户中将21,500万元划给某房地产公司，某房地产公司依据信托文件规定的要求使用了该款项。

2010年12月7日，某房地产公司与某信托公司签订《“×××”资产收益财产权信托补充协议》（以下简称《信托补充协议》），约定某房地产公司提前回购本信托优先受益权本金8600万元。嗣后，某房地产公司于2010年12月10日、12月16日、12月21日和2011年1月5日分四次回购信托优先受益权本金4815.6万元；2011年3月24日、9月24日，又两次共计回购优先受益权本金3844.4万元，信托项下优先受益权本金剩余规模为12,840万元。后来，某房地产公司又于2012年6月11日和7月3日向信托专户存入3,100,000元和19,248,284元，信托优先受益权本金余额也随之减少为106,051,716元（=128,400,000元-3,100,000元-19,248,284元）。

2012年9月24日，信托存续期限届满，信托终止，某信托公司使用自有资金就上述剩余优先受益权份额向优先受益权人支付了投资本金及收益。

原告从信托专户中支付给被告某房地产公司的21,500万元，系社会投资人用于购买的信托优先受益权份额。按照《资产收益财产权信托合同》的约定，原告作为受托人将优先受益权转让款通过信托专户支付给被告某房地产公司,并根据信托文件的约定保障信托优先受益权的实现。

综上,原被告之间的法律关系系资产收益财产权信托关系,而非信托贷款合同关系。

2.《信托贷款合同》为无效合同,且某信托公司实际上并未发放该合同项下的贷款,借款凭据的开具以及双方部分往来函件以《信托贷款合同》为基础系原告某信托公司误导引起被告对法律关系的认识错误所致,并不因此改变双方的资产收益财产权信托关系

(1)《信托贷款合同》违反了合同法关于特许经营的规定,故依法应认定为无效。

最高人民法院《关于适用〈中华人民共和国合同法〉若干问题的解释(一)》(以下简称《合同法解释(一)》)第10条规定:当事人超越经营范围订立合同,人民法院不因此认定合同无效。但违反国家限制经营、特许经营以及法律、行政法规禁止经营规定的除外。

原告某信托公司金融许可证中载明的范围只有自有资金贷款以及信托,而根据《信托公司管理办法》第19条规定"信托财产可依照信托文件的约定发放贷款",而2.15亿元资金并非信托财产,故不存在发放贷款行为。现在原告发放贷款显然违反了合同法关于特许经营的规定,故信托贷款合同无效。

(2)资产收益财产权信托项下,不应存在《信托贷款合同》,《信托贷款合同》应属于集合资金信托项下信托财产的使用方式,而涉案信托为资产收益财产权信托。

(3)原告违反银监会〔2010〕343号文的规定向不具有二级

资质的被告某房地产公司发放信托贷款，违反《银行业监督管理法》“从事未经批准或者未备案的业务活动的”。

供参考：

《银行业监督管理法》第45条规定：“银行业金融机构有下列情形之一，由国务院银行业监督管理机构责令改正，有违法所得的，没收违法所得，违法所得五十万元以上的，并处违法所得一倍以上五倍以下罚款；没有违法所得或者违法所得不足五十万元的，处五十万元以上二百万元以下罚款；情节特别严重或者逾期不改正的，可以责令停业整顿或者吊销其经营许可证；构成犯罪的，依法追究刑事责任：

（一）未经批准设立分支机构的；

（二）未经批准变更、终止的；

（三）违反规定从事未经批准或者未备案的业务活动的；

（四）违反规定提高或者降低存款利率、贷款利率的。”

（4）原告违反诚实信用原则，利用《信托贷款合同》损害委托人及一般受益人某房地产公司的利益，依法应认定为无效。

3. 利息、罚息、违约金、复利均不能成立

（1）因《信托贷款合同》无效且也未发放贷款、《资金监管协议》有关利息、复利、罚息、违约金、赔偿金等约定无效，故有关利息、复利、罚息、违约金等请求均不能成立。

《资金监管协议》实际上系《资产收益财产权信托合同》的附属协议，理应属于信托合同法律关系范畴，与信托贷款合同无涉，既然与信托贷款合同无涉，则当然不涉及利息、复利、罚息、违约金等责任，故上述有关利息、复利、罚息、违约金等约定无效，原告基于此提出的请求也不能成立。

(2)《资金监管协议》中的违约金、罚息、复利、损失赔偿金资金及处置抵押物的相关费用条款违反信托法的强制性规定，应依法认定为无效。

根据《财产权信托合同》的约定，因委托人违反信托文件约定而产生的违约金、罚息、复利、损失赔偿金等，作为原告的超额信托报酬。

基础资产收益款是信托财产，某信托公司最低现金余额表内的现金也是信托财产，但原告在《资金监管协议》中约定，原告收取的复利、罚息、违约金、损失赔偿金资金及处置抵押物的相关费用，不计入信托专户及原告指定的账户内现金余额的统计范围，故而原告收取的复利、罚息、违约金、损失赔偿金资金及处置抵押物的相关费用属于原告违反信托法收取信托报酬，“利用信托财产为自己谋取利益”，应依法认定为无效。且依据《信托公司管理办法》第36条规定，信托公司经营信托业务，应依照信托文件约定以手续费或者佣金的方式收取报酬，中国银行业监督管理委员会另有规定的除外。信托公司收取报酬，应当向受益人公开，并向受益人说明收费的具体标准。

供参考：

《财产权信托合同》第12.2条规定：“因委托人违反信托文件约定而产生的违约金、损失赔偿金、罚息、复利等，作为受托人的超额信托报酬。”

《资金监管协议》

第5.2(1)条规定：“上述房屋的销售资金属于基础资产收益款，全部纳入监管范围。

凡本协议所述房屋的所有销售、预售收入主要用于分配信托合同项下的优先受益权本金和预期收益以及财务顾问服务费用等。”

第5.3(4)条规定:“甲方按本协议约定向乙方收取的复利、罚息、违约金、损失赔偿金资金及处置抵押物的相关费用,不计入信托专户及甲方指定的账户内现金余额的统计范围。”

《信托法》

第26条规定:“受托人除依照本法规定取得报酬外,不得利用信托财产为自己谋取利益。

受托人违反前款规定,利用信托财产为自己谋取利益的,所得利益归入信托财产。”

第11条规定:“有下列情形之一的,信托无效:

(一)信托目的违反法律、行政法规或者损害社会公共利益;

(二)信托财产不能确定;

(三)委托人以非法财产或者本法规定不得设立信托的财产设立信托;

(四)专以诉讼或者讨债为目的设立信托;

(五)受益人或者受益人范围不能确定;

(六)法律、行政法规规定的其他情形。”

第27条规定:“受托人不得将信托财产转为其固有财产。受托人将信托财产转为其固有财产的,必须恢复该信托财产的原状;造成信托财产损失的,应当承担赔偿责任。”

第35条规定:“受托人有权依照信托文件的约定取得报酬。信托文件未作事先约定的,经信托当事人协商同意,可以作出补充约定;未作事先约定和补充约定的,不得收取报酬。

约定的报酬经信托当事人协商同意,可以增减其数额。”

第36条规定:“受托人违反信托目的处分信托财产或者因违背管理职责、处理信托事务不当致使信托财产受到损失的,在未恢复信托财产的原状或者未予赔偿前,不得请求给付报酬。”

(三)某房地产公司与某信托公司签订的两份抵押协议以及×××、×××与某信托公司的抵押合同均系无效合同,且因主债权未发生,故抵押权未发生

首先,正如上所述,《信托贷款合同》无效,作为从合同的《抵押协议》无效。

其次,因《信托贷款合同》项下某信托公司并未发放贷款,主债权未发生,故抵押权也未发生。

最后,×××、×××与某信托公司签订的抵押合同之主合同为借款合同,事实上未发生借款行为,故抵押权因此也未发生。

因此,某信托公司就抵押物折价、拍卖、变卖优先受偿的请求均不成立。

(四)因《信托贷款合同》无效,且未发放贷款,故某信托公司要求保证人承担连带保证责任不成立

(五)原告主张的债权不成立,故实现债权的费用(如专项审计、房地产评估及律师费等)也不能成立

综上所述,在类似于生效裁判的具有强制执行效力的公证书存在的情形下,贵院依法应驳回某信托公司的起诉,其故意混淆双方当事人的法律关系并依据《信托贷款合同》提起的各

项请求均不能成立。

答辩人：

某房地产公司投资开发有限公司

×××

×××

关联公司

二〇一三年三月四日

法庭审理阶段

在我们提交答辩状之后,法院于3月7日组织了庭审。庭审中双方的争议焦点基本上是围绕本书第1编归纳出来的本案关键问题展开的,我们充分发表了我方的意见。庭审结束后,在之前的研究与分析的基础上,并针对某信托公司在庭审中的主张,我们起草了代理词以总结对本案的最终意见,并提交给了法院。代理词的全文内容摘录如下:

民事代理词

尊敬的审判长、审判员、人民陪审员:

关于原告某信托公司投资股份有限公司诉被告一某房地产公司、被告二×××、被告三×××、被告四关联公司金融借款合同纠纷一案,我们作为代理人参加了2013年3月7日下午举行的庭审,并在庭审过程中发表了口头的代理意见,现结合法庭归纳的主要争议焦点,依约依法发表如下书面代理意见,供合议庭评议时参考。

一、关于本案的性质问题

关于本案系财产权信托法律关系还是信托贷款合同法律关系问题，是庭审过程中归纳的争议焦点，但是，从整个庭审过程来看，原告并不否认双方之间存在合法的财产权信托法律关系。因此，关于本案的性质问题，准确的争议焦点可界定为财产权信托法律关系项下是否存在信托贷款合同法律关系。

我们认为，本案财产权信托法律关系项下不存在信托贷款合同法律关系。主要理由如下：

（一）从财产权信托的设立、履行、变更、终止全过程来看，双方系财产权信托法律关系，不存在信托贷款合同法律关系

1. 从整个信托过程来看，双方系财产权信托法律关系

关于财产权的设立、优先受益权的回购（实为信托的变更）、优先受益人×××收到信托优先受益权本金及收益（实为信托的履行及终止行为之一），双方并没有异议。因此，从整个信托过程来看，双方系财产权信托法律关系。

2. 从2.15亿元资金的交付依据来看，双方系财产权信托法律关系，而不存在信托贷款合同法律关系

2.15亿元资金的交付，是依据《资产收益财产权信托合同》第6.1条“本信托优先受益人投资于信托优先受益权的资金，由受托人按信托文件的约定，交付给委托人……”之约定，直接由原告从信托专户中交付给被告一的，并不需要另行通过包括信托贷款等方式交付，即该财产权信托法律关系项下不存在信托贷款合同法律关系。

3. 从信托目的的约定来看，双方系财产权信托法律关系而

非信托贷款合同法律关系

《资产收益财产权信托合同》第2条信托目的约定:“委托人为实现基础资产财产价值的流动化,以其合法享有的取得基础资产收益的权利设定的同时向投资者发行信托受益权份额的财产权信托……”一方面,委托人将财产权委托给受托人作为信托财产;另一方面,委托人委托受托人将信托受益权份额对投资人进行转让,而因转让收取的价款,依据一般的委托原理,受托人即原告理应将2.15亿元交付给委托人即被告一。故从信托目的的约定来看,2.15亿元资金的交付是基于财产权信托法律关系而非信托贷款合同法律关系。

4. 从2.15亿元支付性质为优先受益权转让款来看,双方不存在信托贷款合同法律关系

关于2.15亿元性质如何认定问题,关键在于证据证明力的大小,我们认为,被告提供的证据为被告证据四:加盖保管银行“转讫”章的特种转账借方传票为直接证据,该传票摘要中原告写明“支付信托优先受益权转让款”,该传票经信托保管银行监管认可并转付,从证据规则角度来看,具有最直接的证明力;而原告提供的证据主要包括借款凭证、收据、双方关于信托贷款合同的补充协议、来往函件,这些证据首先系被告基于原告的误导而形成的,并非被告真实意思表示;另外,这些证据均系间接证据,从证据规则角度来看,证明力较小或者没有证明力。因此,从证据证明力大小来看,2.15亿元的性质就是《资产收益财产权信托合同》项下的优先受益权转让款,并非信托贷款。

（二）从初始信托财产来看，财产权信托法律关系项下不存在信托贷款合同法律关系

资产收益财产权信托项下的初始信托财产为土地使用权及在建工程，而2.15亿元并非信托财产，该款不能通过《信托贷款合同》以贷款形式进行经营管理或者处分。

（三）从对投资人公示的文件来看，财产权信托法律关系项下不存在信托贷款合同法律关系

原告对投资人公示的文件包括：《资产收益财产权信托优先受益权投资说明书》、《资产收益财产权信托优先受益权投资风险申明书》、《资产收益财产权信托成立公告》。这些文件中，均未提及信托贷款合同法律关系。

（四）从上海信托登记中心的登记来看，财产权信托法律关系项下不存在信托贷款合同法律关系

信托期间，原告向上海信托登记中心办理了信托登记，被告在证据交换时要求原告提供相应的文件以查明事实，原告拒不提供，虽然被告凭调查令未能调查出相关登记文件，但是，依据最高人民法院《关于民事诉讼证据的若干规定》第75条之规定"有证据证明一方当事人持有证据无正当理由拒不提供，而如果对方当事人主张该证据的内容不利于证据持有人，可以推定该主张成立"，依法应当认定信托登记文件中不存在信托贷款合同文件。

（五）从银监会监管的角度来看，财产权信托法律关系项下不存在信托贷款合同法律关系

理由同上。

（六）从办理抵押登记可操作性来看，原告误导被告在财产权信托法律关系项下虚构了信托贷款合同法律关系

原告因依据《资产收益财产权信托合同》办理抵押登记及强制执行公证时遇到障碍，故为了解决房地产交易中心对抵押物即基础资产的抵押登记及强制执行公证问题，原告误导被告虚构并签署了《信托贷款合同》。关于上述主张，原告代理人在庭审中亦通过“抵押协议办理抵押必须具有主债权，而《资产收益财产权信托合同》项下没有主债权”之表述予以自认。

（七）从原告主张的逻辑来看，财产权信托法律关系项下不应存在信托贷款合同法律关系

关于8660万元款项，原告既主张为优先受益权回购又主张为提前还款，财产权信托合同和信托贷款合同同时履行，则意味着优先受益人获得双份本金和收益，一份为财产权信托的优先收益权本金及收益，一份为信托贷款的贷款本金及贷款利息；也意味着原告获得双份的收益，一份为信托报酬，一份为贷款利息之差额。这显然是十分荒谬的，故财产权信托法律关系项下不应存在信托贷款合同法律关系。

（八）财产权信托法律关系项下存在信托贷款合同法律关系缺乏法律依据

庭审中，原告在回答合议庭时表示，在财产权信托法律关系项下存在信托贷款合同法律关系是有依据的，具体如下：

(1)属于原告的金融许可证范围，即特许经营范围；

(2)依据《信托公司管理办法》第18条、第19条的规定，其可以用信托财产发放贷款；

(3)依据包括《信托贷款合同》、《资金监管协议》、《抵押协

议》等信托文件。

我们认为,原告主张的依据都不成立,具体理由如下:

(1)原告与被告签订的《信托贷款合同》不属于原告的金融许可证范围,且系违法行为,故原告主张的第(1)点依据不成立。

依据原告的金融许可证经营范围,其可以受托经营信托业务、以贷款方式运用自有资金,此外,根据《信托公司管理办法》第19条规定"信托财产可依照信托文件的约定发放贷款"。据此,原告依法可以发放贷款的方式只有两种:一是经营信托业务时运用信托财产发放贷款,二是以自有资金发放贷款。本案中,原告交付给被告的2.15亿元既不是信托财产,也不是其自有资金,而是投资人的优先收益权转让款。另根据《金融违法行为处罚办法》第9条的规定:"金融机构不得超出中国人民银行批准的业务范围从事金融业务活动",因此,原告与被告签订信托贷款合同不仅不属于金融许可证范围而且系违法行为,其主张的依据不成立。

(2)《信托贷款合同》约定发放的所谓2.15亿元贷款并非信托财产,故原告主张的第(2)点依据不成立。

(3)《信托贷款合同》、《资金监管协议》、《抵押协议》等文件不是信托文件,故原告主张的第(3)点依据不成立。

《资金监管协议》第1.1条、《资产收益财产权信托优先受益权投资说明书》第二节、《资产收益财产权信托合同》第1条对"信托文件"的释义,都不包含《信托贷款合同》、《资金监管协议》、《抵押协议》。同时,《资产收益财产权信托优先受益权投资说明书》作为对投资人公示的文件,其对"信托文件"的释义并不包含该等文件。显然,该等文件并不是本案财产权信托的信托文件,故原告主张的第(3)点依据不成立。

二、关于信托贷款合同以及抵押协议和资金监管协议等合同的效力问题及担保责任问题

(一)关于《信托贷款合同》的效力及保证责任问题

我们认为,《信托贷款合同》无效,相应的保证条款也无效,被告二、三、四不承担保证责任。原因在于:

1.《信托贷款合同》符合《合同法解释(一)》关于"违反特许经营,合同无效"的规定,故依法应认定为无效

本案中,原告属于非银行金融机构,其经营业务属于特许经营,而原告在财产权信托项下发放信托贷款与被告签订的该类《信托贷款合同》不属于金融许可证范围。原告金融许可证范围载明的贷款系指利用原告自有资金的贷款,另外,有关信托经营范围,因本案系财产权信托,2.15亿元并非信托财产,故也不涉及信托贷款合同。因此,根据《合同法解释(一)》第10条"当事人超越经营范围订立合同,人民法院不因此认定合同无效。但违反国家限制经营、特许经营以及法律、行政法规禁止经营规定的除外"之规定,依法应认定《信托贷款合同》无效。

2.《信托贷款合同》违反了国务院行政法规的强制性规定而无效

国务院《金融违法行为处罚办法》第9条规定:"金融机构不得超出中国人民银行批准的业务范围从事金融业务活动。"

（二）关于《抵押协议》及抵押权的效力和担保责任问题

我们认为，《抵押协议》无效，抵押权未生效，故被告一不承担抵押担保责任。理由如下：

首先，《信托贷款合同》无效，作为从合同的《抵押协议》无效。

其次，原告在庭审中自认“抵押协议办理抵押必须具有主债权，而《资产收益财产权信托合同》项下没有主债权”，说明抵押协议是基于虚构的主债权而签订的，因此《抵押协议》无效。

最后，因《信托贷款合同》项下某信托公司并未发放贷款，主债权未发生，故抵押权也未发生。

（三）关于《资金监管协议》的效力

我们认为，《资金监管协议》无效，原因在于：

1.《资金监管协议》系《信托贷款合同》的组成部分，《信托贷款合同》无效，该协议无效。

2. 退一步讲，假使《资金监管协议》系财产权信托文件组成部分（事实上并非信托文件组成部分），因构成以“合法形式掩盖非法目的”，故《资金监管协议》无效。

（1）《资金监管协议》看似合法形式，但该合同的目的之一是约定罚息、复利、违约金，并由原告获利，而资产收益财产权信托项下不应存在本应属于借款法律关系项下才有的罚息、复利、违约金，故构成以合法形式掩盖非法目的。

（2）构成“利用受托人地位谋求不当利益”，进而构成“以合法形式掩盖非法目的”。

《信托公司管理办法》第36条规定“信托公司应依照信托文件约定以手续费或者佣金的方式收取报酬”、“信托公司收取报酬，应当向受益人公开，并向受益人说明收费的具体标准”。

《资产收益财产权信托合同》约定被告一违反信托文件约定而产生的罚息、复利、违约金等作为受托人的超额信托报酬，显然，该超额信托报酬不是以手续费或者佣金的形式收取的，也没有向优先受益人公开。因此，违反了管理办法之规定，属于不当利益。而鉴于原告又系非银行金融机构且系信托受托人，故构成“利用受托人地位谋取不当利益”。

因此，《资金监管协议》看似合法形式，实质上系掩盖非法目的——“利用受托人地位谋取不当利益”，应被认定为无效。

（四）关于其他协议的效力

1.《资产收益财产权信托合同》部分条款无效

《资产收益财产权信托合同》第7.2.4条和第12.2.3条关于罚息和超额报酬的约定无效，理由同二（三）2(1)、二（三）2(2)。

2.与三套房屋的抵押相关的《信托贷款合同之补充协议》无效、《贷款合同》（600万元）与本案无关且未履行、《抵押协议》与本案无关且抵押权未生效，故被告二、三就该三套房屋的抵押不承担担保责任

因《信托贷款合同》无效且未发放贷款，故《信托贷款合同之补充协议》也无效，同时因原告误导被告作出的错误意思表示，故并不因此变为有效并视为实际履行。此外，该补充协议因与三套房屋的《抵押协议》不构成主从合同关系，依法登记备案的《贷款合同》（600万元）才系主合同。

原告在庭审中自认，《贷款合同》（600万元）系原被告双方为办理追加抵押物（×××、×××的三套房屋）的抵押登记而虚构，故而不具有法律效力，且在房地产登记中心登记的《贷款

合同》项下并未实际发放600万元贷款,且与本案无关。故作为从合同的《抵押协议》也与本案无关,且抵押权未生效。

3.《担保函》有效,但与原告基于《信托贷款合同》而主张的诉请无关,故被告二、三、四不承担保证责任

三、关于信托受益权本金剩余数额问题

我们认为,信托优先受益权本金剩余金额为106,051,716元。

根据被告证据五 2《应收账款通知书》,原告已自认截至2011年9月21日,被告一已回购信托优先受益权本金8660万元(4815.6+1922.2+1922.2=8660)。

2012年6月11日和7月3日被告一向信托专户存入3,100,000元和19,248,284元两笔保证金,小计22,348,284元,信托期限届满时(2012年9月24日),该款项也应用于优先受益权本金的分配,同时,被告也早已于2012年9月28日发函要求将上述两笔款项作为抵消部分优先受益权份额。据此,信托收益权本金剩余数额为106,051,716元。

至于原告称上述22,348,284元款项依据《信托贷款合同之补充协议》第6条之约定作为违约金没收的主张不能成立。主要理由如下:

1.《信托贷款合同之补充协议》无效,故上述约定无效;

2.2.15亿元贷款未发放,故《信托贷款合同之补充协议》支付保证金之约定,成为无源之水、无本之木。

3.退一万步讲,违约金畸高,被告在此申请按固定资产利率调低违约金数额。

四、退一万步讲，假使财产权信托法律关系下存在信托贷款合同法律关系，关于利息、罚息、复利、违约金约定是否过高问题

我们认为，原告主张的逾期利息、罚息、复利、违约金，实际上均系违约金性质，逾期利息（年12%）、罚息（日万分之二点一）、复利（年10%）、违约金（日万分之三）合计并换算后高达每年为贷款余额的40%左右。显然，与原告的融资成本固定资产贷款利率相比过高，应按庭审过程中被告申请调低的比例，即固定资产贷款利率计算所有违约金。

五、退一万步讲，假使财产权信托法律关系下存在信托贷款合同法律关系，关于解押还款保证金和专户最低现金余额之约定是否公平、是否构成情势变更问题

我们认为，《信托贷款合同》、《资金监管协议》关于解押还款保证金和专户最低现金余额之约定违反公平原则，同时构成情势变更。理由如下：

1. 合同要求被告一在房产解押后的45天内将对应批次销售款的85%作为解押还款准备金划入到原告指定的账户内，同时约定该还款准备金的划入不视为被告一的还款，且要求按最低现金余额表的时间节点划入款项，还款准备金必须在贷款本息到期还款日之前划入信托专户，最长提前划款时间高达10个月，而不算还款，也不得计息，还要为此贷款支付高额利息，上

述约定显然违反公平原则,依法可予调整。

2. 合同履行期间,国家对房地产行业进行了极为严厉的调控,通过各种政策调控限制房地产行业的发展,严重影响了房地产销售,这是被告在签订合同之初所无法预见的,并且导致被告无法实现合同目的,明显不公平,符合《合同法解释(二)》对情势变更的规定,还款准备金、最低现金余额、罚息、复利、违约金等约定依法应被撤销,被告不应承担相应的违约责任。

六、关于本案涉及的程序问题

1. 本案是否应该裁定驳回问题

(1)强制执行公证书具有类似于生效判决的效力,根据一事不再理原则,法院应裁定驳回起诉

最高人民法院《关于当事人对具有强制执行效力的公证债权文书的内容有争议提起诉讼人民法院是否受理问题的批复》(法释〔2008〕17 号,以下简称《批复》)指出,"根据《中华人民共和国民事诉讼法》第二百一十四条和《中华人民共和国公证法》第三十七条的规定,经公证的以给付为内容并载明债务人愿意接受强制执行承诺的债权文书依法具有强制执行效力。债权人或者债务人对该债权文书的内容有争议直接向人民法院提起民事诉讼的,人民法院不予受理"。

(2)原告提前申请执行证书被拒不能成为可以规避法律规定直接起诉的理由

因原告提前宣布收回贷款,且原告在贷款到期之前申请出

具执行证书，公证处以不具备出具执行证书的条件为由，发出不予出具执行证书的《通知书》，依法原告应在贷款期限到期以后重新申请出具执行证书。显然，原告绕开法定程序直接起诉，应予以驳回。否则，只要提前宣布收回贷款，就可以直接向法院提起诉讼，则最高人民法院法释〔2008〕17号批复之司法解释形同虚设，没有任何意义。

2. 本案是否应当中止诉讼问题

原告认为基于财产权信托法律关系才有了信托贷款合同法律关系，而被告认为双方之间的法律关系是财产权信托法律关系而不存在金融借款（信托贷款合同）法律关系，财产权信托法律关系项下不存在信托贷款合同法律关系。显然，法庭首先应当围绕财产权信托法律关系进行审理并查明相应的财产权信托法律关系之事实。事实上，贵院已经受理被告某房地产公司起诉原告营业信托纠纷一案[案号：(2013)沪二中民六(商)初字第2号]。因此，法庭应首先审理该案。否则，将可能导致无法正确查明本案事实，并可能作出不当判决的后果。贵院应中止审理本案。

3. 本案相关事实法院是否应当依职权调查的问题

本案的关键事实包括：优先受益人是否刚性兑付问题、原告金融许可证范围、银行保管协议、信托登记文件、银监会备案文件、信托专户的资金情况，虽被告已向法院提出部分申请且法院亦签发了《调查令》，但因被调查单位涉及金融机构，均被拒绝，唯有法院依职权调查方能厘清本案在财产权信托法律关系项下是否存在信托贷款合同法律关系。

据此，在此恳请法院依职权进一步作出调查（但认定不存在信托贷款合同关系除外)。

综上,本案系财产权信托法律关系,不应存在信托贷款合同法律关系,信托贷款合同无效,且贷款未发放,故原告基于信托贷款合同法律关系主张的全部诉请应予驳回。

以上意见供合议庭评议时参考。

被告一　某房地产公司投资开发有限公司

被告二　×××

被告三　×××

被告四　关联公司

之特别授权代理人:

上海建领城达律师事务所　周吉高　律师

阚　蓉　律师

一审作出判决

2013年6月7日,本案的一审法院上海市第二中级人民法院对于本案的纠纷作出了判决,我们将判决书原文内容的文字稿附上,以供读者参阅。

上海市第二中级人民法院

民事判决书

(2012)沪二中民第×××号

原告:某信托公司,住所地×××。

法定代表人:×××,该公司董事长。

委托代理人:×××,×××律师事务所律师。

委托代理人:×××,某信托公司员工。

被告某房地产有限公司,住所地×××。

法定代表人:×××,该公司执行董事。

委托代理人:×××,上海×××律师事务所律师。

委托代理人:周吉高,上海建领城达律师事务所律师。

被告:×××。

被告:×××。

被告:某房地产公司的关联公司。

法定代表人:×××,该公司执行董事。

上述三被告的共同委托代理人周吉高,上海建领城达律师事务所律师。

上述三被告的共同委托代理人阚蓉,上海建领城达律师事务所律师。

原告某信托公司诉被告某房地产公司、被告×××、被告×××、被告某房地产公司的关联公司营业信托纠纷一案,本院受理后,依法组成合议庭,公开开庭进行了审理,原告委托代理人×××、×××及被告某房地产公司的委托代理人×××、周吉高、阚蓉到庭参加诉讼。本案现已审理终结。

原告诉称,2009年9月1日,原告与四被告共同签订《信托贷款合同》,约定由被告某房地产公司作为借款人向原告申请信托贷款,金额为不超过人民币(以下币种均为人民币)2.3亿元,贷款用于×××房地产项目的开发和后续建设及财务结构调整,某房地产公司不得挪作他用。合同约定,该贷款本金分为三次偿还,贷款利率为年利率10%,贷款利息从×××房地产项目资产收益财产权信托成立之日起计收；如某房地产公司未能如期按照合同规定支付应由其支付的任何到期款项，则构成对该合同的违约，原告有权采取以下措施：宣布合同项下的贷款本金立即到期，提前收回部分或全部已发放的贷款，并按全部贷款期限(3年)计收利息，并通过各种形式向某房地产公司立即追索；某房地产公司逾期支付本合同和《资金监管协议》的相关款项，从逾期之日起按日万分之二点一计收罚息；同时，原告有权自逾期之日起向被告某房地产公司按年利率10%计收复利，并以实际预期天数每日万分之三计收违约金，以及根据《抵押协议》的规定，拍卖、变卖或者以其他方式处置抵押物(包括但不限于以原告指定的价格处置)，用所得价款清偿全部贷款本金及到期日(指合同规定的任何一起的还本付息日届至或原告宣布提前到期)未付利息、复利、罚息、违约金、损失赔偿金及处置抵押物的相关费用；同时，原告有权要求保证人承担连带保证责任；合同还约定，原告采取上述规定的措施后，仍不能弥补原告损失的，有权就未受偿部分向某房地产公司继续追偿。合同还对各方的其他权利、义务做了约定。同日，被告某房地产公司以位于某地的房地产项目的国有土地使用权(土地证号：××××号)和建筑面积为80,337.58平方米的在建工程抵押给原告，为某房地产公司与原告所签订的《信托贷款合同》项下债务的履行提供抵押担保；并对抵押担保范围、抵押权的实现、违约责任等其他权利、义务做了约定。双方就上述抵押向某地的国土资源局和建设局办理了抵押登记手续。

2009年9月11日，被告某房地产公司与原告签订《资金监管协议》，约定原告对被告某房地产公司房屋销售资金进行监管等。双方特别约定，在协议有效期内，为保证某房地产项目资产收益财产权信托项下全部优先收益权按时、足额分配，某房地产公司保证并承诺满足信托专户及原告指定的账户内最低现金余额的约定，若任一时间节点未获满足，则某房地产公司必须于3个工作日内予以补足，否则某房地产公司即构成违约，原告有权按协议第十六章的固定采取相应措施等；并对资金监管、违约事项、违约处理等双方的其他权利、义务做了约定；《资金监管协议》系《信托贷款合同》的组成部分。同日，被告×××、×××和某房地产公司的关联公司分别向原告出具《担保函》，自愿为被告某房地产公司与原告签订的主合同项下债务的履行提供不可撤销的连带责任保证担保；并对保证担保范围、保证人应履行的其他业务等做了约定。

2009年9月24日，×××资产收益财产权信托计划成立。同年9与25日、27日，原告按约从开设在中信银行上海浦东分行的信托账户向被告某房地产公司发放贷款共计2.15亿元，履行了《信托贷款合同》约定的义务。

2012年6月，为确保《信托贷款合同》项下被告某房地产公司义务的履行，被告×××、×××资源分别以坐落于×××的两处房地产作抵押担保，双方为此签订了《〈信托贷款合同〉之补充协议》以及《抵押合同》，明确约定各方的权利、义务，并于同年6月12日、13日办理了抵押登记。同年7月，鉴于被告某房地产公司开发建设的某房地产项目的部分房屋竣工备案，故原告与某房地产公司又签订了《补充协议》，并就已竣工备案的房屋于同年7月23日向某地的住房和城乡建设局办理了房屋抵押登记。

《信托贷款合同》履行期间，被告某房地产公司自2009年11月23日起持续逾期支付合同约定的还款准备金，以及未能满足信托专户最低现金余额的约定，被告某房地产公司的行为已构成违约。为此，原告多次向某房地产公司催讨与交涉，但均未果。原告遂按约向各被告宣布贷款于2012年9月18日提前到期，但各被告均未依约履行相应的合同义务。2012年9月24日，贷款期限届满，各被告仍均未履行还本付息及偿付违约金等义务。综上所述，四被告的行为均违反了合同法、担保法的相关规定，造成原告较大的经济损失。原告为维护自己的合法权益，根据《民事诉讼法》第24条规定以及最高人民法院《关于如何确定借款合同履行地问题的批复》之规定，提起诉讼，并最终将诉请确定为请求判令：(一)被告某房地产公司归还原告贷款本金128,400,000元；(二)被告某房地产公司偿付原告贷款利息12,840,000元(利息以贷款本金128,400,000元为基数，自2011年9月24日起算至2012年9月23日，利率按年利率10%计算)，以及偿付以贷款本金128,400,000元为基数，按年利率12%计算，自2012年9月24日起算至被告某房地产公司实际清偿上述本金之日止的利息；(三)被告某房地产公司支付原告违约金23,948,727.86元(以违约金额为基数，自2009年11月23日起算至2012年9月24日)，以及支付以贷款本息141,240,000元为基数，按每日万分之三计算，自2012年9月25日起算至被告某房地产公司实际清偿上述本息之日止的违约金；(四)被告某房地产公司支付原告罚息16,764,109.50元(以逾期支付的相关款项为基数，自2009年11月23日起算至2012年9月24日)，以及支付以贷款本息141,240,000元为基数,按每日万分之二点一计算,自2012年9月25日起算至被告某房地产公司实际清偿上述本息之日止的罚息;(五)被告某房地产公司支付原告复利303,882.47元(以逾期支付的相关款项为基数,自2009年9月23日起算至2012年9月24日),以及支付以贷款本息141,240,000元为基数,按年利率10%计收复利,自2012年9月25日起算至被告某房地产公司实际清偿上述本息之日止;(六)被告某房地产公司偿付原告为实现债权而支付的费用111.5万元(其中审计费1.5万元,评估费10万元,律师费100万元);(七)如被告某房地产公司不履行上述第一项至第六项债务的清偿义务,则判令原告有权将被告某房地产公司位于某地的房地产以折价或者拍卖、变卖该房屋所得价款优先受偿;不足清偿上述第一项至第六项债务部分,原告有权向某房地产公司继续追偿;(八)被告某房地产公司不履行上述第一项至第六项债务的清偿义务,则判令原告有权将被告某房地产公司位于某地的房地产以折价或者以拍卖、变卖该房屋所得价款优先受偿;不足清偿上述第一项至第六项债务部分,原告有权向某房地产公司继续追偿;(九)如被告某房地产公司不履行上述第一项至第六项债务的清偿义务,则判令原告有权将被告×××和×××共同抵押给原告的、位于某地的房地产以折价或者以拍卖、变卖该房屋所得价款优先受偿;不足清偿上述第一项至第六项债务部分,原告有权向某房地产公司继续追偿;(十)被告×××、×××、关联公司对上述被告某房地产公司应履行的第一项至第六项债务的清偿承担连带担保责任。

四被告共同答辩称:1. 原告起诉依据的《信托贷款合同》、《抵押合同》、《资金监管协议》已办理了具有强制执行效力的公证。原告在期限未到的情况下就去申请执行,故公证处不出具执行证书。原告在未裁定不予执行的情况下,就具有强制执行效力公证债权文书提起诉讼,根据一事不再理原则,应不予受理。受理后,发现不符合条件的,应当裁定驳回起诉。2. 从信托的设立、履行到终止的整个过程来看,原、被告之间的法律关系是资产收益财产权信托关系。委托人是被告某房地产公司,受托人是原告,受益人是案外投资人。从履行看,《信托贷款合同》约定的贷款2.15亿元没有实际发放,2.15亿元系优先受益权转让款,不是贷款,该款项应由原告根据信托文件约定向某房地产公司支付,并不需要通过贷款的方式支付。且被告已回购了优先受益权8600万元。信托期满,原告进行了兑付。且财产权信托项下不应当存在《信托贷款合同》。信托文件的组成根据规定也不包括《信托贷款合同》。《信托贷款合同》是以合法形式掩盖非法目的的合同,该合同无效。借款凭据的开具及双方部分往来函件以该合同为基础系原告误导引起被告对法律关系的认识错误所致,并不能因此改变双方的资产收益财产权信托关系。原告利用《信托贷款合同》的性质及受托人的优势地位,约定被告承担罚息、复利、违约金等责任,归其所有,违反诚实信用原则,损害被告利益。因房地产交易中心不接受信托合同作为主合同办理抵押登记手续,故将贷款合同作为主合同并签署《抵押协议》而办理抵押登记。《信托贷款合同》既非《信托公司管理办法》规定的信托财产管理运用或处分之贷款方式,也非信托公司固有业务之贷款方式。故该合同违反了该办法,亦应认定无效。信托合同才是原、被告的真实意思表示。故原告的诉请应当予以驳回。3. 因《信托贷款合同》无效且贷款也未发放,《资金监管协议》系信托合同的附属协议,与贷款合同无涉,其中有关利息、复利、罚息、违约金等约定因违法信托的基本原理而无效,故原告据此提出的诉请不能成立。4. 因《信托贷款合同》无效,被告某房地产公司与原告签订的两份抵押协议以及被告×××、×××与原告签订的抵押合同均系无效合同,且抵押合同之主合同为借款合同,因未发生借款行为,故主债权未发生,抵押权也未发生,被告×××、×××、关联公司不承担相应的责任。5. 因为债权请求不能成立,实现债权相关的费用也不能成立。6. 即使认定本案纠纷系《信托贷款合同》纠纷,被告认为逾期利息、复利、违约金高达40%,应予以调整。最低现金余额的约定显然是显失公平的约定。房地产市场的情况,已构成情势变更。此外,转让款本金余额是1.06亿元,原告诉请的本金中有2234万元,被告已经支付。复利、罚息、违约金计算错误,经被告计算,只有1000多万元。综上,四被告认为原告的诉请缺乏事实和法律依据。因被告某房地产公司已以信托合同纠纷向原告另案提起诉讼,故请求中止审理本案,或驳回原告起诉或驳回原告诉请。

原告为证明其主张,提供证据如下:

证据1. 信托贷款合同,证明贷款事宜。

证据2. 抵押协议2份、房屋他项权证14份、在建工程抵押证明4份,证明被告某房地产公司与原告签订了抵押协议并办理了相关抵押手续。

证据3. 资金监管协议,证明被告某房地产公司获得的信贷资金的来源,该协议对被告获得这笔资金如何使用和监管以及还款准备金如何达到还款专户进行了约定。该协议是贷款合同的组成部分。

证据4. 公证书，证明双方将信托贷款合同、抵押协议、资金监管协议向某公证处办理了具有强制执行效力的公证。

证据5. 担保函及公证书，证明被告×××、×××、关联公司作为保证人的主体身份及其权利义务，担保函上所称的主合同包括信托合同和资金监管合同。

证据6，补充协议，系对贷款合同12.4和资金监管协议5.3的笔误进行更正。

证据7. 特种转账借方传票2份，证明原告已经发放了贷款2.15亿元。

证据8. 抵押合同、抵押权登记证明，证明被告×××、×××以其三处房产为《信托贷款合同》项下被告某房地产公司债务的履行增加抵押担保，并办理了抵押登记手续。

证据9. 经公证的付款提示函、通知函，证明被告某房地产公司自2009年11月23日起持续逾期支付相应保证金，在交涉未果的情况下，原告通知各被告付款，并宣布贷款提前到期，两份函均由黄浦区公证处进行保全证据公证。

证据10. 三方协议书，证明原告是通过信托贷款的方式发放贷款。

证据11. "×××"资产收益财产权信托成立公告，证明2009年9月24日信托成立，贷款自该日起计息。

证据12. 借据3份，证明双方是借贷关系，以及每笔贷款到期日及年利率为10%。

证据13. 收据，证明2009年9月27日被告某房地产公司收到2.15亿元，收款事由为长期借款。

证据14. 承诺函、申请书、解除抵押申请，证明在信托贷款合同履行期间，被告某房地产公司是按《信托贷款合同》的约定履行相关义务，以及提前向原告偿还了贷款。

证据15. 补充协议，证明2012年7月双方就《信托贷款合同》项下部分在建工程的抵押转为房屋抵押签订补充协议，以及双方依此协议约定办理了抵押登记。

证据16. 业务约定书、发票、转账凭证、专项审计报告，证明原告为实现债权的费用，以及截至2012年9月24日，被告某房地产公司应偿付的违约金、罚息、复利金额，该计算结果符合合同与协议条款的约定，不存在差错。信托期间至抵押物处置完毕后终止，所以账户上尚有钱款。

证据17. 业务约定书、发票、转账凭证、房地产估价报告，证明上海立公信房地产估价有限公司对被告某房地产公司部分涉案房地产价值作出评估，原告为此支付实现债权费用10万元。

证据18. 诉讼法律服务委托协议、发票、贷记凭证，证明原告委托某律师事务所律师代理本案一审诉讼，为此支付实现债权费用100万元。

证据19. 律师函、关于律师函的回复，证明因被告某房地产公司违反《信托贷款合同》、《资金监管协议》等约定，故原告委托北京市×××律师事务所上海分所向该被告发出《律师函》，敦促其履行义务，该被告复函确认按贷款合同提前归还了部分贷款，并承诺支付还款保证金，以及向原告请求贷款展期一年。

证据20. 情况说明两份，证明本案诉讼前，被告某房地产公司未否认其按《信托贷款合同》的约定向原告履行支付贷款利息的义务。

证据21. 被告某房地产公司出具的《关于贵处来函的回复和不应签发执行证书的意见》，证明被告某房地产公司在该函中确认系按《信托贷款合同》的约定，向原告偿还了部分贷款本金及支付利息，剩余贷款还款期限未届满。

证据22. 某公证处出具的通知书，证明该公证处通知原告，《信托贷款合同》、《抵押协议》及《资金监管协议》不具备出具执行证书的条件。

证据23. 关于提前归还3000万元贷款本金的紧急请求、《〈信托贷款合同〉之补充协议》、已注销登记的在建工程抵押登记证明、汇划来账回单，证明：(1)被告承认信托贷款2.15亿元，尚有贷款本金1.284亿元未到期。(2)被告某房地产公司承诺还款，但请求解除部分房产的抵押，以便向银行申请委托贷款3000万元。(3)为配合被告某房地产公司申请上述委托贷款，双方签订了《〈信托贷款合同〉之补充协议》，但在原告履行解押义务后，被告某房地产公司未依约支付保证金3000万元，仅支付22,348,284元。根据该补充协议第5条约定，原告已收到的保证金按约作为违约金收取，原告享有的贷款合同等协议项下的贷款本息及违约金、罚息等，不因原告收取该违约金而减少。

四被告对原告提供的证据发表质证意见如下：1. 对证据1的真实性无异议，但该合同不是被告的真实意思表示，系以合法形式掩盖非法目的，故该合同无效。原告也未实际发放贷款。2. 对证据2中的抵押协议、资金监管协议的真实性无异议，合法性有异议。因《信托贷款合同》无效，故抵押协议也无效。主债权没发生，抵押权也未发生。对在建工程抵押证明的真实性、合法性、关联性有异议。3. 对证据3的真实性无异议，但与

《信托贷款合同》无关,而是与信托合同有关。其中第5.2条、第5.3条、第6.1条、第七章的内容因违反信托的基本原理而无效。4.对证据4的真实性无异议,但其内容不具有合法性,相反证明原告的起诉应予驳回。因原告并没有把所有的信托文件向公证处出示,原告刻意隐瞒,造成公证处不知道真实情况,只是进行了形式公证。5.对证据5的真实性无异议,但认为与本案无关联性,因担保函是以信托合同为主合同。担保函第二段所述内容对案外人不发生效力。6.对证据6的真实性无异议,但与本案无关,与信托合同有关。7.对证据7的真实性、合法性无异议,关联性有异议。因付款人的账号是信托专户的账号,支付的不是贷款合同项下的贷款,支付的是信托优先受益权转让款。这笔款项是投资人的款项,对投资人的款项原告没有权利发放信托贷款。8.对证据8的真实性无异议,但该抵押合同的主债权为贷款合同,并非《信托贷款合同》,且该600万元的债权并未发生,故抵押权不成立。9.对证据9的付款提示函的真实性无异议,相反证明原告自认双方是资产收益财产权信托关系。对通知函的真实性无异议,但关联性有异议,因原告与被告某房地产公司之间是信托法律关系,故该通知函意思表示错误,不发生相应的效力。10.对证据10~15的真实性无异议,但不能证明原告按照信托计划发放贷款以及被告某房地产公司收到贷款。原因在于原告误导被告出具借据、收据、协议等,故不能证明《信托贷款合同》有效,也不能证明贷款2.15亿元已经发放。2.15亿元款项的性质应根据划款凭证上写的是优先受益权转让款。收据上写的长期借款是原告误导。证据11与贷款合同、计息无关。《信托贷款合同》无效,实际贷款也未发放,利率也无意义。11. 证据16是原告与案外人之间的文件,真实性无法确认。由于原告错误主张权利,导致的费用应自行承担。2012年9月24日信托终止,信托专户上不应该有资金。如果转账凭证真实,反而证明原告在信托清算的时候将信托利益占为己有。专项审计报告基于对法律关系认识错误,得出的结论肯定错误。计算表将累计应付最低现金余额叠加错误。12. 证据17是原告与案外人形成的,真实性不确认,且与本案无关。13. 对证据18的真实性无异议,关联性有异议,原告错误主张权利,导致的费用由原告自行承担。14. 证据19律师函形式上和原件一致,但内容有异议,是原告误导被告作出错误意思表示,不能证明双方信托关系和发放贷款,2.15亿元的性质是财产权信托项下的转让款。15. 证据20形式上和原件一致,内容有异议,是原告误导被告作出错误意思表示。16. 对证据21的真实性无异议,关联性有异议,由于原告未向公证处披露性质,公证处作出了错误的公证,不能证明是信托贷款关系。17. 对证据22的真实性无异议,内容有异议,通知书不能证明原告可以向法院起诉,本案应驳回起诉。18. 对证据23形式上真实性无异议,内容的真实性有异议,是基于误导作出的错误意思表示。解除抵押是真实的,但与本案无关。3000万元的用途是还贷款,但这个意思表示错误,正确的意思应当是财产权信托终止时要把资金按合同打到信托专户,作为信托收益兑付。原告诉请的本金应该减掉22,348,284元。应付费用、违约金、罚息、利息都没有依据。补充协议与相应的抵押不配套,抵押针对贷款合同。

四被告为证明其主张,共同提供证据如下:

证据1.具有强制执行效力的公证书,证明原告不能起诉。

证据2."×××"资产收益财产权信托合同(以下简称信托合同)、资产收益财产权信托优先收益权份额投资书、资产收益财产权信托优先受益权投资说明书、资产收益财产权信托优先受益权投资风险申明书,证明信托合同系2009年9月11日签订,原告根据该合同把转让款交付给被告某房地产公司,不存在信托贷款,信托文件不包括《信托贷款合同》。

证据3."×××"资产收益财产权信托成立公告,证明信托于2009年9月24日成立。

证据4.特种转账借方凭证,证明原告从信托专户中向被告某房地产公司支付优先受益权转让款2.15亿元。

证据5.资产收益财产权信托补充协议、应收款项通知书、《〈信托贷款合同〉之补充合同》、本金付款凭证及某房地产公司自制清单,证明被告某房地产公司已经向信托专户支付了本金108,948,284元,回购了优先受益权本金,信托优先受益权本金余额应为106,051,716元。凭证上写还款,是被告某房地产公司认识错误,不影响法律关系。12张付款凭证还的都是本金,原告没有提出过是扣违约金、罚息。

证据6.借款凭证,证明名为贷款,实为按信托约定支付优先受益权本金及收益。

证据7.贷款合同、抵押合同,证明该抵押担保的主债权为贷款合同项下的600万元,并非《信托贷款合同》,且未实际放款600万元。

证据8.资产收益财产权信托初次登记表,证据原告与被告某房地产公司之间是资产收益财产权信托法律关系。

证据9.异议函、特快专递邮件详情及查询单，证明2234万元作为优先收益款优先兑付。

原告对四被告提供的证据发表质证意见如下：1.对证据1的真实性无异议。被告某房地产公司向某公证处提出了异议，后公证处向原告说明不能出具强制执行效力的公证书，故原告起诉。2.对证据2的真实性无异议，但与本案无关。双方确实签订了财产权信托合同，是本案贷款的前提。两个合同互为关联又相对独立的。因投资说明书上约定的信托推荐期是2009年9月9日，故信托合同签订的时间应在该时间之前。该组证据中的其余三份文件系原告和投资人签订，不能证明被告的证明内容。信托合同第6.1条说明是投资款，而不是转让款，转让款是财务的理解。支付2.15亿元是基于《信托贷款合同》。信托文件确实不包括《信托贷款合同》，信托关系不应在本案中处理。3.对证据3无异议。4.对证据4的质证意见同原告举证意见。5.证据5中的被告自制清单不是证据，不具备证据三性。12份付款凭证中只有第1份写服务费，其余11份都写还款、借贷，证明被告某房地产公司也认可其收到的2.15亿元是基于《信托贷款合同》，原告确实收到被告某房地产公司支付的310万元，1924万元。基于被告某房地产公司提出要求提前归还本金，进行了补充约定。6.对证据6的真实性无异议，对证明对象有异议，发放的就是贷款。7.对证据7的真实性无异议，对证明对象有异议。抵押合同明确了3套房子是抵押在2.15亿元项下。补充协议明确是为了办理登记的需要，不构成新增贷款。对证据8的真实性不确认。如果真实，对证明对象有异议。信息表不能证明双方不是信托贷款关系。对证据9不认可，原告的证据23已经反驳了被告的观点。这份异议函是在起诉后才发给原告。

本院经审理查明:2009年9月11日,作为委托人的某房地产公司与作为受托人的某信托公司签订了一份合同编号为×××的信托合同。该合同的1.释义部分约定:(1)本信托,系指根据本合同设立的信托,系受托人基于委托人交付的信托财产向投资人发行信托受益权份额62,700份而设立的一项信托。(2)信托受益权份额或信托单位:系指用以表示信托项下受益权的均等份额,受益人根据其所拥有的信托受益权份额享有信托资产收益、承担信托资产风险。本信托项下,信托受益权分为优先受益权和一般受益权。(3)优先受益权,系指按本合同约定优先享有信托利益的信托受益权。本信托项下,优先受益权优先于一般受益权从信托财产中分配信托收益和获偿信托本金。(4)一般受益权,系指受益人按本合同约定享有的次于优先受益权的信托受益权。本信托项下,在优先受益权获得足额清偿前,一般受益权不参与对信托财产的分配。优先受益权获得清偿后,一般受益权获得全部剩余信托财产。(5)初始优先受益权本金,系指本信托设立时募集的全部优先受益权资金。(6)基础资产,系指委托人持有的位于某地某项目的土地的国有土地使用权和建筑面积为80,370.23平方米的在建工程。(7)信托财产,系指委托人对基础财产依法享有取得收益的权利及因对其管理、运用、处分或者其他情形而取得的财产。(8)信托专户,系指受托人在银行所开立,并按照本合同约定存管现金形态的信托财产、支付应由信托财产所承担费用等的专用账户。账户名称:某信托公司×××;开户银行:×××分行;账号:×××。(9)信托文件,系指规定本信托项下信托当事人之间权利义务关系的文件,包括但不限于本合同、《信托受益权份额投资书》、《投资说明书》、《保管协议》、《信托受益权投资风险申明书》。合同第2条信托目的约定,本信托是委托人为实现基础资产财产价值的流动化,以其合法享有的取得基础资产收益的权利设定的同时向投资者发行信托受益权份额的财产权信托,受托人按信托文件约定为受益人的利益管理、运用和处分信托财产、向受益人分配信托利益。第4.2条约定,信托设立时信托优先受益权规模为不超过人民币2.3亿元(以下币种同),但不低于2.15亿元;其余为信托一般受益权。第6.1条约定,本信托优先受益人投资于信托优先受益权的资金,由受托人按信托文件的约定,交付给委托人,并监督委托人将资金用于支付"×××"项目的未付工程款和调整财务结构。第6.2条实物资产的保管中约定,本信托存续期内,信托财产所涉及的基础资产继续按原有方式保管,委托人承诺妥善保管基础资产,并负责管理、经营和销售该基础资产。为保证基础资产收益款的按时足额收回以及保证委托人履行资金补足义务,委托人自愿以受托人为抵押权人将基础资产抵押给本信托,以保证受托人在管理信托财产时顺利行使各项权利,包括但不限于对该基础资产的受益权和处分权。第6.5.1条约定,本信托应在保管银行开立信托专户,信托专户的开设和管理由受托人负责,受托人承诺开设独立的信托专户对所募集资金及信托财产进行管理,本信托的一切资金往来均需通过该账户进行。第6.5.2条约定,受托人不得假借本信托的名义开立任何其他账户,亦不得适用本信托专户进行本信托业务以外的活动。第

7.2.4 条约定,如一般受益人未按本合同约定向信托专户内汇集基础资产收益款或未履行资金补足义务的,逾期期间应计收罚息,罚息按应付未付价款的日万分之二点一计收。第 12.2 条信托报酬中约定,受托人于每个信托年度,在向优先受益人分配完毕信托利益后,根据以下公式收取信托报酬:信托期满 12 个月:信托报酬 = A × (10% - i) - B;信托期满 24 个月:信托报酬 = A × 20% × (10% - i)/2 + A × 80% × (10% - i) - B;信托期满 36 个月:信托报酬 = A × 60% × (10% - i) - B。其中:A 为全部信托受益权初始本金,i 为全部优先受益人对应预期收益率的加权平均数,B 为当期发生的信托费用。第 18 条违约责任中约定,若委托人、受托人或受益人未履行其在本合同项下的义务,或一方在本合同项下的声明、保证严重失实或不准确,视为该方违约。本合同的违约方应赔偿因其违约而给守约方或其他相关方造成的全部损失。

同日,作为贷款人的某信托公司与作为借款人的某房地产公司、作为保证人的×××、×××、关联公司签订了合同编号为×××的《信托贷款合同》。该合同第一章定义和解释中约定,信托贷款指由某信托公司作为受托人,根据信托合同、《"×××"资产收益财产权信托受益权投资说明书》获得信托资金,并根据本合同以信托资金向借款人发放的贷款。合同第 2.1 条约定:贷款期限为三年,起止日期为 2009 年 9 月 18 日至 2012 年 9 月 18 日(以借据为准)。第 2.2 条约定:贷款金额为不超过 2.3 亿元,以借据为准。第 2.3 条约定,本合同项下的贷款分三次偿还:(1)18 个月信托贷款本金金额为全部贷款初始本金的 20%,自计息日起(2009 年 9 月 18 日)至 2011 年 3 月 18

日止(以借据为准);(2)24个月信托贷款本金金额为全部贷款初始本金的20%,自计息日起(2009年9月18日)至2011年9月18日止(以借据为准);(3)36个月信托贷款本金金额为全部贷款初始本金的20%,自计息日起(2009年9月18日)至2012年9月18日止(以借据为准)。第6.1条约定,本合同项下的贷款利率均是年利率,贷款利率为年利率10%。第6.2条约定,本合同项下贷款利息从计息日起计收:计息日为"×××"资产收益财产权信托成立之日。第6.3条约定,借款人应按照以下规定偿还贷款利息:(1)贷款期限届满12个月时,应偿还的利息=全部贷款初始本金×10%;(2)贷款期限届满18个月时,应偿还的利息=全部贷款初始本金×20%×10%×0.5;(3)贷款期限届满24个月时,应偿还的利息=全部贷款初始本金×80%×10%;(4)贷款期限届满36个月时,应偿还的利息=全部贷款初始本金×60%×10%。如借款人未按本合同第2.3条约定偿还信托贷款本金,信托贷款逾期期间应继续计收贷款利息,贷款年利率自逾期之日起自动按12%执行。第11.1条约定,借款人以位于某地某项目的土地的国有土地使用权和建筑面积为80,370.23平方米的在建工程抵押给贷款人。第11.2条约定,保证人为信托贷款本金、利息、复利、罚息、违约金、损失赔偿金及处置抵押物的相关费用的偿还提供连带责任保证担保,直至《信托贷款合同》项下的全部款项归还完毕。如借款人不履行或不完全履行其在本合同项下的义务时,保证人自愿接受人民法院的强制执行。同时保证人承诺:因某房地产公司工程款债务而被债权人优先于抵押权主张执行《抵押协议》抵押物时,造成信托贷款抵押担保权益贬损部分损失由保证人承担。

第 12.4 条约定，贷款期间，借款人向贷款人指定的账户划转销售款，必须按下表的规定在指定日期满足最低现金余额要求。

某信托公司信托指定专户最低现金余额表

时间	最低现金余额（万元）	时间	最低现金余额（万元）
2009 年年底以前	2070①	信托成立后第 360 天	A×10%
信托成立后第 485 天	（A×20%×105%）/3	信托成立后第 515 天	（A×20%×105%）×2/3
信托成立后第 545 天（满 1.5 年）	A×20%×105%	信托成立后第 575 天	A×11.4%－2070②
信托成立后第 665 天	A×28%×1/3	信托成立后第 695 天	A×28%×2/3
信托成立后第 725 天（满 2 年）	A×20%＋A×80%×10%	信托成立后第 755 天	A×60%×6%③
信托成立后第 815 天	A×66%×15%	信托成立后第 905 天	A×66%×40%
信托成立后第 935 天	A×66%×50%	信托成立后第 965 天	A×66%×60%
信托成立后第 995 天	A×66%×70%	信托成立后第 1025 天	A×66%×80%
信托成立后第 1055 天	A×66%×90%	信托成立后第 1090 天（满 3 年）	A×66%×110%

备注：(1) A 为全部贷款初始本金；

(2) ①②③项目为贷款人向借款人收取的财务顾问费。

当借款人向信托专户或贷款人指定账户划转的资金不能达到最低现金余额要求时，借款人授权贷款人有权决定处置抵押资产的价格，借款人放弃一切抗辩权；贷款到期日，贷款人有权直接将信托专户中的还款准备资金作为借款人的还款；如信托专户中的资金不足以偿还全部贷款本息的，不足部分由借款人自筹后于当期贷款到期日划至贷款人的信托专户用以清偿贷款。如借款人未按本条约定补足资金，逾期期间应计收罚息，罚息按照日万分之二点一执行。第16.1(3)条约定，借款人逾期支付本合同和《资金监管协议》的相关款项，从逾期之日起按每日万分之二点一向借款人计收罚息，遇中国人民银行调整罚息利率，则分段计息；同时，贷款人有权自逾期之日起向借款人按年利率10%计收复利，并以实际逾期天数每日万分之三计收违约金。第16.1(4)条约定，拍卖、变卖或以其他方式处置抵押物(包括但不限于以贷款人指定的价格处置抵押物)，用所得价款清偿全部贷款本金及至到期日未付利息、复利、罚息、违约金、损失赔偿金及处置抵押物的相关费用。合同第20.4条约定，本合同未尽事宜，按照双方在《资金监管协议》中的约定操作执行；《资金监管协议》未做约定的，双方可另行签署补充协议约定；《资金监管协议》及补充协议均是本合同的组成部分，与本合同具有同等效力。

同日，某信托公司与某房地产公司还签订了协议编号为×××的《资金监管协议》。该协议约定，某信托公司通过设立“×××”资产收益财产权信托并转让优先受益权的方式向某房地产公司融通资金；某房地产公司已与某信托公司签订信托合同，并同意某信托公司将全部信托受益权分为优先受益权和一般受益权，其中信托优先受益权由社会投资者认购，信托一般受益权由某房地产公司持有。某信托公司将募集的信托资金按信托文件的约定交付给某房地产公司用于支付“×××”项目后续工程款和调整某房地产公司财务结构。该协议第5.3条特别约定，在本协议有效期内，为保证“×××”资产收益财产权信托项下全部优先受益权按时、足额分配，某房地产公司保证并承诺信托专户及某信托公司指定的账户内最低现金余额要求达到上表（该表与《信托贷款合同》第12.4条中的某信托公司指定专户最低现金余额表一致）要求。协议第6.1(3)条约定，某房地产公司未能如期按照本协议规定支付任何应由其支付的到期应付款项，构成某房地产公司对本协议的违约。协议第七章违约处理第7.1(3)条与《信托贷款合同》第十六章违约处理第16.1(3)条约定的内容一致，约定了相应的违约金、逾期罚息、复利等。该协议第9.4条约定，《抵押协议》、《担保函》是本协议的从属部分，与本协议具有同等法律效力。

经对比，《信托贷款合同》、《资金监管协议》中的某信托公司指定专户最低现金余额表比信托合同中的信托专户最低现金余额表，多列2009年年底以前最低现金余额2070万元、信托成立后第575天最低现金余额A×11.4% -2070（万元）以及信托成立后第755天最低现金余额A×60% ×6%（万元），此三笔最低现金余额在协议中约定是指某信托公司向某房地产公司收取的财务顾问费。三表中A虽然分别指全部贷款初始本金、融资资金本金、全部信托优先受益权初始本金，但都指向同一笔资金即2.15亿元。此外，三表的其余所列内容一致。

信托合同以及《信托贷款合同》均提及《资金监管协议》，

《资金监管协议》中仅提及信托合同,未提及《信托贷款合同》。而《信托贷款合同》中则提及《资金监管协议》为《信托贷款合同》的组成部分。双方当事人于签订《信托贷款合同》、《抵押协议》、《资金监管协议》当日向某公证处申请办理赋予强制执行效力的债权文书的公证,该公证处于2009年9月17日出具了公证书。

2009年9月11日,某房地产公司与某信托公司还签订了协议编号分别为×××、×××的《抵押协议》各一份,两份协议均约定:为确保《信托贷款合同》项下某房地产公司义务的履行,该公司愿意以其有权处分的在建工程提供抵押担保。该两份协议的第4条抵押担保范围中约定,双方确认抵押担保的范围包括:主债务所对应的支付资金及债务人因违反主合同而产生的违约金、损害赔偿金、利息、复利、罚息、某信托公司垫付的有关费用以及某信托公司实现债权和抵押权的一切合理费用。某信托公司实现债权和抵押权的一切费用包括但不限于合理的下述费用:诉讼费、仲裁费、财产保全费、差旅费、执行费、评估费、拍卖费、查询费、律师代理费等。第9条抵押权的实现中约定,某信托公司可以与某房地产公司协议以某信托公司指定的价格折价、拍卖、变卖抵押物或根据强制执行公证书直接请求人民法院强制执行抵押财产,并从中优先受偿。该两份协议签订后,双方办理了抵押登记手续。某房地产公司现仍抵押给某信托公司的抵押物的具体内容、登记证明号如某信托公司第7项、第8项诉请所述。

同日,某房地产公司、×××与×××分别向某信托公司出具了《担保函》,主要内容均为为确保作为主合同即信托合同和《资金监管协议》项下某房地产公司的义务能切实履行，自愿就某房地产公司在主合同项下全部义务的履行向某信托公司提供不可撤销的连带责任保证担保。

此后，某信托公司与某房地产公司、×××、×××、关联公司又签订了一份补充协议，主要是对《信托贷款合同》以及《资金监管协议》中的最低现金余额表进行笔误更正。

2009年9月24日，某信托公司"×××"资产收益财产权信托成立并发布公告，该公告中明确，信托优先受益权实际募集资金2.15亿元，其余为信托一般受益权，由某房地产公司持有；本信托优先受益权份额投资书共143份，其中投资金额在300万元(含)以上的16份，预期年收益率为9.5%；投资金额在300万元以下的127份，预期年收益率为9%。该公告中亦附有信托专户最低现金余额表，该表备注：上表不包含受托人的财务顾问费，财务顾问费的支付以双方另行签订的《融资框架协议》的约定为准。

2009年9月25日、27日，某信托公司从信托专户账号中分别转账给某房地产公司1亿元、1.15亿元，共计2.15亿元，在特种转账借方传票的摘要中分别载明支付信托优先受益权转让款、优先受益权转让款。

2010年12月，某信托公司与某房地产公司签订了合同编号为×××的《"×××"资产收益财产权信托补充协议》。该协议约定：某房地产公司申请提前回购本信托项下期限为18个月和24个月部分的信托优先受益权，回购本金金额为8600万元。第6条约定，某房地产公司回购的优先受益权将自动转为同等份额的信托一般受益权，在剩余部分优先受益权足额分配前，一般受益权不得分配。

2012年6月4日，某公证处向某信托公司出具了《通知书》，明确某信托公司以某房地产公司多次逾期未提供还款保证金、未满足最低余额要求为理由，要求该处出具执行证书，但某房地产公司提出其无不履行或不完全履行的事实，且对债权文书中规定的履行义务存在异议，即逾期支付还款保证金、未满足最低余额不属于逾期还款的范围并且还款保证金的约定违背了公平原则，应予撤销；有关财务顾问费的约定也违反法律规定，不应该支付，并提供了相关证据，对此，该处认为不具备出具执行证书的条件。

2012年6月，×××、×××即抵押人与某信托公司即抵押权人签订《抵押合同》，该合同约定：为确保于2009年9月11日签订的编号×××《信托贷款合同》项下某房地产公司义务的履行，×××、×××愿意以其有权处分的房产提供抵押担保。第11条第6款约定，无论某信托公司对主合同项下的债权是否拥有其他担保（包括但不限于保证、抵押、质押、保函等担保方式），不论上述其他担保何时成立、是否有效、不论其他担保是否由债务人自己所提供、某信托公司是否向其他担保人提出权利主张，×××、×××在本合同项下的担保责任均不因此减免，某信托公司均有权直接要求×××、×××在其担保范围内承担担保责任，×××、×××不提出任何异议。

2012年6月12日、13日，×××、×××分别在某两地的房产登记处办理了上述房产的抵押登记，登记证明号分别为长×××、长×××、青×××。

Part Ⅱ

2012年,作为债权人的某信托公司与作为债务人的某房地产公司签订了合同编号为×××的《〈信托贷款合同〉之补充协议》。该协议第1条约定,为配合债务人申请委托贷款,债务人自愿于本合同签署后2个工作日支付首笔保证金300万元并提供三处房地产抵押给债权人(第二顺位抵押),债权人在收到该项保证金且第二顺位抵押登记手续办理完毕后两个工作日内,为债务人办理《抵押协议》项下6500平方米抵押物的解除抵押登记手续。第2条约定,为配合办理上述第1条所约定的第二顺位抵押登记,双方确认该项抵押登记的主债权金额,即为《信托贷款合同》项下债务人应支付的贷款本息余额的一部分,该主债权金额仅为办理第二顺位抵押登记之用,不构成一项新增贷款。第3条约定,债务人应于上述第1条约定的解除抵押手续完毕之日起(以债权人出具解押函件的当日)10个工作日内,再支付第二笔保证金2700万元,本协议项下累计支付保证金应为3000万元,全部保证金应支付至债权人指定的账户,均不构成《信托贷款合同》项下的提前还款。上述保证金支付完毕后两个工作日内,债权人将第1条所约定的三处房地产的第二顺位抵押予以解除。第5条约定,债务人逾期支付上述第3条约定的保证金,且债务人未在上述第4条约定的期间内,办理完毕重新抵押手续的,债权人有权宣布贷款提前到期,已收取的保证金作为本协议项下的违约金,由债权人直接扣收,贷款本息、财务顾问费及其他相关信托文件项下的违约金、罚息的金额,不因债权人收取本项违约金而减少。

某房地产公司分别于2012年6月11日、7月2日,向某信托公司付款3,100,000元、19,248,284元,合计22,348,284元,某信托公司认可收到该两笔款项，但称根据《〈信托贷款合同〉之补充协议》的约定，某房地产公司未足额支付保证金3000万元，故该两笔款项应予没收。某房地产公司认为该两笔款是根据《〈信托贷款合同〉之补充协议》的约定用于回购优先受益权本金，故优先受益权本金余额应为106,051,716元。

此外，经某信托公司、某房地产公司核对，双方确认除本金外，某房地产公司在信托期限内还支付某信托公司38,693,361.47元。某信托公司、某房地产公司均确认该款项系某房地产公司给付某信托公司用于兑付投资人信托收益，除此之外，某信托公司认为该款项还用于支付保管费、律师费、诉讼费等。

2012年10月29日，某信托公司与某律师事务所签订了《诉讼法律服务委托协议》，其中约定某信托公司向该所支付律师费100万元。2012年11月7日，某信托公司支付了该费用。

2013年1月8日，某房地产公司以某信托公司未依约履行信息披露义务，在优先受益权人实现投资本金及收益后，剩余信托财产含收益未返还以及某信托公司收取融资服务费、信托收益补偿款系其利用受托人地位谋取不当利益为由，诉至原审法院，请求判令本案某信托公司：1. 提供“×××”资产收益财产权信托的清算报告、定期报告（包括但不限于信托募集结果报告、信托事务管理的季度报告、年度报告）、临时报告、信托账目及《保管协议》等信托文件；2. 返还信托财产暂定272,875.58元；3. 返还融资服务费23,351,716元，并返还回购优先受益权份额时支付的一个月信托收益补偿款381,235元。

本案一审诉讼中，某信托公司向原审法院提供了其自行委托某会计师事务所进行审计,由该所出具的专项审计报告。该报告的审计结论中截至2012年9月24日,计算罚息为16,764,109.50元。

某信托公司将本案诉请确定为:一、某房地产公司归还某信托公司贷款本金128,400,000元;二、某房地产公司偿付某信托公司贷款利息12,840,000元(利息以贷款本金128,400,000元为基数,自2011年9月24日起算至2012年9月23日,利率按年利率10%计算),以及偿付以贷款本金128,400,000元为基数,按年利率12%计算,自2012年9月24日起算至某房地产公司实际清偿上述本金之日止的利息;三、某房地产公司支付某信托公司违约金23,948,727.86元(以违约金额为基数,自2009年11月23日起算至2012年9月24日),以及支付以贷款本息141,240,000元为基数,按每日万分之三计算,自2012年9月25日起算至某房地产公司实际清偿上述本息之日止的违约金;四、某房地产公司支付某信托公司罚息16,764,109.50元(以逾期支付的相关款项为基数,自2009年11月23日起算至2012年9月24日),以及支付以贷款本息141,240,000元为基数,按每日万分之二点一计算,自2012年9月25日起算至某房地产公司实际清偿上述本息之日止的罚息;五、某房地产公司支付某信托公司复利303,882.47元(以逾期支付的相关款项为基数,自2009年9月23日起算至2012年9月24日),以及支付以贷款本息141,240,000元为基数,按年利率10%计收复利,自2012年9月25日起算至某房地产公司实际清偿上述本息之日止;六、某房地产公司偿付某信托公司为实现债权而支付的费用111.5万元(其中审计费1.5万元,评估费10万元,律师费100万元);七、如某房地产公司不履行上述第一项至第六项债务的清偿义务，则判令某信托公司有权将某房地产公司位于某地的某项目共计14本房屋他项权证项下载明的房屋及相应面积的土地使用权予以折价，或者以拍卖、变卖该房屋的所得价款优先受偿；不足清偿上述第一项至第六项债务部分，某信托公司有权向某房地产公司继续追偿；八、如某房地产公司不履行上述第一项至第六项债务的清偿义务，则判令某信托公司有权将某房地产公司位于某地某项目共计4本在建工程抵押登记证明项下载明的房地产予以折价，或者以拍卖、变卖该在建房地产所得价款优先受偿；不足清偿上述第一项至第六项债务部分，某信托公司有权向某房地产公司继续追偿；九、如某房地产公司不履行上述第一项至第六项债务的清偿义务，则判令某信托公司有权将×××和×××共同抵押给某信托公司的、某地的房产，以及×××的位于某两地的两处房产以折价，或者以拍卖、变卖该房地产所得价款优先受偿；不足清偿上述第一项至第六项债务部分，某信托公司有权向某房地产公司继续追偿；十、×××、×××、关联公司对上述某房地产公司应履行的第一项至第六项债务的清偿承担连带担保责任。

原审法院经审理认为，本案中的主要争议焦点是：1. 各方当事人办理过具有强制执行效力的公证，本案是否可予受理；2. 本案是金融借款合同纠纷还是营业信托纠纷问题；3. 关于某房地产公司是否违约以及违约责任认定的问题；4. 某信托公司可否实现抵押权以及×××、×××、关联公司是否应承担担保责任。

1. 关于本案的受理问题

法院认为，虽然某公证处曾为各方当事人签订的《信托贷款合同》、《抵押协议》、《资金监管协议》办理了负有强制执行效力的债权文书的公证，但在某信托公司向该公证处提出要求出具执行证书的申请时，某房地产公司对某信托公司所述债务不履行或不完全履行提出异议，并提供相关证据，故该处认为不具备出具执行证书的条件，并向某信托公司下发了《通知书》。根据该《通知书》的内容，某房地产公司所提异议中并未涉及履行期限未到的问题，故该公证处也并非因此而不出具执行证书。鉴于该公证处已明确本案所涉债务不具备出具执行证书的条件并下发通知，某信托公司遂采取向法院直接提起诉讼主张权利作为救济途径并无不当。法院依法予以受理，亦无不当。故某房地产公司、×××、×××、关联公司关于不应受理本案以及裁定驳回起诉的相关辩称意见不能成立。

2. 关于本案纠纷的性质问题

法院认为，首先，虽然某信托公司系以其与某房地产公司存在信托贷款合同纠纷为起诉事由，但某房地产公司、×××、×××、关联公司以本案系信托纠纷提出抗辩，某信托公司对信托成立及与某房地产公司签订信托合同的事实亦不予否认。又鉴于信托合同系双方当事人真实意思表示，且未违反法律、法规的强制性规定，该合同合法有效。故某信托公司与某房地产公司之间存在信托法律关系。

其次，某信托公司认可先签订信托合同，再签订《信托贷款合同》。从《信托贷款合同》第一章关于信托贷款的释义中已明确该信托贷款系根据信托合同、投资说明书获得信托资金，以信托资金向借款人发放的贷款。故某信托公司与某房地产公司之间的信托法律关系存在在先，系不争的事实。

再次，从上述信托贷款的释义，亦明确某信托公司主张的贷款本金系来源于信托资金，即信托合同中所涉的优先受益权本金与《信托贷款合同》中所涉的贷款本金系同一笔资金即2.15亿元。某信托公司与某房地产公司对此均予以认可。故法院确认，某房地产公司收到某信托公司给付的资金只有一笔2.15亿元。

复次，从《信托贷款合同》与信托合同约定的内容来看，除了上述两份合同约定的本金系同一笔资金之外，约定的还款方式也大致相同，《信托贷款合同》虽约定借款期限3年，但除了比信托合同多约定了三笔财务顾问费之外，其所列表格命名为某信托公司信托指定专户最低现金余额表，其中的还款时间、金额同信托合同中约定的信托指定专户最低现金余额表。故该《信托贷款合同》虽系一份独立的主合同，但其还款结构与通常意义的贷款有所不同，应视为依附于信托合同而产生。

最后，根据信托合同中关于信托财产的管理与运用方式的约定，信托优先受益人（即案外投资人）投资于信托优先受益权的资金应由受托人（即某信托公司）交付给委托人（即某房地产公司），并监督委托人将资金用于支付未付工程款和调整财务结构。该投资资金应视为案外投资人购买受益权份额的资金，不应视为某信托公司的自有资金。而某信托公司将该笔本应根据信托合同交付某房地产公司的信托资金，却与某房地产公司另行签订《信托贷款合同》以贷款的方式发放给某房地产公司，显然与信托合同的上述约定以及不得使用信托专户进行本信托业务以外的活动约定有悖。除此之外，从相关的信托宣传资料来看，某信托公司亦未将该信托贷款事宜向案外投资人披露，故对案外投资人而言，其所能知晓的法律关系仅仅是信托合同而非《信托贷款合同》。某信托公司在《信托贷款合同》中另行约定了贷款利率，该利率高于某信托公司向案外投资人兑付的收益率，相当于某信托公司利用案外投资人的资金放贷为自己谋取利差，这种行为与我国信托法有关受托人除依照本法规定取得报酬外，不得利用信托财产为自己谋取利益的规定相悖。

综上，一方面，信托合同成立在先，本案信托的设立、投资人资金的募集，都具有公示效力，且已履行完毕；另一方面，贷款资金来源于信托募集资金，在支付2.15亿元的特种转账借方传票摘要中亦分别载明支付信托优先受益权转让款、优先受益权转让款；《信托贷款合同》的还款方式采用信托合同中对信托专户最低现金余额的约定方式，该合同依附于信托合同而产生，某信托公司发放贷款又有违信托合同约定。故某信托公司将2.15亿元以贷款方式发放给某房地产公司，现以某房地产公司未偿还贷款为诉由，显属不当。法院认为，本案纠纷的性质应定为营业信托纠纷。某信托公司与某房地产公司签订《信托贷款合同》，与信托合同存在冲突，因为案外投资人的一笔款项，不能既作为案外投资人购买受益权份额的款项，又作为某信托公司的放贷款项。之所以针对一份款项签订两份合同，法院采信某房地产公司的陈述，即房地产交易中心不接受信托合同作为主合同办理抵押登记手续，故将贷款合同作为主合同并签署《抵押协议》而办理抵押登记。某信托公司对此亦未否认。法院认为，由于本案信托财产仅仅是受益权，而基础财产的抵押是保障案外投资人获得受益权的重要手段，如果缺乏这种抵押,某信托公司亦无法为某房地产公司招徕足够多的案外投资人。因此,抵押的办理对某信托公司、某房地产公司以及案外投资人均有重要意义。由于信托合同结构复杂、权利义务不清晰,难以用于办理抵押登记,为此,某信托公司与某房地产公司通过签订《信托贷款合同》以达成办理抵押登记手续的目的,情有可原。对此双方均有预期且达成了合意。某房地产公司现要求法院完全否认《信托贷款合同》并进而否定抵押权的存在,与双方当时的合意不符,不予采信。因此,应认定《信托贷款合同》仅作为表面形式,其实质在于实现信托合同中所约定的抵押权登记。至于某信托公司借机在《信托贷款合同》约定某房地产公司承担罚息、复利、违约金等责任,借某房地产公司违约之机,主张高额的违约责任归其所有而不是归于案外投资人所有,这种未经案外投资人同意,借助案外投资人财产为自己私自谋利的行为违反诚实信用原则,不应予以支持。某信托公司与某房地产公司之间的权利义务以及违约责任,应以信托合同为准。

3. 关于某房地产公司是否违约以及违约责任认定的问题

根据信托合同中信托专户最低现金余额表的约定内容、信托补充协议第1条的约定以及某信托公司的情况说明、某房地产公司自制付款清单的内容,经法院核对,可以认定某房地产公司违反了信托合同的约定,未按约定的付款时间向信托专户足额支付最低现金余额,存在违约行为,因此必须承担相应的违约责任,包括归还本金及其他违约责任。

关于某信托公司诉请的本金部分,因某信托公司与某房地产公司均确认某房地产公司除了已向某信托公司支付本金

8660万元，还支付了22,348,284元。但某信托公司认为该款系保证金，某房地产公司尚未付足3000万元，根据《〈信托贷款合同〉之补充协议》第5条的约定，已收取的该部分保证金作为违约金扣收。法院认为，根据前述已查明的事实以及本案系营业信托纠纷性质的认定，故某房地产公司欠付的本金系基于信托合同而产生的信托优先受益权本金。《〈信托贷款合同〉之补充协议》中虽有某信托公司所述之约定，但该协议是基于《信托贷款合同》而签订。鉴于前文所述，《信托贷款合同》仅为表面形式，某信托公司根据该协议的约定直接扣收某房地产公司向信托专户支付的款项22,348,284元，显属不当，且在某信托公司委托审计的专项审计报告载明的借款人实际履行情况中，亦将该款项与其他某信托公司认可的某房地产公司已偿付本金一并列为还款准备金。综上，理应将此款在信托优先受益权本金中予以扣除，法院确认某房地产公司欠付某信托公司的信托优先受益权本金为106,051,716元。

关于某信托公司诉请的利息、罚息、违约金、复利可否支持的问题。法院认为：其一，本案系营业信托纠纷，理应根据信托合同的约定要求某房地产公司承担相应的付款及违约责任。这是因为在某房地产公司违约的情况下，某信托公司为了兑付案外投资人的投资收益，会暂时自行垫付资金，并引发相应的利息损失。故某房地产公司应按照该合同第7.2.4条的约定承担支付罚息的违约责任，即按应付未付价款的日万分之二点一计收罚息。其二，某信托公司根据《信托贷款合同》诉请的利息、罚息、违约金、复利累加高达年利率40%左右，显然过高，对整个信托市场将会产生不利影响。其三，尽管信托合同中提及

《资金监管协议》,而《资金监管协议》也约定了高额的违约责任,但法院认为本案中《资金监管协议》又约定为《信托贷款合同》的组成部分,故同理不宜支持上述高额违约责任。而且某信托公司签订《资金监管协议》的主要是为了保障案外投资人的利益,也不能通过约定高额违约责任为自己谋利。毕竟某信托公司给付某房地产公司的资金2.15亿元系来源于案外投资人,并非来源于某信托公司自有资金,故无论某信托公司依据《信托贷款合同》还是《资金监管协议》诉请某房地产公司支付高额的违约责任都缺乏合理性。其四,根据信托合同对罚息进行具体计算时,某信托公司提供了一份专项审计报告,其中计算的罚息为16,764,109.50元,法院认为可以以此作为参考基数。法院同时注意到在该报告中将解押还款准备金计入违约金额中,由于该款未在信托合同中约定,故将该款的违约金额亦计收罚息,要求某房地产公司承担,有所不当。综合考虑各项因素,法院酌情认定某信托公司可收取的罚息为14,000,000元。

关于实现债权的费用问题。法院认为,《资金监管协议》、《抵押协议》中约定了某信托公司可主张实现债权的费用,且某信托公司提交了委托合同、发票等证据,故某信托公司主张的律师费可予支持。但某信托公司主张的评估费、审计费系某信托公司在诉讼中为评估被保全财产的价值以及确认其诉请的金额而自行委托评估、审计单位作出评估、审计报告。另外,某信托公司所提供的审计报告其实就是违约责任数据的具体计算,鉴于某信托公司已经支付了高额的律师费,该计算工作亦可由律师承担,本来就无须另行聘请审计机构。故对某信托公司主张的该部分费用不予支持。

除此之外,根据信托合同的约定,某信托公司可收取信托报酬并约定了信托报酬的计算方式。鉴于某信托公司按照信托合同的约定已履行了募集信托优先受益权本金等合同义务,故某信托公司可根据上述约定另行收取其相应的信托报酬。但因某信托公司未在本案中将信托报酬作为诉请予以提出,而且根据信托合同的约定,信托报酬的收取也取决于某房地产公司的现有财产能否满足优先受益人的利益,故本案对此不作处理,由各方当事人另行解决。此外,某信托公司向某房地产公司收取了财务顾问费23,351,716元,又称融资服务费。某信托公司、某房地产公司对此无异议。此部分费用虽未在信托合同中予以约定,但在信托成立公告中将有关该笔费用的支付及依据作为备注,且某信托公司也确实通过向案外投资人募集信托优先受益权本金2.15亿元,为某房地产公司完成了融资的义务,故某信托公司收取该费用亦无不当。但鉴于某信托公司诉请中并未涉及该费用,某房地产公司又在另案中诉请要求返还该部分费用,故在本案中亦不作处理。

关于某房地产公司在信托期限内支付给某信托公司的用于兑付投资人收益的38,693,361.47元,某信托公司认为尚不足以向投资人兑付所有的信托收益,因某信托公司在诉请中未提出向某房地产公司追偿已兑付给投资人的信托收益,故在本案中对此亦不予处理。

4.关于某信托公司可否实现抵押权的问题

首先,本案所涉《抵押协议》、《抵押合同》均系当事人签订合同时的真实意思表示,且未违反法律、行政法规的强制性规定,合法有效。其次,虽然《抵押协议》中约定是为确保《信托贷款合同》项下某房地产公司义务的履行，但某房地产公司与某信托公司在信托合同第6.2条中亦约定将其基础财产抵押给本信托并约定另行签订抵押协议。基于前文所述，《信托贷款合同》仅是某信托公司与某房地产公司实现抵押权登记的形式，双方对此达成了合意，抵押物已经办理了相应的抵押登记手续，故法院认为，某信托公司向某房地产公司主张其抵押权的实现并无不当，应予支持。某房地产公司有关抵押无效的辩称意见，缺乏法律依据，不予支持。此外，×××、×××与某信托公司签订的《抵押合同》中亦明确约定为确保合同编号为×××的《信托贷款合同》项下某房地产公司义务的履行，愿意以其有权处分的房产提供抵押担保。故某房地产公司、×××、×××、关联公司关于×××、×××的抵押物是与600万元的贷款合同有关，并非为《信托贷款合同》而设立的辩称意见，与该《抵押合同》约定不符，不予采信。鉴于该部分抵押物亦被办理了相应的抵押登记手续，故法院认为，某信托公司向×××、×××主张该部分抵押权的实现应予以支持。根据×××、×××与某信托公司在《抵押合同》有明确关于抵押权实现方式的约定，×××、×××与某房地产公司承担同等顺序的抵押担保责任。

关于×××、×××、关联公司的保证责任问题。法院认为，×××、×××、关联公司出具《担保函》系其真实意思表示，且该《担保函》中并非仅为《信托贷款合同》项下义务的履行承担保证责任，亦明确为《资金监管协议》、信托合同项下的全部义务的履行承担连带责任保证担保。故对某信托公司要求×××、×××、关联公司承担保证责任的诉请，予以支持。

鉴于某房地产公司以自己的财产设定抵押，故×××、

×××、关联公司应当对抵押担保以外的债务承担连带保证责任，并在承担保证责任后，有权向某房地产公司追偿。综上，原审法院依照《中华人民共和国合同法》第5条、第8条、第60条第1款，《中华人民共和国物权法》第176条、第194条、第195条、第198条，《中华人民共和国担保法》第18条、第26条、第31条，《中华人民共和国信托法》第26条、第35条以及最高人民法院《关于适用〈中华人民共和国担保法〉若干问题的解释》第19条、第20条的规定，判决某房地产公司偿还某信托公司信托优先受益权本金106,051,716元；某房地产公司支付某信托公司罚息14,000,000元，并支付以106,051,716元为基数，按日万分之二点一计收自2012年9月25日起至判决生效之日止的罚息；某房地产公司支付某信托公司律师费100万元；某房地产公司不履行上述判决第一项至第三项付款义务的，某信托公司可以与某房地产公司协议，以坐落于某地的共计14本产权证下的房屋折价，或者以拍卖、变卖该抵押财产所得价款优先受偿。抵押财产折价或者拍卖、变卖后，其价款超过债权数额的部分归某房地产公司所有，不足部分由某房地产公司清偿；某房地产公司不履行上述判决第一项至第三项付款义务的，某信托公司可以与某房地产公司协议，以坐落于某地的共计4处在建工程折价，或者以拍卖、变卖该抵押财产所得价款优先受偿。抵押财产折价或者拍卖、变卖后，其价款超过债权数额的部分归某房地产公司所有，不足部分由某房地产公司清偿；某房地产公司不履行上述判决第一项至第三项付款义务的，某信托公司可以与×××、×××协议，以其共有的坐落于某地的房产，以及可以与×××协议，以其坐落于某两地的两处房产折价，或者以拍卖、变卖上述房地产所得价款优先受偿;其价款超过债权数额的部分归×××、×××所有,不足部分由某房地产公司清偿;如上述抵押物不足以清偿第一项至第三项付款义务的,×××、×××、关联公司应对某房地产公司上述第一项至第三项偿付金额的剩余部分承担连带保证责任;×××、×××、关联公司履行保证责任后,有权向某房地产公司追偿;对某信托公司的其余诉讼请求不予支持。案件受理费958,658.59元,由某信托公司负担325,806元,某房地产公司、×××、×××、关联公司共同负担632,852.59元;财产保全费5000元,由某房地产公司、×××、×××、关联公司共同负担。

如不服本判决,可在判决书送达之日起15日内,向本院递交上诉状,并按对方当事人的人数提出副本,上诉于上海市高级人民法院。

审　判　长　×××
代理审判员　×××
人民陪审员　×××
二〇一三年六月七日
书　记　员　×　×

一审法院的判决对某房地产公司和我们来说是一个令人振奋的结果,这份判决对某房地产公司而言有利的内容体现在以下的几点中:

(1)法院将本案纠纷的性质明确界定为营业信托纠纷案件,而非某信托公司主张的信托贷款合同纠纷;

(2)对某信托公司依据《信托贷款合同》和《资金监管协议》主张的

利息、罚息和违约金不予支持，仅支持了信托合同项下对于本金的罚息。

客观而言，一审法院的判决是一份利益平衡的判决，法院虽然支持了我们对于双方法律关系性质的观点，但是对某信托公司主张的《信托贷款合同》并没有从法律效力上加以评判，而是将其定性为表面上的合同，是为了实现信托合同中约定的抵押权的一种形式，并且以此为基础支持了某信托公司对于抵押权的主张。判决中的这一点与我们的观点不同。对一审法院的判决，我们也发表了文章，对判决进行分析和评价。本书将其收录在第3编“办理本案过程中的思考”部分，供读者参考。

虽然法院希望以平衡双方利益的方式进行判决，但是由于判决的内容对双方而言都不是最能接受的结果，因此双方又都分别提起了上诉，将本案拉入了二审程序。我们会在本书第2编第四章对于本案二审的内容进行介绍。

·第三章·

一审判决前后对本案社会观点的归纳与回顾

一、本案诉讼阶段初期社会舆论及行业内对本案的认识

自某信托公司向法院提起诉讼时起,本案涉及的纠纷就在法律界和金融界引起了强烈反响,相关行业内的专业人士对本案的认识也是见仁见智,各方在微博、微信等社交媒体、通信工具上以及传统媒体上各抒己见。我们在办理本案的过程中,也关注着专业人士的声音,这些专业人士的观点和媒体的报道对我们发现本案的事实真相、行业内的惯例、确定双方争议的本质性质等方面起到了很好的指导作用和参考意义。因此,我们在此将整理收集的专业人士的观点和意见中两个主要的争议点和观点也分享出来,希望能够为读者提供不同的视角,加深对本案的认识和了解信托法律。

1. 信托关系 vs 借贷关系

本案中当事人双方法律关系的性质问题,从诉讼前双方的谈判阶段到本案的审理过程中,一直都存在很大的争议,一种观点认为本案纠纷的性质是借贷关系,另一种观点认为本案纠纷的性质是信托关系。

在本案的一审判决之前,认为本案纠纷的性质是借贷关系的观点是主流观点。对持这种观点人士的理由,我们分析认为有以下两方面的原因:

(1)信息不完整、不对称。某信托公司在起诉时以金融借款纠纷作

为案由起诉至法院，在起诉时某信托公司提交的证据只有《信托贷款合同》和相关的《抵押协议》、《担保函》等证据，并且法院也按照金融借款纠纷的案由受理了本案，由于某信托公司所在的金融行业的特殊性，其声音很容易传播出去，但是除了某信托公司呈现给公众的事实部分之外，未接触本案的人士很难得到一个比较全面的了解。

(2)一些金融业专业人士从实践中的操作出发，认为应当按照当事人的操作实质目的来确定法律关系。持此观点的人士认为，本案中虽然某房地产公司与某信托公司签订了信托合同，某房地产公司将基础资产的收益权委托给某信托公司，某信托公司再将收益权份额对外发售，将投资者购买的收益权份额价款再转让给某房地产公司，但是这样的做法是信托公司与房地产公司为规避银监会的监管而采取的措施。由于国家对房地产行业的调控，对房地产行业的融资监管也越发严格，目前银监会对集合资金信托计划投资房地产业务的要求是投资的房地产项目本身需具备“四(‘四证’国有土地使用证、建设用地规划许可证、建设工程规划许可证、建筑工程施工许可证齐全)、三(房地产项目自有资本金比例达到30%)、二(房地产企业或房地产企业的控股股东具备二级资质)”的要求，而某信托公司在解除某房地产公司为其提供融资服务时，某房地产公司并不具备二级资质，因此信托公司无法采用“集合资金+信托贷款”的模式，于是便采用了本案中双方的交易模式。主张本案双方纠纷的性质是借贷关系的一方认为，双方原本的目的是规避监管机构对信托贷款的规定，并且双方也签订有《信托贷款合同》，只是未向监管机构备案，从实质重于形式的角度来讲，应当属于借贷关系。并且，在本案中，某房地产公司以开发的房地产项目为某信托公司办理了抵押，办理时依据的主合同便是《信托贷款合同》，此种表现更强化了持此种观点的一方认为本案的纠纷属于借贷关系的观点。

与此相对应，另一部分人士认为本案中双方法律关系的性质应当是信托关系。持此观点的人士认为，本案中某房地产公司作为委托人与作为受托人的某信托公司签订了合法有效的《资产收益权信托合同》，某信托公司作为受托人将对于信托财产的受益权份额转让给第三方投资者，然后将投资者购买受益权的价款作为委托人某房地产公司将信托财产出托的对价转让给委托人。上述的交易结构是一个典型的财产权信托的结构。至于双方签订的《信托贷款合同》，该部分人士认为，一方面，这是双方为办理抵押权登记的需要而签订的，并非双方的真实意思表示；另一方面，信托公司并未以自有资金或以信托计划募集的资金对某房地产公司发放贷款，因此双方的借贷关系不存在，双方应当为信托关系。

2. 集合资金信托计划 vs 财产权信托计划

在本案的诉讼初期，除对本案中双方究竟属于信托关系还是借贷关系有争议外，即使在认同双方法律关系属于信托关系的观点内部，对本信托计划是属于集合资金信托计划还是财产权信托计划也有不同观点。

一部分人士认同本案中双方的法律关系属于信托关系，但是对本案中信托计划的具体类型，认为其属于集合资金信托计划。我们理解，对本案中信托计划的类型认为属于集合资金信托计划的主要原因也有两点：一是我国的信托法律现状所致，我国的信托立法比较缓慢和粗糙，目前银监会作为信托业务的主要监管机构，对信托公司业务的监管规定只有《信托公司管理办法》和《信托公司集合资金信托计划管理办法》，而在我国的实务中信托公司从事的业务最多的也是集合资金信托计划；二是在本案刚刚进入诉讼阶段时，某信托公司向法院提交的证据材料中只有《信托贷款合同》和《抵押协议》等。在这样的信息背景下，的确很容易得出本案涉及的信托为集合资金信托计划的结论。

另一种观点认为本案属于财产权信托。持这种观点的人认为信托合同是在某房地产公司与某信托公司之间签订的,某房地产公司为委托人,某信托公司为受托人和管理人,并且有明确的信托财产——某房地产公司开发的房地产项目的资产收益权。因此,某信托公司是以委托人的财产权为信托财产而设立的信托计划;其向社会投资人转让的是信托受益权的份额,投资者与信托公司之间并不是委托与被委托的信托关系。因此本案中的信托计划不是一个集合资金信托计划,而是一个财产权信托。

二、一审判决之后社会舆论及行业内对本案认识的转变

2013 年 6 月一审法院对本案作出判决,判决书中对双方法律关系的性质进行了明确的阐述,法院认定本案中双方当事人之间的关系为财产权信托关系,并且从《信托贷款合同》与信托合同成立的先后顺序、《信托贷款合同》中资金来源的约定、两份合同的关系三个方面否定了借贷关系存在的可能性。法院的判决全面而客观地评价了本案中双方签订的两份合同的关系及效力,并且对法律关系的本质准确地进行了界定,值得称赞。

在法院的认定基础上,我们也可以进一步对上述的第二个争论话题进行分析,这一点在本书第 1 编第一章归纳出的在本案中需要进行研究的问题中就有涉及,虽然这个问题对本案双方当事人的权利义务没有重大影响,但是对准确理解信托公司的业务内容有很大的帮助。根据银监会《信托公司管理办法》第 16 条的规定,信托公司可以从事的信托领域范围内的业务有 5 项,分别是资金信托、动产信托、不动产信托、有价证券信托和其他财产或财产权信托。上述的业务范围又可以进一步分为两大类,即资金信托与财产(权)信托。准确的理解与区分资金信托与财产

权信托是解答本案涉及的信托计划类型的基础。

资金信托计划,是指在委托人和受托人成立的信托关系中,委托人是将货币资金作为信托财产交付给受托人并成为信托计划的受益人,受托人将委托人交付的资金进行管理,进行对外投资以实现货币价值的增值,并将产生的收益交付给委托人。财产权信托的运作方式与上述的流程大致相似,区别主要是委托人交付的是财产权,受托人将委托人交付的财产权进行管理,将产生的收益交付给委托人。信托计划的成立都是基于委托人对受托人的委托,而信托计划类型区分的关键就是初始信托财产的属性。在本案的纠纷中,信托关系是存在于委托人某房地产公司与受托人某信托公司之间的,委托人某房地产公司向受托人某信托公司交付的是基础资产的收益权,而非资金,因此本案所涉及的纠纷很明显是一个财产权信托。在表象上,虽然某信托公司从投资人处取得了资金,但该资金并非是信托法律关系下的信托财产,而是将信托份额受益权转让给投资人而取得的对价。

·第四章·

二审收官阶段

一、二审烽烟再起

法庭如战场,在一场难解难分的诉讼中,双方都会希望在法律框架内利用一切机会来维护和争取合法的权利。某信托公司提起上诉后,某房地产公司亦提起了上诉。

某信托公司方面:

某信托公司提起上诉请求,并且后续撤销和变更了部分上诉请求,最终确定的对原判决内容请求变更的部分为:1. 要求改判某房地产公司赔偿某信托公司信托优先受益权本金 121,166,716 元;2. 要求以上述要求改判后的基数重新计算罚息;3. 要求改判某房地产公司偿付某信托公司为实现债权支付的评估费 100,000 元和审计费 15,000 元。

某信托公司对其上诉主张的事实和理由为:

1. 本案应为信托贷款合同纠纷。本案所涉《信托贷款合同》系信托文件的重要组成部分,但又相对独立,各方当事人自始至终的履行凭证均证明系贷款合同。某信托公司发行信托计划并在信托计划设立后,将募集的资金以贷款方式发放给某房地产公司,不仅符合信托法的规定,而且符合信托合同的约定,且案外投资人均应当知道。

2. 根据本案所涉《信托贷款合同》的约定,原审在未支持某信托公司将某房地产公司支付的解押还款准备金 22,348,284 元作为约定的违约金没收时,理应按双方约定的顺序进行抵冲,即依法应先抵冲律师费和罚息,然后抵冲应予支持的评估费、审计费,余款再抵冲本金。原审对某信托公司诉请的实现债权的评估费、审计费不予支持,不仅有悖合同约定,也有悖法律规定。

3. 原审判决主文第7项系适用法律错误。根据本案各方当事人签订的《信托贷款合同》的约定,以及×××、×××、关联公司分别出具给某信托公司的《担保函》载明的内容,依法应当支持某信托公司按照约定实现债权的请求。×××、×××、关联公司对某房地产公司应履行的各项债务清偿承担连带担保责任,而非仅对物的担保的不足清偿部分承担连带保证责任。

4. 对原审不予处理但认定为某房地产公司给付某信托公司用于兑付投资人信托收益的38,693,361.47元款项性质有异议,根据贷款合同上述款项应界定为贷款利息。综上,某信托公司请求二审法院撤销原审判决第1项,改判某房地产公司偿还信托优先受益权本金121,166,716元;撤销原审判决第2项的计算罚息基数部分,改判某房地产公司支付以121,166,716为基数,按日万分之二点一计收自2012年9月24日起至本判决生效之日止的罚息;撤销原审判决第7项,改判×××、×××、关联公司对某房地产公司应履行的付款义务承担连带保证责任。

某房地产公司方面:

在一审的判决中,我们取得了很大的胜利,法院只支持了某信托公司在信托合同项下针对本金的一部分罚息,而对《信托贷款合同》和《资金监管协议》下的高额利息、罚息和违约金均未支持。但是客户对一审的审理过程以及一审判决中的部分内容仍然认为在事实、程序或者法律上仍然存在问题,因此客户决定也提起上诉。

为了使读者对我们的上诉的请求以及依据的事实和理由有感性的

理解，因此我们将提交给法院的上诉状附在下文中，以供读者评判：

上 诉 状

上诉人：某房地产公司，住所地：×××，法定代表人：×××，职务：执行董事。

上诉人：×××，男，汉族，出生日期×××，住所×××。

上诉人：×××，女，汉族，×××日生，住所×××。

上诉人：×××，住所地：×××，法定代表人：×××，职务：执行董事。

被上诉人：某信托公司，住所地：×××，法定代表人：×××，职务：董事长。

上诉人因不服上海市第二中级人民法院作出的×××号民事判决，现依法提起上诉。

上诉请求：

1. 请求撤销原审判决第2项，改判上诉人某房地产公司于本判决生效之日起十日内支付被上诉人违约金人民币1,192,824.73元。

2. 请求撤销原审判决第6项（有关某信托公司的抵押权的判决内容）。

3. 请求撤销原判决书第35页载明的“某信托公司向某房地产公司收取财务顾问费23,351,716元亦无不当”之内容。

上诉事实和理由：

(一)针对第1项上诉请求，原审法院认定事实不清、认定事实错误、适用法律错误

1. 原审法院关于某房地产公司何时未按《信托合同》约定向信托专户足额支付最低现金余额及违约数额之事实认定，属于认定事实不清

事实上，某房地产公司自信托成立第905天起未达到最低现金余额的要求，以第一次违约为例，违约期限自2012年3月29日至2012年4月28日(计30天)，违约金额为6,869,938.53元，经计算罚息为43,280.61元。其他还有5次需计罚息，小计1,192,824.73元。(原文书有相应附件)*

2. 原审法院隐性认定《信托合同》罚息(实为违约金)为16,764,109.50元，属于认定事实错误，事实上，根据《信托合同》计算的罚息应为1,192,824.73元。

一方面，原审法院在本院查明中载明：某信托公司提供了×××会计师事务所出具的《专项审计报告》，该报告的审计结论中截至2012年9月24日，计算罚息为16,764,109.50元。

另一方面，原审法院在"本院认为"部分提及：本院认为可以以专项审计报告中计算的罚息16,764,109.50元作为认定罚息的参考基数。

上述情形表明，原审法院认定了审计报告中计算的罚息为16,764,109.50元，即该罚息数额是正确的。

事实上，根据《信托贷款合同》的约定计算的罚息应为

---

* 原文书中有相应附件，以便法院在审理时确认其真实性，本书在整理时未予以收录，下同。——编者注

5,164,510.97元，根据《信托合同》约定计算的罚息应为1,192,824.73元。（原文书有相应附件）自2012年9月25日开始，不应再计罚息，原因在于，某信托公司已经于9月24日实施刚性兑付（原审关于该事实未查清），故最低现金余额表中最低余额自该日起无须补足。

3. 原审法院关于酌情认定某信托公司可收取罚息1400万元，属于适用法律错误

罚息（实为违约金）可以根据《信托合同》约定及违约事实准确计算，不存在酌情的法定事由，故酌情认定显系适用法律错误。

（二）针对第2项上诉请求，原审法院遗漏了相关事实且适用法律错误

1. 原审法院遗漏了下列事实

（1）2012年6月8日某房地产公司与某信托公司签订了600万元贷款合同，贷款期限自2012年6月8日至2012年9月25日，上诉人×××提供位于某地的两处房产为担保某房地产公司按期还款抵押给某信托公司（第二顺位抵押登记）。上诉人×××和×××提供某地的房屋为担保某房地产公司按期还款抵押给某信托公司（第二顺位抵押）。

（2）上诉人×××、×××与某信托公司于2012年6月12日、13日以该600万元贷款合同作为主合同办理了抵押登记，其中，抵押权登记证明上显示债权数额为600万元。

2. 原审法院以《抵押合同》约定的《信托贷款合同》作为主合同，属于适用法律错误

抵押权登记证明上载明债权数额600万元，该内容与《抵

押合同》约定的主合同《信托贷款合同》债权数额2.15亿元不一致,依据最高人民法院《关于适用〈中华人民共和国担保法〉若干问题的解释》第61条"抵押物登记记载的内容与抵押合同约定的内容不一致的,以登记记载的内容为准"之规定,应当以登记记载的600万元作为主债权,进而认定600万元贷款合同为主合同。因此,原审法院适用法律错误。

3.原审法院认定某信托公司就上述三套房屋享有抵押权,属于适用法律错误

事实上,关于600万元贷款,某信托公司并未发放,故主债权未发生,抵押权也未生效,某信托公司就上述三套房屋不享有抵押权。

(三)原审法院程序违法导致认定事实不清、适用法律错误,进而导致上述判决错误

1.依法本案应中止审理,但原审法院未予准许

某房地产公司以营业信托纠纷起诉某信托公司的案件,原审法院于2013年1月8日立案受理,案号为(2013)沪二中民六(商)初字第2号。因本案必须以(2013)沪二中民六(商)初字第2号案件的审理结果为依据,而该案尚未开始审理。依据《民事诉讼法》第150条第4项"本案必须以另一案的审理结果为依据,而另一案尚未审结的"之中止诉讼情形的规定,本案应中止审理。虽然上诉人于原审中申请中止诉讼,但不知何故法院未准许。该情况显然属程序严重违法,并导致某信托公司是否刚性兑付以及信托计划是否终止之事实未能查明,进而导致原审判决第1项、第2项适用法律错误。

2. 原审判决第1项、第2项、第4项、第5项、第6项、第7项属于判非所请，违反不告不理原则，属于程序违法

（四）对（2013）沪二中民六（商）初字第2号案件，原审法院在本案一审判决书中“未审先判”

原判决书第35页载明：某信托公司向某房地产公司收取财务顾问费23,351,716元亦无不当。该内容属于（2013）沪二中民六（商）初字第2号案件的判决理由范畴，在本案中虽未作出判决，但从逻辑上来看，显然能够得出（2013）沪二中民六（商）初字第2号案件的判决结果，即驳回某房地产公司的请求，显然属于“未审先判”，应予撤销。否则，对（2013）沪二中民六（商）初字第2号案件，无须审理，在本案生效后直接引用该段内容即可作出错误判决。事实上，某房地产公司要求返还财务顾问费等请求既有事实依据又有法律依据，应予支持。

（五）关于第1项判决，缺乏事实及法律依据，请法院依法予以纠正

首先，事实上，某信托公司早已刚性兑付，故最低现金余额补足义务已失去基础，故从刚性兑付之日起，某房地产公司不存在违约行为，当然，某信托公司无权主张某房地产公司履行最低现金余额补足义务，即第1项判决错误，应予以撤销。

其次，根据信托基本原理及《信托法》第34条之规定，无论是委托人还是受托人均以信托财产为限对外承担有限责任，故法院仅应判决以信托财产为限（抵押物处置价值）对外承担责任，并将处置收益余额分配给一般受益权人即某房地产公司，而不应判决某房地产公司偿还信托优先受益权本金。

最后，原审判决第1项法院并没有明确具体的法律依据，而

信托合同约定的最低现金余额补足义务与偿还某信托公司优先受益权本金并非同一概念。故第一项判决仅从并非同一概念角度看,应予以撤销。

综上,原审法院程序违法导致认定事实不清或错误,且适用法律错误,故应予以改判或发回重审。

此致

上海市高级人民法院

上诉人:某房地产公司投资开发有限公司

×××(签字)

×××(签字)

关联公司

二、二审中我方的策略和主要变化

需要提醒读者注意的一点是,一审法院在判决中对某信托公司依据《信托贷款合同》而主张返还本金的要求变更为:依据《信托合同》,判决要求某房地产公司返还本金。虽然我们在一审的上诉状中未将有关返还本金的内容作为上诉请求,但是在二审庭审中,我们向法院申请变更了上诉请求,增加了撤销原判决中对某房地产公司返还本金部分的要求。

之所以提出这样的主张是因为我们认为某信托公司返还本金的请求缺乏请求权基础,法院判决某房地产公司依据《信托合同》返还本金的判决缺乏法律依据。我们在庭审当庭提出的理由有如下的三点:

(1)不论是《信托合同》还是双方之间签署的与信托关系相关的其他

文件都没有约定某房地产公司需要偿还信托本金。

(2)信托财产的独立性和信托责任的有限性是信托制度的基本原则,依据上述原则,不仅信托受托人是以信托财产为限对外承担责任,而且信托的委托人与信托受托人之间的责任也是以信托财产为限的。这一基本原则体现在《信托法》第34条的规定,受托人以信托财产为限向受益人承担支付信托收益的义务。依据这样的法理,我们认为委托人某房地产公司对受托人某信托公司没有偿还本金和收益的义务。

(3)在双方争议发生之后,某信托公司对信托计划下信托受益权的投资者的投资实际上已经全部兑付,案外投资者已经不再享有信托受益权,故某房地产公司的最低现金余额补足义务已失去基础,因此,原审法院依据《信托合同》下的资金补足义务而认为某房地产公司违约,并判决某房地产公司偿还本金,这种判决结果失去了事实上的依据。

三、二审的审理经过和判决结果

二审法院上海市高级人民法院在经过开庭审理后,最终于2013年12月6日作出了判决,判决驳回双方的上诉请求,维持原判。至此,某房地产公司与某信托公司之间持续一年多的纠纷画上了句号。为了使读者更加全面地了解争议双方在二审中的交锋以及二审法院审理的思路,我们将二审的判决书全文的文字版与各位读者分享。

二审判决书

上诉人(原审原告):某信托公司。

法定代表人:×××,该公司董事长。

委托代理人:×××,×××律师事务所律师。

委托代理人:×××,某信托公司员工。

上诉人(原审被告):某房地产公司。

法定代表人:×××,该公司执行董事。

委托代理人:周吉高,上海建领城达律师事务所律师。

委托代理人:阚蓉,上海建领城达律师事务所律师。

上诉人(原审被告):×××。

委托代理人:周吉高,上海建领城达律师事务所律师。

委托代理人:阚蓉,上海建领城达律师事务所律师。

上诉人(原审被告):×××。

委托代理人:周吉高,上海建领城达律师事务所律师。

委托代理人:阚蓉,上海建领城达律师事务所律师。

上诉人(原审被告):某房地产企业的关联公司。

法定代表人:×××,该公司执行董事。

委托代理人:周吉高,上海建领城达律师事务所律师。

委托代理人:阚蓉,上海建领城达律师事务所律师。

上诉人某信托公司(以下简称某信托公司)因与上诉人某房地产公司(以下简称某房地产公司)、上诉人×××、上诉人×××、上诉人关联公司营业信托纠纷一案,不服上海市第二中级人民法院第××号民事判决,向本院提起上诉。本院受理后,依法组成合议庭公开开庭审理了本案。上诉人某信托公司的委托代理人×××、×××,上诉人某房地产公司、上诉人×××、上诉人×××、上诉人关联公司的共同委托代理人周吉高、阚蓉到庭参加诉讼。本院开庭审理期间,上诉人某房地产公司、上诉人×××、上诉人×××、上诉人关联公司变更其上诉请求,但上述四上诉人因在本院指定期限内未补交案件上诉费，故本院依法按照其自动撤回变更部分的上诉请求处理。本案现已审理终结。

原审法院经审理查明：2009年9月11日，作为委托人的某房地产公司与作为受托人的某信托公司签订了一份合同编号为×××的信托合同。该合同的1.释义部分约定：(1)本信托，系指根据本合同设立的信托，系受托人基于委托人交付的信托财产向投资人发行信托受益权份额62,700份而设立的一项信托。(2)信托受益权份额或信托单位，系指用以表示信托项下受益权的均等份额，受益人根据其所拥有的信托受益权份额享有信托资产收益、承担信托资产风险。本信托项下，信托受益权分为优先受益权和一般受益权。(3)优先受益权，系指按本合同约定优先享有信托利益的信托受益权。本信托项下，优先受益权优先于一般受益权从信托财产中分配信托收益和获偿信托本金。(4)一般受益权，系指受益人按本合同约定享有的次于优先受益权的信托受益权。本信托项下，在优先受益权获得足额清偿前，一般受益权不参与对信托财产的分配。优先受益权获得清偿后，一般受益权获得全部剩余信托财产。(5)初始优先受益权本金，系指本信托设立时募集的全部优先受益权资金。(6)基础资产，系指委托人持有的位于某地某项目的土地的国有土地使用权和建筑面积为80,370.23平方米的在建工程。(7)信托财产，系指委托人对基础财产依法享有取得收益的权利及因对其管理、运用、处分或者其他情形而取得的财产。(8)信托专户，系指受托人在银行所开立，并按照本合同约定存管现金形态的信托财产、支付应由信托财产所承担费用等的专用账户。账户名称：某信托公司某项目；开户银行：×××分行;账号:×××。(9)信托文件,系指规定本信托项下信托当事人之间权利义务关系的文件,包括但不限于本合同、《信托受益权份额投资书》、《投资说明书》、《保管协议》、《信托受益权投资风险申明书》。合同第2条信托目的约定,本信托是委托人为实现基础资产财产价值的流动化,以其合法享有的取得基础资产收益的权利设定的同时向投资者发行信托受益权份额的财产权信托,受托人按信托文件约定为受益人的利益管理、运用和处分信托财产、向受益人分配信托利益。第4.2条约定,信托设立时信托优先受益权规模为不超过人民币2.3亿元(以下币种同),但不低于2.15亿元;其余为信托一般受益权。第6.1条约定,本信托优先受益人投资于信托优先受益权的资金,由受托人按信托文件的约定,交付给委托人,并监督委托人将资金用于支付“×××”项目的未付工程款和调整财务结构。第6.2条实物资产的保管中约定,本信托存续期内,信托财产所涉及的基础资产继续按原有方式保管,委托人承诺妥善保管基础资产,并负责管理、经营和销售该基础资产。为保证基础资产收益款的按时足额收回以及保证委托人履行资金补足义务,委托人自愿以受托人为抵押权人将基础资产抵押给本信托,以保证受托人在管理信托财产时顺利行使各项权利,包括但不限于对该基础资产的受益权和处分权。第6.5.1条约定,本信托应在保管银行开立信托专户,信托专户的开设和管理由受托人负责,受托人承诺开设独立的信托专户对所募集资金及信托财产进行管理,本信托的一切资金往来均需通过该账户进行。第6.5.2条约定,受托人不得假借本信托的名义开立任何其他账户,亦不得适用本信托专户进行本信托业务以外的活动。第

7.2.4条约定,如一般受益人未按本合同约定向信托专户内汇集基础资产收益款或未履行资金补足义务的,逾期期间应计收罚息,罚息按应付未付价款的日万分之二点一计收。第12.2条信托报酬中约定,受托人于每个信托年度,在向优先受益人分配完毕信托利益后,根据以下公式收取信托报酬:信托期满12个月:信托报酬 = A×(10% - i) - B;信托期满24个月:信托报酬 = A×20%×(10% - i)/2 + A×80%×(10% - i) - B;信托期满36个月:信托报酬 = A×60%×(10% - i) - B。其中:A为全部信托受益权初始本金,i为全部优先受益人对应预期收益率的加权平均数,B为当期发生的信托费用。第18条违约责任中约定,若委托人、受托人或受益人未履行其在本合同项下的义务,或一方在本合同项下的声明、保证严重失实或不准确,视为该方违约。本合同的违约方应赔偿因其违约而给守约方或其他相关方造成的全部损失。

同日,作为贷款人的某信托公司与作为借款人的某房地产公司、作为保证人的×××、×××、关联公司签订了合同编号为×××号的《信托贷款合同》。该合同第一章定义和解释中约定,信托贷款指由某信托公司作为受托人,根据信托合同、《“×××”资产收益财产权信托受益权投资说明书》获得信托资金,并根据本合同以信托资金向借款人发放的贷款。合同第2.1条约定:贷款期限为3年,起止日期为2009年9月18日至2012年9月18日(以借据为准)。第2.2条约定:贷款金额为不超过2.3亿元,以借据为准。第2.3条约定,本合同项下的贷款分3次偿还:(1)18个月信托贷款本金金额为全部贷款初始本金的20%,自计息日起(2009年9月18日)至2011年3月18

日止(以借据为准);(2)24个月信托贷款本金金额为全部贷款初始本金的20%,自计息日起(2009年9月18日)至2011年9月18日止(以借据为准);(3)36个月信托贷款本金金额为全部贷款初始本金的20%,自计息日起(2009年9月18日)至2012年9月18日止(以借据为准)。第6.1条约定,本合同项下的贷款利率均是年利率,贷款利率为年利率10%。第6.2条约定,本合同项下贷款利息从计息日起计收:计息日为"×××"资产收益财产权信托成立之日。第6.3条约定,借款人应按照以下规定偿还贷款利息:(1)贷款期限届满12个月时,应偿还的利息=全部贷款初始本金×10%;(2)贷款期限届满18个月时,应偿还的利息=全部贷款初始本金×20%×10%×0.5;(3)贷款期限届满24个月时,应偿还的利息=全部贷款初始本金×80%×10%;(4)贷款期限届满36个月时,应偿还的利息=全部贷款初始本金×60%×10%。如借款人未按本合同第2.3条约定偿还信托贷款本金,信托贷款逾期期间应继续计收贷款利息,贷款年利率自逾期之日起自动按12%执行。第11.1条约定,借款人以位于×××房地产项目的土地的国有土地使用权和建筑面积为80,370.23平方米的在建工程抵押给贷款人。第11.2条约定,保证人为信托贷款本金、利息、复利、罚息、违约金、损失赔偿金及处置抵押物的相关费用的偿还提供连带责任保证担保,直至《信托贷款合同》项下的全部款项归还完毕。如借款人不履行或不完全履行其在本合同项下的义务时,保证人自愿接受人民法院的强制执行。同时保证人承诺:因某房地产公司工程款债务而被债权人优先于抵押权主张执行《抵押协议》抵押物时,造成信托贷款抵押担保权益贬损部分损失由保证人承担。

第12.4条约定，贷款期间，借款人向贷款人指定的账户划转销售款，必须按下表的规定在指定日期满足最低现金余额要求。

某信托公司指定专户最低现金余额表

时间	最低现金余额(万元)	时间	最低现金余额(万元)
2009年年底以前	2070①	信托成立后第360天	A×10%
信托成立后第485天	(A×20%×105%)/3	信托成立后第515天	(A×20%×105%)×2/3
信托成立后第545天(满1.5年)	A×20%×105%	信托成立后第575天	A×11.4%－2070②
信托成立后第665天	A×28%×1/3	信托成立后第695天	A×28%×2/3
信托成立后第725天(满2年)	A×20%＋A×80%×10%	信托成立后第755天	A×60%×6%③
信托成立后第815天	A×66%×15%	信托成立后第905天	A×66%×40%
信托成立后第935天	A×66%×50%	信托成立后第965天	A×66%×60%
信托成立后第995天	A×66%×70%	信托成立后第1025天	A×66%×80%
信托成立后第1055天	A×66%×90%	信托成立后第1090天(满3年)	A×66%×110%

备注：(1)A为全部贷款初始本金；

(2)①②③项目为贷款人向借款人收取的财务顾问费。

当借款人向信托专户或贷款人指定账户划转的资金不能达到最低现金余额要求时，借款人授权贷款人有权决定处置抵押资产的价格，借款人放弃一切抗辩权；贷款到期日，贷款人有权直接将信托专户中的还款准备资金作为借款人的还款；如信托专户中的资金不足以偿还全部贷款本息的，不足部分由借款人自筹后于当期贷款到期日划至贷款人的信托专户用以清偿贷款。如借款人未按本条约定补足资金，逾期期间应计收罚息，罚息按照日万分之二点一执行。第16.1(3)条约定，借款人逾期支付本合同和《资金监管协议》的相关款项，从逾期之日起按每日万分之二点一向借款人计收罚息，遇中国人民银行调整罚息利率，则分段计息；同时，贷款人有权自逾期之日起向借款人按年利率10%计收复利，并以实际逾期天数每日万分之三计收违约金。第16.1(4)条约定，拍卖、变卖或以其他方式处置抵押物(包括但不限于以贷款人指定的价格处置抵押物)，用所得价款清偿全部贷款本金及至到期日未付利息、复利、罚息、违约金、损失赔偿金及处置抵押物的相关费用。合同第20.4条约定，本合同未尽事宜，按照双方在《资金监管协议》中的约定操作执行；《资金监管协议》未做约定的，双方可另行签署补充协议约定；《资金监管协议》及补充协议均是本合同的组成部分，与本合同具有同等效力。

同日，某信托公司与某房地产公司还签订了协议编号为×××号的《资金监管协议》。该协议约定，某信托公司通过设立“×××”资产收益财产权信托并转让优先受益权的方式向某房地产公司融通资金；某房地产公司已与某信托公司签订信托合同，并同意某信托公司将全部信托受益权分为优先受益权和一般受益权，其中信托优先受益权由社会投资者认购，信托一般受益权由某房地产公司持有。某信托公司将募集的信托资金按信托文件的约定交付给某房地产公司用于支付“×××”项目后续工程款和调整某房地产公司财务结构。该协议第5.3条特别约定，在本协议有效期内，为保证“×××”资产收益财产权信托项下全部优先受益权按时、足额分配，某房地产公司保证并承诺信托专户及某信托公司指定的账户内最低现金余额要求达到下表（该表与《信托贷款合同》第12.4条中的某信托公司指定专户最低现金余额表一致）要求。协议第6.1(3)条约定，某房地产公司未能如期按照本协议规定支付任何应由其支付的到期应付款项，构成某房地产公司对本协议的违约。协议第七章违约处理第7.1(3)条与《信托贷款合同》第十六章违约处理第16.1(3)条约定的内容一致，约定了相应的违约金、逾期罚息、复利等。该协议第9.4条约定，《抵押协议》、《担保函》是本协议的从属部分，与本协议具有同等法律效力。

经对比，《信托贷款合同》、《资金监管协议》中的某信托公司指定专户最低现金余额表比信托合同中的信托专户最低现金余额表，多列2009年年底以前最低现金余额2070万元、信托成立后第575天最低现金余额A×11.4% －2070（万元）以及信托成立后第755天最低现金余额A×60% ×6%（万元），此三笔最低现金余额在协议中约定是指某信托公司向某房地产公司收取的财务顾问费。三表中A虽然分别指全部贷款初始本金、融资资金本金、全部信托优先受益权初始本金，但都指向同一笔资金即2.15亿元。此外，三表的其余所列内容一致。

信托合同以及《信托贷款合同》均提及《资金监管协议》，

《资金监管协议》中仅提及信托合同，未提及《信托贷款合同》。而《信托贷款合同》中则提及《资金监管协议》为《信托贷款合同》的组成部分。双方当事人于签订《信托贷款合同》、《抵押协议》、《资金监管协议》当日向某公证处申请办理赋予强制执行效力的债权文书的公证，该公证处于2009年9月17日出具了公证书。

2009年9月11日，某房地产公司与某信托公司还签订了协议编号分别为×××、×××的《抵押协议》各一份，两份协议均约定：为确保《信托贷款合同》项下某房地产公司义务的履行，该公司愿意以其有权处分的在建工程提供抵押担保。该两份协议的第4条抵押担保范围中约定，双方确认抵押担保的范围包括：主债务所对应的支付资金及债务人因违反主合同而产生的违约金、损害赔偿金、利息、复利、罚息、某信托公司垫付的有关费用以及某信托公司实现债权和抵押权的一切合理费用。某信托公司实现债权和抵押权的一切费用包括但不限于合理的下述费用：诉讼费、仲裁费、财产保全费、差旅费、执行费、评估费、拍卖费、查询费、律师代理费等。第9条抵押权的实现中约定，某信托公司可以与某房地产公司协议以某信托公司指定的价格折价、拍卖、变卖抵押物或根据强制执行公证书直接请求人民法院强制执行抵押财产，并从中优先受偿。该两份协议签订后，双方办理了抵押登记手续。某房地产公司现仍抵押给某信托公司的抵押物的具体内容、登记证明号如某信托公司第7项、第8项诉请所述。

同日，关联公司、×××与×××分别向某信托公司出具了《担保函》，主要内容均为为确保作为主合同即信托合同和

《资金监管协议》项下某房地产公司的义务能切实履行，自愿就某房地产公司在主合同项下的全部义务的履行向某信托公司提供不可撤销的连带责任保证担保。

此后，某信托公司与某房地产公司、×××、×××、关联公司又签订了一份补充协议，主要是对《信托贷款合同》以及《资金监管协议》中的最低现金余额表进行笔误更正。

2009年9月24日，某信托公司"×××"资产收益财产权信托成立并发布公告，该公告中明确，信托优先受益权实际募集资金2.15亿元，其余为信托一般受益权，由某房地产公司持有；本信托优先受益权份额投资书共143份，其中投资金额在300万元(含)以上的16份，预期年收益率为9.5%；投资金额在300万元以下的127份，预期年收益率为9%。该公告中亦附有信托专户最低现金余额表，该表备注：上表不包含受托人的财务顾问费，财务顾问费的支付以双方另行签订的《融资框架协议》的约定为准。

2009年9月25日、27日，某信托公司从信托专户账号中分别转账给某房地产公司1亿元、1.15亿元，共计2.15亿元，在特种转账借方传票的摘要中分别载明支付信托优先受益权转让款、优先受益权转让款。

2010年12月，某信托公司与某房地产公司签订了合同编号为×××的《"×××"资产收益财产权信托补充协议》。该协议约定：某房地产公司申请提前回购本信托项下期限为18个月和24个月部分的信托优先受益权，回购本金金额为8600万元。第6条约定，某房地产公司回购的优先受益权将自动转为同等份额的信托一般受益权，在剩余部分优先受益权足额分配前，一般受益权不得分配。

2012年6月4日，某公证处向某信托公司出具了《通知书》，明确某信托公司以某房地产公司多次逾期未提供还款保证金、未满足最低余额要求为理由，要求该处出具执行证书，但某房地产公司提出其无不履行或不完全履行的事实发生，且对债权文书中规定的履行义务存在异议，即逾期支付还款保证金、未满足最低余额不属于逾期还款的范围并且还款保证金的约定违背了公平原则，应予撤销；有关财务顾问费的约定也违反法律规定，不应该支付，并提供了相关证据，对此，该处认为不具备出具执行证书的条件。

2012年6月，×××、×××即抵押人与某信托公司即抵押权人签订《抵押合同》，该合同约定：为确保于2009年9月11日签订的编号×××《信托贷款合同》项下某房地产公司义务的履行，×××、×××愿意以其有权处分的房产提供抵押担保。第11条第6款约定，无论某信托公司对主合同项下的债权是否拥有其他担保（包括但不限于保证、抵押、质押、保函等担保方式），不论上述其他担保何时成立、是否有效、不论其他担保是否由债务人自己所提供、某信托公司是否向其他担保人提出权利主张，×××、×××在本合同项下的担保责任均不因此减免，某信托公司均有权直接要求×××、×××在其担保范围内承担担保责任，×××、×××不提出任何异议。

2012年6月12日、13日，×××、×××分别在某地的房地产登记处办理了上述房产的抵押登记，登记证明号分别为×××和×××。

2012年，作为债权人的某信托公司与作为债务人的某房地产公司签订了合同编号为×××的《〈信托贷款合同〉之补充协议》。该协议第1条约定，为配合债务人申请委托贷款，债务人自愿于本合同签署后两个工作日支付首笔保证金300万元并提供3处房地产抵押给债权人（第二顺位抵押），债权人在收到该项保证金且第二顺位抵押登记手续办理完毕后两个工作日内，为债务人办理《抵押协议》项下6500平方米抵押物的解除抵押登记手续。第2条约定，为配合办理上述第1条所约定的第二顺位抵押登记，双方确认该项抵押登记的主债权金额，即为《信托贷款合同》项下债务人应支付的贷款本息余额的一部分，该主债权金额仅为办理第二顺位抵押登记之用，不构成一项新增贷款。第3条约定，债务人应于上述第1条约定的解除抵押手续完毕之日起（以债权人出具解押函件的当日）10个工作日内，再支付第二笔保证金2700万元，本协议项下累计支付保证金应为3000万元，全部保证金应支付至债权人指定的账户，均不构成《信托贷款合同》项下的提前还款。上述保证金支付完毕后两个工作日内，债权人将第1条所约定的3处房地产的第二顺位抵押予以解除。第5条约定，债务人逾期支付上述第3条约定的保证金，且债务人未在上述第4条约定的期间内，办理完毕重新抵押手续的，债权人有权宣布贷款提前到期，已收取的保证金作为本协议项下的违约金，由债权人直接扣收，贷款本息、财务顾问费及其他相关信托文件项下的违约金、罚息的金额，不因债权人收取本项违约金而减少。

某房地产公司分别于2012年6月11日、7月2日，向某信托公司付款3,100,000元、19,248,284元，合计22,348,284元，某信托公司认可收到该两笔款项，但称根据《〈信托贷款合同〉

之补充协议》的约定，某房地产公司未足额支付保证金3000万元，故该两笔款项应予没收。某房地产公司认为该两笔款是根据《〈信托贷款合同〉之补充协议》的约定用于回购优先受益权本金，故优先受益权本金余额应为106,051,716元。

此外，经某信托公司、某房地产公司核对，双方确认除本金外，某房地产公司在信托期限内还支付某信托公司38,693,361.47元。某信托公司、某房地产公司均确认该款项系某房地产公司给付某信托公司用于兑付投资人信托收益，除此之外，某信托公司认为该款项还用于支付保管费、律师费、诉讼费等。

2012年10月29日，某信托公司与某律师事务所签订了《诉讼法律服务委托协议》，其中约定某信托公司向该所支付律师费100万元。2012年11月7日，某信托公司支付了该费用。

2013年1月8日，某房地产公司以某信托公司未依约履行信息披露义务，在优先受益权人实现投资本金及收益后，剩余信托财产含收益未返还以及某信托公司收取融资服务费、信托收益补偿款系其利用受托人地位谋取不当利益为由，诉至原审法院，请求判令本案某信托公司：1. 提供“×××”资产收益财产权信托的清算报告、定期报告（包括但不限于信托募集结果报告、信托事务管理的季度报告、年度报告）、临时报告、信托账目及《保管协议》等信托文件；2. 返还信托财产暂定272,875.58元；3. 返还融资服务费23,351,716元，并返还回购优先受益权份额时支付的一个月信托收益补偿款381,235元。

本案一审诉讼中，某信托公司向原审法院提供了其自行委托×××会计师事务所进行审计，由该所出具的专项审计报告。该报告的审计结论中截至2012年9月24日，计算罚息为

16,764,109.50 元。

某信托公司将本案诉请确定为：一、某房地产公司归还某信托公司贷款本金128,400,000元；二、某房地产公司偿付某信托公司贷款利息12,840,000元（利息以贷款本金128,400,000元为基数，自2011年9月24日起算至2012年9月23日，利率按年利率10%计算），以及偿付以贷款本金128,400,000元为基数，按年利率12%计算，自2012年9月24日起算至某房地产公司实际清偿上述本金之日止的利息；三、某房地产公司支付某信托公司违约金23,948,727.86元（以违约金额为基数，自2009年11月23日起算至2012年9月24日），以及支付以贷款本息141,240,000元为基数，按每日万分之三计算，自2012年9月25日起算至某房地产公司实际清偿上述本息之日止的违约金；四、某房地产公司支付某信托公司罚息16,764,109.50元（以逾期支付的相关款项为基数，自2009年11月23日起算至2012年9月24日），以及支付以贷款本息141,240,000元为基数，按每日万分之二点一计算，自2012年9月25日起算至某房地产公司实际清偿上述本息之日止的罚息；五、某房地产公司支付某信托公司复利303,882.47元（以逾期支付的相关款项为基数，自2009年9月23日起算至2012年9月24日），以及支付以贷款本息141,240,000元为基数，按年利率10%计收复利，自2012年9月25日起算至某房地产公司实际清偿上述本息之日止；六、某房地产公司偿付某信托公司为实现债权而支付的费用111.5万元（其中审计费1.5万元，评估费10万元，律师费100万元）；七、如某房地产公司不履行上述第一项至第六项债务的清偿义务，则判令某信托公司有权将某房地产公司位于某地某项目共计14本房屋他项权证项下载明的房屋及相应面积的土地使用权以折价，或者以拍卖、变卖该房屋的所得价款优先受偿；不足清偿上述第一项至第六项债务部分，某信托公司有权向某房地产公司继续追偿；八、如某房地产公司不履行上述第一项至第六项债务的清偿义务，则判令某信托公司有权将某房地产公司位于某地某项目共计4本在建工程抵押登记证明项下载明的房地产以折价，或者以拍卖、变卖该在建房地产所得价款优先受偿；不足清偿上述第一项至第六项债务部分，某信托公司有权向某房地产公司继续追偿；九、如某房地产公司不履行上述第一项至第六项债务的清偿义务，则判令某信托公司有权将×××和×××共同抵押给某信托公司的、位于某地的3处房地产以折价，或者以拍卖、变卖该房地产所得价款优先受偿；不足清偿上述第一项至第六项债务部分，某信托公司有权向某房地产公司继续追偿；十、×××、×××、关联公司对上述某房地产公司应履行的第一项至第六项债务的清偿承担连带担保责任。

原审法院经审理认为：本案中的主要争议焦点是：1. 各方当事人办理过具有强制执行效力的公证，本案是否可予受理；2. 本案是金融借款合同纠纷还是营业信托纠纷问题；3. 关于某房地产公司是否违约以及违约责任认定的问题；4. 某信托公司可否实现抵押权以及×××、×××、关联公司是否应承担担保责任。

1. 关于本案的受理问题

法院认为，虽然某公证处曾为各方当事人签订的《信托贷款合同》、《抵押协议》、《资金监管协议》办理了负有强制执行效力的债权文书的公证,但在某信托公司向该公证处提出要求出具执行证书的申请时,某房地产公司对某信托公司所述债务不履行或不完全履行提出异议,并提供相关证据,故该处认为不具备出具执行证书的条件,并向某信托公司下发了《通知书》。根据该通知书的内容,某房地产公司所提异议中并未涉及履行期限未到的问题,故该公证处也并非因此而不出具执行证书。鉴于该公证处已明确本案所涉债务不具备出具执行证书的条件并下发通知,某信托公司遂采取向法院直接提起诉讼主张权利作为救济途径并无不当。法院依法予以受理,亦无不当。故某房地产公司、×××、×××、关联公司关于不应受理本案以及裁定驳回起诉的相关辩称意见不能成立。

2. 关于本案纠纷的性质问题

法院认为,首先,虽然某信托公司系以其与某房地产公司存在信托贷款合同纠纷为起诉事由,但某房地产公司、×××、×××、关联公司以本案系信托纠纷提出抗辩,某信托公司对信托成立及与某房地产公司签订信托合同的事实亦不予否认。又鉴于信托合同系双方当事人真实意思表示,且未违反法律、法规的强制性规定,该合同合法有效。故某信托公司与某房地产公司之间存在信托法律关系。

其次,某信托公司认可先签订信托合同,再签订《信托贷款合同》。从《信托贷款合同》第一章关于信托贷款的释义中已明确该信托贷款系根据信托合同、投资说明书获得信托资金,以信托资金向借款人发放的贷款。故某信托公司与某房地产公司之间的信托法律关系存在在先,系不争的事实。

再次,从上述信托贷款的释义,亦明确某信托公司主张的贷款本金系来源于信托资金,即信托合同中所涉的优先受益权本金与《信托贷款合同》中所涉的贷款本金系同一笔资金即2.15亿元。某信托公司与某房地产公司对此均予以认可。故法院确认,某房地产公司收到某信托公司给付的资金只有一笔2.15亿元。

复次,从《信托贷款合同》与信托合同约定的内容来看,除了上述两份合同约定的本金系同一笔资金之外,约定的还款方式也大致相同,《信托贷款合同》虽约定借款期限三年,但除了比信托合同多约定了三笔财务顾问费之外,其所列表格命名为某信托公司指定专户最低现金余额表,其中的还款时间、金额同信托合同中约定的信托指定专户最低现金余额表。故该《信托贷款合同》虽系一份独立的主合同,但其还款结构与通常意义的贷款有所不同,应视为依附于信托合同而产生。

最后,根据信托合同中关于信托财产的管理与运用方式的约定,信托优先受益人(即案外投资人)投资于信托优先受益权的资金应由受托人(即某信托公司)交付给委托人(即某房地产公司),并监督委托人将资金用于支付未付工程款和调整财务结构。该投资资金应视为案外投资人购买受益权份额的资金,不应视为某信托公司的自有资金。而某信托公司将该笔本应根据信托合同交付某房地产公司的信托资金,却与某房地产公司另行签订《信托贷款合同》以贷款的方式发放给某房地产公司,显然与信托合同的上述约定以及不得使用信托专户进行本信托业务以外的活动约定有悖。除此之外,从相关的信托宣传资料来看,某信托公司亦未将该信托贷款事宜向案外投资人披露,故对案外投资人而言,其所能知晓的法律关系仅仅是信托合同而非《信托贷款合同》。某信托公司在《信托贷款合同》中另行约定了贷款利率，该利率高于某信托公司向案外投资人兑付的收益率，相当于某信托公司利用案外投资人的资金放贷为自己谋取利差，这种行为与我国信托法有关受托人除依照本法规定取得报酬外，不得利用信托财产为自己谋取利益的规定相悖。

综上，一方面，信托合同成立在先，本案信托的设立、投资人资金的募集，都具有公示效力，且已履行完毕；另一方面，贷款资金来源于信托募集资金，在支付2.15亿元的特种转账借方传票摘要中亦分别载明支付信托优先受益权转让款、优先受益权转让款；《信托贷款合同》的还款方式采用信托合同中对信托专户最低现金余额的约定方式，该合同依附于信托合同而产生，某信托公司发放贷款又有违信托合同约定。故某信托公司将2.15亿元以贷款方式发放给某房地产公司，现以某房地产公司未偿还贷款为诉由，显属不当。法院认为，本案纠纷的性质应定为营业信托纠纷。某信托公司与某房地产公司签订《信托贷款合同》，与信托合同存在冲突，因为案外投资人的一笔款项，不能既作为案外投资人购买受益权份额的款项，又作为某信托公司的放贷款项。之所以针对一份款项签订两份合同，法院采信某房地产公司的陈述，即房地产交易中心不接受信托合同作为主合同办理抵押登记手续，故将贷款合同作为主合同并签署《抵押协议》而办理抵押登记。某信托公司对此亦未否认。法院认为，由于本案信托财产仅仅是受益权，而基础财产的抵押是保障案外投资人获得受益权的重要手段，如果缺乏这种抵押，某信托公司亦无法为某房地产公司招徕足够多的案外投资人。因此，抵押的办理对某信托公司、某房地产公司以及案外投资人均有重要意义。由于信托合同结构复杂、权利义务不清晰，难以用于办理抵押登记，为此，某信托公司与某房地产公司通过签订《信托贷款合同》以达成办理抵押登记手续的目的，情有可原。对此双方均有预期且达成了合意。某房地产公司现要求法院完全否认《信托贷款合同》并进而否定抵押权的存在，与双方当时的合意不符，不予采信。因此，应认定《信托贷款合同》仅作为表面形式，其实质在于实现信托合同中所约定的抵押权登记。至于某信托公司借机在《信托贷款合同》约定某房地产公司承担罚息、复利、违约金等责任，借某房地产公司违约之机，主张高额的违约责任归其所有而不是归于案外投资人所有，这种未经案外投资人同意，借助案外投资人财产为自己私自谋利的行为违反诚实信用原则，不应予以支持。某信托公司与某房地产公司之间的权利义务以及违约责任，应以信托合同为准。

3. 关于某房地产公司是否违约以及违约责任认定的问题

根据信托合同中信托专户最低现金余额表的约定内容、信托补充协议第1条的约定以及某信托公司的情况说明、某房地产公司自制的付款清单的内容，经法院核对，可以认定某房地产公司违反了信托合同的约定，未按约定的付款时间向信托专户足额支付最低现金余额，存在违约行为，因此必须承担相应的违约责任，包括归还本金及其他违约责任。

关于某信托公司诉请的本金部分，因某信托公司与某房地产公司均确认某房地产公司除了已向某信托公司支付本金8660万元，还支付了22,348,284元。但某信托公司认为该款系保证金，某房地产公司尚未付足3000万元，根据《〈信托贷款合同〉之补充协议》第5条的约定，已收取的该部分保证金作为违约金扣收。法院认为,根据前述已查明的事实以及本案系营业信托纠纷性质的认定,故某房地产公司欠付的本金系基于信托合同而产生的信托优先受益权本金。《〈信托贷款合同〉之补充协议》中虽有某信托公司所述之约定,但该协议是基于《信托贷款合同》而签订。鉴于前文所述,《信托贷款合同》仅为表面形式,某信托公司根据该协议的约定直接扣收某房地产公司向信托专户支付的款项22,348,284元,显属不当,且在某信托公司委托审计的专项审计报告载明的借款人实际履行情况中,亦将该款项与其他某信托公司认可的某房地产公司已偿付本金一并列为还款准备金。综上,理应将此款在信托优先受益权本金中予以扣除,法院确认某房地产公司欠付某信托公司的信托优先受益权本金为106,051,716元。

关于某信托公司诉请的利息、罚息、违约金、复利可否支持的问题。法院认为:其一,本案系营业信托纠纷,理应根据信托合同的约定要求某房地产公司承担相应的付款及违约责任。这是因为在某房地产公司违约的情况下,某信托公司为了兑付案外投资人的投资收益,会暂时自行垫付资金,并引发相应的利息损失。故某房地产公司应按照该合同第7.2.4条的约定承担支付罚息的违约责任,即按应付未付价款的日万分之二点一计收罚息。其二,某信托公司根据《信托贷款合同》诉请的利息、罚息、违约金、复利累加高达年利率40%左右,显然过高,对整个信托市场将会产生不利影响。其三,尽管信托合同中提及《资金监管协议》,而《资金监管协议》也约定了高额的违约责任,但法院认为本案中《资金监管协议》又约定为《信托贷款合同》的组成部分,故同理不宜支持上述高额违约责任。而且某信托公司签订《资金监管协议》的主要是为了保障案外投资人的利益,也不能通过约定高额违约责任为自己谋利。毕竟某信托公司给付某房地产公司的资金2.15亿元系来源于案外投资人,并非来源于某信托公司自有资金,故无论某信托公司依据《信托贷款合同》还是《资金监管协议》诉请某房地产公司支付高额的违约责任都缺乏合理性。其四,根据信托合同对罚息进行具体计算时,某信托公司提供了一份专项审计报告,其中计算的罚息为16,764,109.50元,法院认为可以以此作为参考基数。法院同时注意到在该报告中将解押还款准备金计入违约金额中,由于该款未在信托合同中约定,故将该款的违约金额亦计收罚息,要求某房地产公司承担,有所不当。综合考虑各项因素,法院酌情认定某信托公司可收取的罚息为14,000,000元。

关于实现债权的费用问题。法院认为,《资金监管协议》、《抵押协议》中约定了某信托公司可主张实现债权的费用,且某信托公司提交了委托合同、发票等证据,故某信托公司主张的律师费可予支持。但某信托公司主张的评估费、审计费系某信托公司在诉讼中为评估被保全财产的价值以及确认其诉请的金额而自行委托评估、审计单位作出评估、审计报告。另外,某信托公司所提供的审计报告其实就是违约责任数据的具体计算,鉴于某信托公司已经支付了高额的律师费,该计算工作亦可由律师承担,本来就无须另行聘请审计机构。故对某信托公司主张的该部分费用不予支持。

除此之外,根据信托合同的约定,某信托公司可收取信托报酬并约定了信托报酬的计算方式。鉴于某信托公司按照信托合同的约定已履行了募集信托优先受益权本金等合同义务,故某信托公司可根据上述约定另行收取其相应的信托报酬。但因某信托公司未在本案中将信托报酬作为诉请予以提出，而且根据信托合同的约定，信托报酬的收取也取决于某房地产公司的现有财产能否满足优先受益人的利益，故本案对此不作处理，由各方当事人另行解决。此外，某信托公司向某房地产公司收取了财务顾问费23,351,716元，又称融资服务费。某信托公司、某房地产公司对此无异议。此部分费用虽未在信托合同中予以约定，但在信托成立公告中将有关该笔费用的支付及依据作为备注，且某信托公司也确实通过向案外投资人募集信托优先受益权本金2.15亿元，为某房地产公司完成了融资的义务，故某信托公司收取该费用亦无不当。但鉴于某信托公司诉请中并未涉及该费用，某房地产公司又在另案中诉请要求返还该部分费用，故在本案中亦不作处理。

关于某房地产公司在信托期限内支付给某信托公司的用于兑付投资人收益的38,693,361.47元，某信托公司认为尚不足以向投资人兑付所有的信托收益，因某信托公司在诉请中未提出向某房地产公司追偿已兑付给投资人的信托收益，故在本案中对此亦不予处理。

4. 关于某信托公司可否实现抵押权的问题

首先，本案所涉《抵押协议》、《抵押合同》均系当事人签订合同时的真实意思表示，且未违反法律、行政法规的强制性规定，合法有效。其次，虽然《抵押协议》中约定是为确保《信托贷款合同》项下某房地产公司义务的履行，但某房地产公司与某信托公司在信托合同第6.2条中亦约定将其基础财产抵押给本信托并约定另行签订抵押协议。基于前文所述，《信托贷款合同》仅是某信托公司与某房地产公司实现抵押权登记的形式，双方对此达成了合意，抵押物已经办理了相应的抵押登记手续，故法院认为，某信托公司向某房地产公司主张其抵押权的实现并无不当，应予支持。某房地产公司有关抵押无效的辩称意见，缺乏法律依据，不予支持。此外，×××、×××与某信托公司签订的《抵押合同》中亦明确约定为确保合同编号为×××的《信托贷款合同》项下某房地产公司义务的履行，愿意以其有权处分的房产提供抵押担保。故某房地产公司、×××、×××、关联公司关于×××、×××的抵押物是与600万元的贷款合同有关，并非为《信托贷款合同》而设立的辩称意见，与该《抵押合同》约定不符，不予采信。鉴于该部分抵押物亦被办理了相应的抵押登记手续，故法院认为，某信托公司向×××、×××主张该部分抵押权的实现应予以支持。根据×××、×××与某信托公司在《抵押合同》有明确关于抵押权实现方式的约定，×××、×××与某房地产公司承担同等顺序的抵押担保责任。

关于×××、×××、关联公司的保证责任问题。法院认为，×××、×××、关联公司出具《担保函》系其真实意思表示，且该《担保函》中并非仅为《信托贷款合同》项下义务的履行承担保证责任，亦明确为《资金监管协议》、信托合同项下的全部义务的履行承担连带责任保证担保。故对某信托公司要求×××、×××、关联公司承担保证责任的诉请，予以支持。

鉴于某房地产公司以自己的财产设定抵押，故×××、×××、关联公司应当对抵押担保以外的债务承担连带保证责任，并在承担保证责任后，有权向某房地产公司追偿。综上，原审法院依照《中华人民共和国合同法》第5条、第8条、第60条第1款,《中华人民共和国物权法》第176条、第194条、第195条、第198条,《中华人民共和国担保法》第18条、第26条、第31条,《中华人民共和国信托法》第26条、第35条以及最高人民法院《关于适用〈中华人民共和国担保法〉若干问题的解释》第19条、第20条的规定,判决某房地产公司偿还某信托公司信托优先受益权本金106,051,716元;某房地产公司支付某信托公司罚息14,000,000元,并支付以106,051,716元为基数,按日万分之二点一计收自2012年9月25日起至判决生效之日止的罚息;某房地产公司支付某信托公司律师费100万元;某房地产公司不履行上述判决第一项至第三项付款义务的,某信托公司可以与某房地产公司协议,以坐落于某地的共计14本房屋产权证下的房屋折价,或者以拍卖、变卖该抵押财产所得价款优先受偿。抵押财产折价或者拍卖、变卖后,其价款超过债权数额的部分归某房地产公司所有,不足部分由某房地产公司清偿;某房地产公司不履行上述判决第一项至第三项付款义务的,某信托公司可以与某房地产公司协议,以坐落于某地的共计4处在建工程折价,或者以拍卖、变卖该抵押财产所得价款优先受偿。抵押财产折价或者拍卖、变卖后,其价款超过债权数额的部分归某房地产公司所有,不足部分由某房地产公司清偿;某房地产公司不履行上述判决第一项至第三项付款义务的,某信托公司可以与×××、×××协议,以其共有的坐落于某地的房产,以及可以与×××协议,以其坐落于某两地的两处房产折价,或者以拍卖、变卖上述房地产所得价款优先受偿;其价款超过债权数额的部分归×××、×××所有,不足部分由某房地产公司清偿;如上述抵押物不足以清偿第一项至第三项付款义务的,×××、×××、关联公司应对某房地产公司上述第一项至第三项偿付金额的剩余部分承担连带保证责任;×××、×××、关联公司履行保证责任后,有权向某房地产公司追偿;对某信托公司的其余诉讼请求不予支持。案件受理费958,658.59元,由某信托公司负担325,806元,某房地产公司、×××、×××、关联公司共同负担632,852.59元;财产保全费5000元,由某房地产公司、×××、×××、关联公司共同负担。

上诉人某信托公司不服原审判决,向本院提起上诉称:一、本案应为信托贷款合同纠纷。本案所涉《信托贷款合同》系信托文件的重要组成部分,但又相对独立,各方当事人自始至终的履行凭证均证明系贷款合同。某信托公司发行信托计划并在信托计划设立后,将募集的资金以贷款方式发放给某房地产公司,不仅符合信托法的规定,而且符合信托合同的约定,且案外投资人均应当知道。二、根据本案所涉《信托贷款合同》的约定,原审在未支持某信托公司将某房地产公司支付的解押还款准备金22,348,284元作为约定的违约金没收时,理应按双方约定的顺序进行抵冲,即依法应先抵冲律师费和罚息,然后抵冲应予支持的评估费、审计费,余款再抵冲本金。原审对某信托公司诉请的实现债权的评估费、审计费不予支持,不仅有悖合同约定,也有悖法律规定。三、原审判决主文第7项系适用法律错误。根据本案各方当事人签订的《信托贷款合同》的约定,以及×××、×××、关联公司分别出具给某信托公司的《担保函》载明的内容,依法应当支持某信托公司按照约定实现债权的请求。×××、×××、关联公司对某房地产公司应履行的各项债务清偿承担连带担保责任，而非仅对物的担保的不足清偿部分承担连带保证责任。四、对原审不予处理但认定为某房地产公司给付某信托公司用于兑付投资人信托收益的38,693,361.47元款项性质有异议，根据贷款合同上述款项应界定为贷款利息。综上，某信托公司请求二审法院撤销原审判决第1项，改判某房地产公司偿还信托优先受益权本金121,166,716元；撤销原审判决第2项的计算罚息基数部分，改判某房地产公司支付以121,166,716为基数，按日万分之二点一计收自2012年9月24日起至本判决生效之日止的罚息；撤销原审判决第7项，改判×××、×××、关联公司对某房地产公司应履行的付款义务承担连带保证责任。本案一、二审案件受理费由某房地产公司、×××、×××、关联公司共同负担。

上诉人某房地产公司、×××、×××、关联公司共同答辩称：一、本案所涉信托法律关系为资产收益财产权信托法律关系，并不存在某信托公司主张的信托贷款法律关系。双方签订的《信托贷款合同》无效，且贷款合同项下的2.15亿元某信托公司并未向某房地产公司发放。二、原审判决第1项应予撤销，但不同意某信托公司的改判内容。信托文件没有约定某房地产公司需归还信托本金，根据信托法的相关规定，某房地产公司没有偿还某信托公司信托本金和收益的义务，某信托公司已刚性兑付，某房地产公司最低现金余额补足义务已经失去基础。某信托公司主张律师费、罚息、评估费、审计费等缺乏事实和法律依据。原审认定某信托公司与某房地产公司之间的权利义务以及违约责任应以信托合同为准，上述费用在信托合同中没有约定，故某信托公司主张按照《信托贷款合同》进行抵冲不能成立。三、×××、×××、关联公司对某房地产公司应履行的付款义务承担连带保证责任缺乏事实依据。据此，上诉人某房地产公司、×××、×××、关联公司请求二审法院撤销原审判决，驳回某信托公司原审全部诉请。

上诉人某房地产公司、×××、×××、关联公司不服原审判决，向本院共同提起上诉称：一、根据信托合同约定计算的罚息应为1,192,824.73元，因某信托公司已于2012年9月24日实施刚性兑付，故自2012年9月25日开始，某信托公司无权主张某房地产公司履行最低现金余额补足义务，也不应再计算罚息。原审酌情认定某信托公司可收取罚息14,000,000元属于适用法律错误。根据信托合同约定，不存在酌情的法定事由。二、×××、×××的抵押担保与600万元的贷款有关，而某信托公司并未发放600万元贷款，故主债权未发生，抵押权也未生效。三、某房地产公司以营业信托纠纷起诉某信托公司，原审法院已受理，本案必须以另案的审理结果为依据，而另案尚未开始审理，本案理应中止审理。原审法院未予准许，程序违法。四、原审将23,351,716元款项认定为某信托公司向某房地产公司收取的财务顾问费，该项认定属于另案评判范畴，虽在本案中未作出判决，但显然能得出另案的判决结果，属于“未审先判”，应予撤销。五、原审判决某房地产公司偿还某信托公司信托优先受益权本金缺乏事实及法律依据。某信托公司早已刚性兑付，故最低现金余额补足义务已失去基础，从刚性兑付之日起，某房地产公司不存在违约行为。原审法院仅应判决以信托财产为限对外承担责任，并将处置收益余额分配给一般受益权人即某房地产公司，而不应判决某房地产公司偿还信托优先受益权本金。综上,某房地产公司、×××、×××、关联公司请求二审法院撤销原审判决第2项,改判某房地产公司支付某信托公司违约金1,192,824.73元;撤销原审判决第6项;撤销原审判决书载明的“某信托公司向某房地产公司收取财物顾问费23,351,716元亦无不当”之内容。

上诉人某信托公司答辩称:一、某房地产公司关于根据信托合同约定计算的罚息应为1,192,824.73元的主张有悖事实与法律,应予驳回。某信托公司提供的审计报告的内容和结果系根据双方订立的合同约定作出的。某房地产公司的此项上诉请求仅计算了信托专户最低现金余额要求,而未计算其应向信托专户汇入的解除抵押的还款保证金,且某房地产公司制作的计算表中的汇入金额、违约天数、计算结果都有错误。原审酌情支持的罚息不是过高而是过低。二、本案所涉《抵押协议》、《抵押合同》均系当事人的真实意思表示,且未违反法律、行政法规的强制性规定。某信托公司对某房地产公司有合法的主债权,抵押物均办理了相应的抵押登记手续。×××、×××与某信托公司签订的《抵押合同》明确约定,系为确保《信托贷款合同》项下某房地产公司义务的履行,愿意以其有权处分的房产提供抵押担保,并明确了抵押权实现方式。三、某房地产公司对原审判决第1项的本金金额不仅已向原审法院举证证明,且在原审庭审时予以承认,故其关于不应判决其偿还信托优先受益权本金的主张不能成立。据此,某信托公司请求二审法院支持其上诉请求,驳回上诉人某房地产公司、×××、×××、关联公司的上诉请求。

上诉人某房地产公司、×××、×××、关联公司为证明其上诉请求的成立，向法庭提交《先行判决及执行申请书》及邮寄凭证一份，证明为查明本案基本事实，其向原审法院申请先行判决并执行另案的部分诉请，以获取涉案信托账目、信托文件等，故本案应中止诉讼，待原审法院对另案先行判决并执行后再行审理。

对上诉人某房地产公司、×××、×××、关联公司在二审中提供的证据，上诉人某信托公司认为上述证据并非新证据，且与本案没有关联性，并不符合中止审理本案的规定。

本院对上述证据的真实性予以确认，但对该证据的证明力不予认可，该证据并不构成中止审理本案的法定事由。

本院经审理查明，原审法院查明的事实属实，本院予以确认。

本院认为，(一)针对某信托公司的上诉请求。本案信托合同经过备案登记，不违反法律禁止性规定，系某信托公司和某房地产公司的真实意思表示，应属有效。现某信托公司以各方当事人自始至终履行的是《信托贷款合同》，且募集的资金以贷款方式发放给某房地产公司为由，认为本案应为信托贷款合同纠纷。而某房地产公司对此持有异议，认为本案所涉信托法律关系为资产收益财产权信托法律关系。本院认为，双方信托合同签订在先，《信托贷款合同》订立在后，且双方均认可《信托贷款合同》所涉的贷款本金2.15亿元与信托合同所涉的优先受益权本金系同一笔资金。2009年9月25日、27日，某信托公司从信托专户账号中分别转账给某房地产公司1亿元和1.15亿元，在特种转账借方传票的摘要中分别载明支付信托优先受益权转让款、优先受益权转让款。由此可见，所谓的贷款资金其实来源于信托募集资金。且从两份合同先后订立的时间及具体的约定内容不难看出《信托贷款合同》依附于信托合同而产生。故本院认可原审法院对本案纠纷性质的认定,本案应定为营业信托纠纷。本案双方当事人针对一份款项签订两份合同,其实质是以贷款合同为形式,来保障某信托公司对信托财产的控制权,实际上某信托公司对所谓的贷款本身并不享有权利。原审法院结合房地产交易中心办理抵押登记的局限性及双方当事人通过签订《信托贷款合同》以达成办理抵押登记的合意,从而认定《信托贷款合同》仅为表面形式,其实质在于实现信托合同中所约定的抵押登记,本院予以支持。综上,某信托公司主张将本案定性为信托贷款合同纠纷,本院不予采信。本案既认定为营业信托纠纷,则某信托公司与某房地产公司之间的权利、义务及违约责任应以信托合同为准,系争的欠付本金应为信托优先受益权本金,而《信托贷款合同》仅为表面形式,故某信托公司主张应将某房地产公司支付的款项22,348,284元按《信托贷款合同》的约定,先抵冲律师费、罚息和评估费、审计费,余款再抵冲本金的主张没有事实和法律依据,本院不予支持。原审将此款在信托优先受益权本金中予以扣除并无不当,本院予以支持。某信托公司认为×××、×××、关联公司对某房地产公司应履行的各项债务清偿承担连带担保责任,而非仅对物的担保的不足清偿部分承担连带保证责任。本院认为,被担保的债权既有物的担保又有人的担保的,债务人不履行到期债务或者发生当事人约定的实现担保物权的情形,债权人应当按照约定实现债权。本案中,根据某信托公司与×××、×××订立的《抵押合同》明确的抵押权实现方式,

×××、×××应与某房地产公司承担同等顺序的抵押担保责任。故某信托公司应当先就上述三方提供物的担保实现债权。原审判令某房地产公司、×××与×××提供的抵押物不足以清偿付款义务的，×××、×××、关联公司应对某房地产公司偿付金额的剩余部分承担连带保证责任并无不当，本院予以维持。

（二）针对某房地产公司、×××、×××、关联公司的上诉请求。本院认为，某房地产公司未按约定的付款时间向信托专户足额支付最低现金余额，违反了信托合同的约定，存在违约行为，理应归还本金及承担违约责任。现其对原审酌情认定的罚息14,000,000元提出异议，并根据信托合同约定计算了罚息为1,192,824.73元。某房地产公司计算的罚息系基于某信托公司已于2012年9月24日实施刚性兑付，故自2012年9月25日开始，某信托公司无权主张某房地产公司履行最低现金余额补足义务，也不应再计算罚息。本院认为，某信托公司是否或何时对案外投资人实施刚性兑付，并不能成为某房地产公司作为其不履行最低现金余额补足义务和减免罚息的抗辩理由。某房地产公司自行计算的罚息及依据有悖本案已查明的事实，本院不予采信。某房地产公司、×××、×××、关联公司二审坚持认为×××、×××的抵押担保是与600万元的贷款有关，鉴于该笔主债权并未发生，故抵押权未生效。本院认为，×××、×××与某信托公司签订的《抵押合同》中明确约定愿意以其有权处分的房产为确保合同编号为×××的《信托贷款合同》项下某房地产公司义务的履行提供抵押担保，由此可见该部分抵押物确为《信托贷款合同》而设立，并被办理了相应的抵押登记手续。某房地产公司、×××、×××、关联公司的上述抗辩理由与事实不符，显然不能成立。原审支持某信托公司向×××、×××主张该部分抵押权并无不当，应予维持。某房地产公司以其已另案起诉某信托公司为由，认为本案应中止审理，本院认为原审法院对另案的受理、审理并不影响本案的审理，本案并不存在应中止审理的法定事由，故对某房地产公司要求本案中止审理的抗辩不予采纳。某房地产公司认为原审判决其偿还某信托公司信托优先受益权本金缺乏事实及法律依据。本院认为原审的判决基于某房地产公司违反了信托合同的约定，且某房地产公司在一审庭审中认可尚欠某信托公司信托本金106,051,716元，该表述清晰明确，无歧义。其在二审中予以否认，但其对不应偿还信托优先受益权本金的主张并未提供证据予以佐证，故本院不予采信。

某信托公司对原审认定为某房地产公司给付某信托公司用于兑付投资人信托收益的38,693,361.47元款项性质有异议，认为根据贷款合同上述款项应界定为贷款利息。而某房地产公司并不认同原审将23,351,716元款项认定为某信托公司向某房地产公司收取的财务顾问费，认为该项认定属于另案评判范畴，应予撤销。本院认为，原审虽对上述两笔款项在本案中未作处理，但根据双方当事人的诉辩、提交的证据、查明的事实对上述两笔款项性质作出的认定正确，本院不再赘述，本院对某信托公司与某房地产公司的上述抗辩不予采纳。

综上所述，本院认为，原审判决事实认定清楚，程序合法，适用法律正确，应当予以维持。上诉人某信托公司、上诉人某房地产公司、上诉人×××、上诉人×××、上诉人某房地产公司的上诉请求均不能成立,本院不予支持。据此,本院依据《中华人民共和国民事诉讼法》第170条第1款第1项、第175条之规定,判决如下:

驳回上诉,维持原判。

本案二审案件受理费人民币252,759.42元,由上诉人某信托公司负担人民币154,116.42元,由上诉人某房地产公司、上诉人×××、上诉人×××、上诉人某房地产公司共同负担人民币98,643.00元。

本判决为终审判决。

审 判 长 ×××

代理审判员 ×××

代理审判员 × ×

二〇一三年十二月六日

书 记 员 × ×

第3编

办理本案过程中的思考

The Part

Ⅲ

在本案办理的过程中，随着对本案的认识和对信托法律及信托行业了解的不断深入，为了能够使本案对行业和法律的发展有更大的推动作用，事务所的律师结合各自的研究与经验先后撰写了多篇文章，并且通过《建筑房地产法苑》及《中国房地产报》等报刊得以发表；同时，我们还向政府高层提出法律意见，以期使我国的信托法律制度日益完善。我们在本书中将本所律师的主要文章加以归纳、整理，与各位读者分享。

从一起房地产信托纠纷看信托六大乱象

周吉高　黄　斌　邓俏之

编者按：近两年，房地产信托在宏观调控中为解决房地产公司的融资困境扮演过重要角色。但在实际操作中，许多做法并未真正经受过司法的检验，随着房地产信托兑付的临近，许多被掩盖或被忽视的问题逐渐凸显，许多财经报道冠之以“危机”一词。但正所谓“破后而立”，只有将这些争议案件研究透彻、彻底解决，才有可能推动信托业立法与相关政策的进一步明确与完善，为房地产信托的繁荣发展提供更有利的环境，变危机为契机。

本文来源于事务所正在办理的一起已进入诉讼程序的信托纠纷案件（需要特别说明的是，为了避免“对号入座”等原因，本文部分内容为虚构内容），就其中存在的重大争议进行概括与分析。虽然由于代理立场所限，笔者需要尽可能从开发商的角度挖掘与阐述问题，但其中包含的法律分析对信托公司应该也有一定的参考价值。本文已发表于《中国房地产报》，并在新浪微博受到“信托圈儿”、“计兮”等专业平台的转载，引发了信托从业人员、财经记者、学者等专业人士的热议。

（一）纠纷起因：史上最严的房地产调控导致信托到期无法兑付

某房地产公司开发数十幢商业办公楼，通过银行贷款8000万元，施工已接近尾声，商业办公楼也进入预售阶段，并已有少量房屋预售。2009

年4月某日,北京一信托公司找上门来,告知房地产公司负责人其可以为该项目提供信托融资,数额可达2.5亿元。考虑到该笔信托融资一方面可以偿还先前的银行贷款,另一方面还可以增加融资数额,且信托公司主动找上门来,故房地产公司欣然同意。

随后,双方于2009年9月签署了包括:《房地产项目资产收益财产权信托合同》、《信托贷款合同》、《资金监管协议》、《抵押协议》(将基础资产国有土地使用权及在建工程抵押给信托公司)、《融资框架协议》、《补充协议》等一系列合同及文件。信托公司通过向投资人发行信托优先受益权份额,获得2.3亿元资金。9月底,信托公司宣布融资额为2.3亿元、期限为3年、从满1年起分期实现优先受益权本金及收益的资产收益财产权信托计划成立。此后,信托公司将2.3亿元优先收益权投资款项汇入房地产公司账户。房地产公司向信托公司支付融资服务费2400万元。

但是,正是该信托融资业务,使房地产公司陷入僵局。根据《资金监管协议》以及《信托贷款合同》之约定,房地产公司对可售房屋的预售款项仅能使用15%,其余85%均须及时划入监管账户,同时,在未到分期还款期限情形下,房地产公司不得提前偿还投资人本金及收益,信托成立后一年时间内销售几乎处于停滞状态。这时,恰逢史上最严的宏观调控,而且,调控打压政策密集出台,在后期即使大幅度降价销售,也无任何起色。

因房地产公司无法按时向信托专户提前划入房屋销售款,也无力补足关于信托专户最低的现金余额要求,信托公司于信托期限届满前一个月提前宣布收回贷款。随后,信托公司向公证处就《信托贷款合同》、《资金监管协议》、《抵押协议》等申请出具强制执行证书,房地产公司提出异议,异议被公证处采纳,拒绝了信托公司出具强制执行证书的请求。在信托期限届满后，信托公司使用自有资金偿付了投资人的优先受益权剩余本金及收益。

目前，信托公司以《信托贷款合同》、《资金监管协议》、《抵押协议》、《担保函》等为依据将房地产公司及股东以及另一连带责任担保公司告上法庭，要求被告房地产公司承担偿还信托贷款本金1.2亿元及利息、复利、罚息、违约金约8000余万元小计约2亿元的责任，并由其他被告承担连带责任，对抵押财产（信托基础资产）享有抵押权并优先受偿。

（二）房地产信托纠纷分析及乱象揭示

鉴于房地产信托纠纷非常少见，诉讼到法院的更是少之又少，有关信托方面的专著同样并不多见，而信托业务在国内来说是一个新领域，特别是2009年后发展迅速，部分信托专业律师办理了大量信托业务，但是，仅限于信托交易结构的设计、论证，起草相关信托文件，并未涉及纠纷的处理，特别是未涉及法院诉讼审判及判决。因此，关于信托纠纷处理可供参考的资料很少。据此，笔者为了办理好信托纠纷案件，研究了该信托纠纷，并由此得出了比较意外的结论，即房地产信托乱象丛生，亟待规范。现就乱象一一予以分析，如有不当之处，欢迎读者指正。

乱象一：法律关系混乱，导致信托公司是否享有抵押权存在巨大争议

法律关系混乱主要表现在如下方面：

1. 是信托法律关系还是信托贷款合同法律关系

委托人房地产公司与受托人信托公司之间既签订了《资产收益财产权信托合同》，又签订了《信托贷款合同》。而且，双方就《信托贷款合同》及相应的《抵押协议》（含保证条款）、《资金监管协议》办理了强制执行公证，还依据《信托贷款合同》及《抵押协议》办理了国有土地使用权及在建工程抵押登记。

在履行过程中，委托人房地产公司依据《资产收益财产权信托合同》向受托人申请回购了部分优先受益权，并于信托期限届满之日，受托人利用自己的固有财产即自有资金向优先受益权人偿付了本金及收益。同时，信托公司在信托期间，多次发函房地产公司，要求尽快将解押的房屋对应的销售款之85%或同等数额的款项支付到信托专户作为保证金，以保证能够在贷款到期后及时偿还，并在离信托期限届满前一个月宣布提前收回贷款。

因此，无论是从合同约定来看，还是从实际履行来看，无论信托法律关系还是信托贷款法律关系均十分混乱。

笔者认为，实际上双方之间的关系为信托法律关系而非信托贷款法律关系。原因有五：第一，从整个过程来看，信托合同的签订、履行、变更、终止等行为，均已发生。第二，信托贷款合同系以合法形式掩盖非法目的的合同，故为无效合同（具体参见乱象五之阐述）。第三，信托公司可以依法发放贷款有两种情形：一是利用固有财产即自有资金发放贷款；二是管理运用信托财产发放贷款。而就本纠纷涉及的贷款而言，均非这两种情形，违反了《信托公司管理规定》等法律法规。第四，信托公司并未就《信托贷款合同》发放贷款，由信托专户划入房地产公司账户的款项实际为《资产收益财产权信托合同》项下的受益人投资款项。第五，信托公司依据《信托贷款合同》所发出的函件，实际上系误导房地产公司的行为，房地产公司因为受到误导而做出的回函等行为，并未因此改变双方之间信托法律关系的性质。

2. 是资产收益财产权信托关系还是集合资金信托关系

在《信托贷款合同》"鉴于"条款中，载明：本合同项下的贷款资金来源于贷款人管理下的资产收益财产权信托项下的信托资金，仅从"信托资金”字眼来看,似乎系集合资金信托法律关系。因为集合资金信托合同的主要内容之一即为“信托资金”币种和数额。此外,从集合资金信托法律关系项下信托资金的运用角度来看,其运用方式之一即为贷款方式。

因此,很容易让人们误以为既然有信托贷款合同,就意味着该信托法律关系为集合资金信托关系。

然而,就本纠纷涉及信托而言,显然是资产收益财产权信托关系。原因有三:第一,信托合同明确载明为资产收益财产权信托合同;第二,委托人实为房地产公司而非投资人;第三,信托财产为资产收益财产权,其基础资产为国有土地使用权及在建工程,而非投资人交付的资金。

3. 抵押协议、担保函是资产收益财产权信托合同的从合同还是信托贷款合同的从合同

在《资产收益财产权信托合同》中双方约定,为保证基础资产收益款按时足额收回以及房地产公司履行资金补足义务,房地产公司以基础资产(国有土地使用权及在建工程)提供抵押担保。但是,在房地产公司作为抵押人与信托公司作为抵押权人签订的《抵押协议》中约定,房地产公司为了保证《信托贷款合同》项下义务的履行,愿意以有权处分的在建工程提供抵押担保。

房地产公司股东出具的《担保函》,载明:“现为了保证《资产收益财产权信托合同》、《资金监管协议》项下的义务能够切实履行,本人愿意就上述主合同项下的义务全部履行,向信托公司提供不可撤销的连带责任担保。”而在《信托贷款合同》中,房地产公司股东是作为保证人身份出现的。

因此,究竟以哪个合同作为主合同,约定混乱,法律关系不明。

笔者认为,认定《抵押协议》系以《资产收益财产权信托合同》作为主

合同缺乏依据，只能认定为以《信托贷款合同》作为主合同，即担保的主债权为所谓的信托贷款本金。但是，问题在于该信托贷款本金并未发放，即抵押权因主债权未发生而未发生。而保证合同既可以认定为以《资产收益财产权信托合同》作为主合同，又可以认定为以《信托贷款合同》作为主合同。但是，《资产收益财产权信托合同》到底能否作为主合同值得进一步研究，原因在于如何界定信托合同项下的主债权。

乱象二：信托公司利用受托人地位谋取不当利益高达2400万元

在签订一系列合同的同时，双方还签订了《融资框架协议》，约定：信托公司为房地产公司就该项目融资2.5亿元，期限为36个月，并在满一年半、两年、三年时分期偿还，服务内容为提供融资和财务顾问服务，年融资服务费用为实际融资额的6%，不少于3225万元，信托公司为本项目的融资成功，则其融资及顾问服务结束。在履行过程中，房地产公司陆续支付了2400余万元融资服务费。

事实上，信托公司为房地产公司就本项目仅通过信托的方式融资2.3亿元，而该方式并非贷款方式，也非其他方式，而系资产收益财产权信托方式，除此之外，信托公司对房地产公司也再未提供任何其他财务顾问服务。因此，双方约定以及房地产公司已经支付的融资服务费实际上系信托公司开展信托业务利用受托人地位谋取不当利益的行为，而该行为违反了《信托公司管理办法》第34条有关"信托公司开展信托业务，不得利用受托人地位谋取不当利益"之强制性规定。

倘若该违法行为被合法化，则意味着信托公司通过该方式获利(6%)远超银行通过存贷差获利。此外，由于信托财产具有独立性特征，信托公司理论上不需要承担任何风险，风险由投资人承担。人们不禁要问，在不承担任何风险的情况下，信托公司凭什么有如此大的获利空间？此外，任由该违法行为发生，在监管不力的情况下，本来存入银行的资金将源源不断地流入信托公司。

乱象三:信托公司可能将部分信托财产(信托收益)占为己有

《资产收益财产权信托合同》约定,信托存续期间,信托公司可将信托账户内的闲置资金应用于同业存放、货币市场基金、票据、债券等低风险、高流动性的投资工具。此外,在信托专户最低现金余额表中反映,房地产销售等款项以及补足余额款项需要划入信托专户时间,比偿付信托投资本金及收益时间,短则提前两个月,长则提前八个月。

事实上,信托终止后,信托公司既未向作为受益人的投资人,也未向作为信托财产权利归属人之一的房地产公司出具清算报告。当然,信托公司也未向房地产公司支付上述信托账户内的闲置资金的投资收益。而根据《信托法》的规定,该闲置资金账户内的投资收益理应归属信托财产或者委托人的财产。笔者认为,房地产销售所得属于信托财产,向信托专户补足的款项属于委托人房地产公司的资产。因此,实质上,信托公司不出具清算报告以及不返还信托专户内闲置资金投资收益(如有)的行为,属于信托公司将信托专户内的投资收益占为己有的行为,违反了信托财产的独立性原则。信托公司依法应当将闲置资金投资收益(如有)返还给权利人房地产公司。

乱象四:为了办理抵押登记及强制执行公证,虚构信托贷款合同关系

在实务操作中,《资产收益财产权信托合同》难以作为《抵押协议》的主合同得到房地产交易中心的认可而不能办理抵押登记。同样,《资产收益财产权信托合同》也很难得到公证处的认可,不能进行强制执行公证,因为该合同债权债务关系不明确,不符合强制执行公证的前提条件,故不得办理强制执行公证手续。

为了办理抵押登记以及强制执行公证,信托公司利用其优势地位,迫使房地产公司另外签订《信托贷款合同》,并以此合同作为担保合同的主合同进行抵押登记及强制执行公证。

乱象五:通过《信托贷款合同》掩盖计取罚息、复利、违约金4000余万元之非法目的

《信托贷款合同》中约定,房地产公司逾期支付相关款项(包括房屋销售款划入信托专户,补足信托专户的现金余额),按日万分之二点一计收罚息,逾期偿还借款按年利率10%计收复利,并以实际逾期天数每日万分之三计收违约金。

此外,在《资产收益财产权信托合同》中约定,因房地产公司违反信托文件约定而产生的违约金、损失赔偿金、罚息、复利等,作为受托人的超额信托报酬。

显然,信托公司虚构《信托贷款合同》目的还在于约定罚息、复利、违约金,而《资产收益财产权信托合同》中是无法约定这些内容的,原因在于与信托原理不符。此外,其通过在《资产收益财产权信托合同》中约定为信托公司的超额报酬,进而占为己有。该行为实际上是以合法形式掩盖非法目的。

乱象六:信息披露制度形同虚设

尽管《信托法》、《信托公司管理办法》关于信息披露均有明确的规定,此外,《资产收益财产权信托合同》、《投资说明书》等文件均有关于信息披露的约定。但是,就该信托而言,作为委托人以及一般受益人的房地产公司从未收到任何信托报告,就连信托终止时的信托清算报告也未收到。

因此,可以说,信息披露制度形同虚设,正因为形同虚设,为信托公司利用受托人地位以及信托财产谋取不当利益打开了方便之门。

(三)关于治理乱象的建议

建议一:加强信托法学的学习与研究

信托起源于英国15世纪,比契约起源还要早些,其不同于契约或合同。在欧美国家,信托相当普遍,而我国几乎没有民事信托,商事信托也系这几年发展起来的,产生了一些纠纷,但是,大量纠纷并未经过法院的审理判决,即未经过法院的检验。而就本案而言,经过初步研究,就发现了上述六大乱象。因此,无论是信托公司还是房地产公司,无论是理论界还是实务界,无论是立法界还是学术界,均需要投入大量的精力进行学习与研究,以便对信托作为一种制度、作为一种组织形式有全面深入的认识,进而为市场经济及私有财产的保护服务。

建议二:修订信托法

《信托法》施行于2001年10月1日,至今已有10多年的历史,但是,施行之初,基本上处于休眠状态。此外,关于信托的定义、信托的登记、信托的特征、信托的分类,均与英美法系或者大陆法系国家规定有很大的不同,存在诸多问题。因此,建议国家立法机关就《信托法》尽快予以修订,以满足当今商业信托高速发展的需求并启动发展民事信托。

建议三:加强监管

上述六大乱象的存在,特别是利用受托人地位收取融资服务费,并将部分信托财产(信托收益)占为己有,以合法形式掩盖非法获得罚息、复利、违约金等目的,以及信息披露形同虚设等乱象,均与信托监管不到位有关。而经了解,信托公司除了获得信托文件约定的合理报酬外,通过收取融资服务费获得非法利益竟然成为信托行业的一种惯例。因此,必须加强监管,纠正违法行为,同时根据《信托公司管理办法》第59条之规定,予以行政处罚。

关于财产权信托的五个法律问题辨析

——兼评《从一起房地产信托纠纷看信托六大乱象》之评论

周吉高　黄斌　邓佾之　贾敏　张晖　萧亮　王凌俊

编者按：自《从一起房地产信托纠纷看信托六大乱象》一文发表于《中国房地产报》并在新浪微博引发热议后，我们收到了来自信托公司高管、信托经理、信托风控人员、财经专栏作家以及从事过信托非诉讼服务的律师的意见，其中有赞同的，也有反对的，还有许多要求我们披露更多交易细节以便分析和学习的。我们收集了正反两方面的意见，在本文中就这些意见中较激烈的争论进行了更深入的研究，此外还披露了交易结构图，以方便大家继续进行讨论。

首先，笔者非常感谢各位博友的关注、转发、评论；其次，需要特别说明的是，《从一起房地产信托纠纷看信托六大乱象》一文只是从一个律师的角度根据信托法律原理及规定发表的意见，由于笔者代理的当事人为房地产公司，故可能在观点上有些偏颇，请各位博友见谅，但本文力求做到客观、依法、理性。最后，期待通过讨论、交流，促进信托财产登记制度的建立，以促进信托业健康稳定规范发展。

（一）资产收益财产权信托交易结构图

考虑到信托界博友的特点，将《从一起房地产信托纠纷看信托六大乱象》一文中对信托类型的文字描述（适合于司法程序）改为博友们普遍熟悉的交易结构图方式。

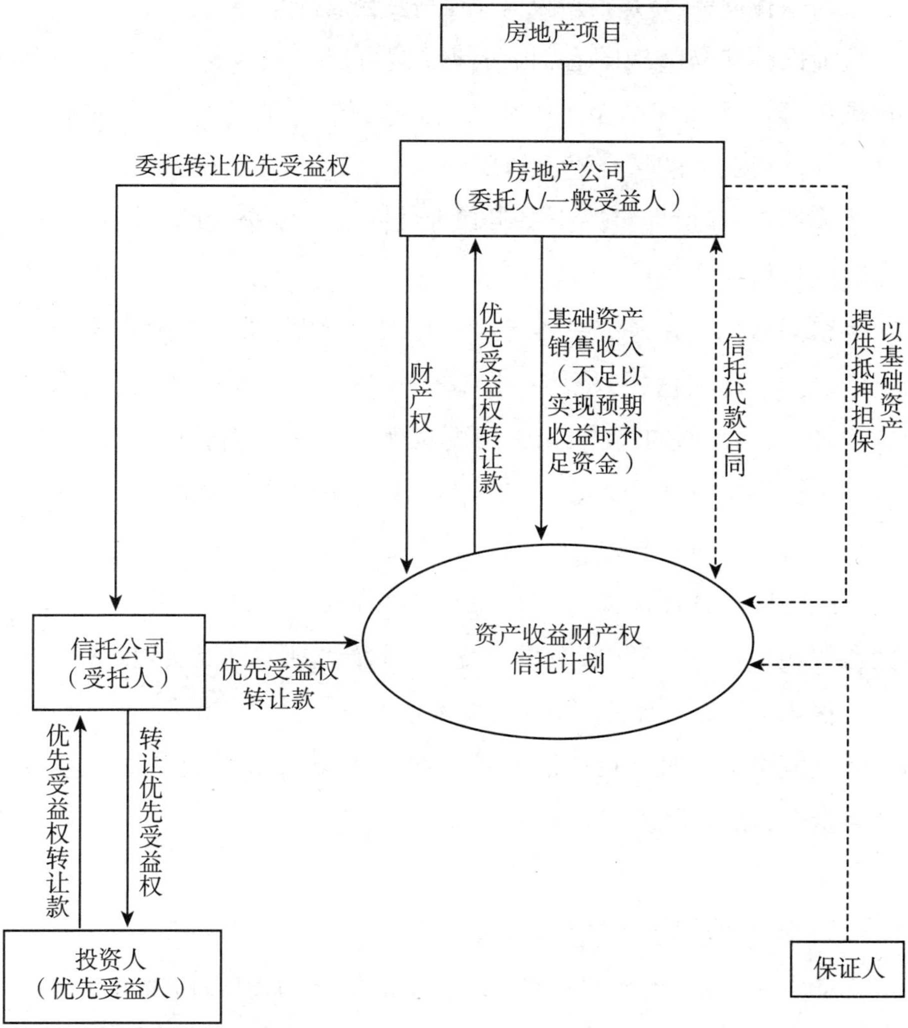

其中，有两点需要特别说明：

1. 房地产公司为委托人及一般受益人，而投资人不是委托人，仅是优先受益人；

2. 信托合同由房地产公司与信托公司签订，而非投资人与信托公司签订。

(二)法律问题一:是财产权信托还是资金信托?

从前面的交易结构图看,相信博友们可以一目了然,这就是一个财产权信托,财产权信托是由《信托法》规定的信托种类之一,并非通常意义上的或者说典型的集合资金信托。

下列博友,通过发表评论表明基本认同或者完全认同该信托法律关系为财产权信托法律关系:

@李翔信托　在评论中表述:房地产公司用基础资产财产权作为信托财产设立财产权信托,将信托收益权分为优先级和劣后级,优先级向投资者转让,劣后级自持,相当于用更大规模的资产保障优先级的利益。

@全先银　在评论中表述:就财产权信托法律关系而言,房地产商是委托人,信托公司为受托人,投资者为受益人。

@吴刚梁　在评论中表述:“资产收益财产权信托”,委托人把自己的受益权转让给投资者(或者将受益权转让给受托人)以实现融资。

@星火K　在评论中表示:应该是个倒着做的财产信托。

@树洞啊树洞哎　在评论中表示:原文中说了是将优先级受益权转让获得资金,根本不是资金方一开始就加入信托。

(三)法律问题二:何为初始信托财产?

正如上文所述,既然是财产权信托,那么,本案中的初始信托财产为资产收益财产权,其基础资产为国有土地使用权及在建工程,而非投资人支付的优先受益权转让款,该转让款依据信托文件的规定交付给房地产公司,用于房地产项目后续开发建设。

该信托计划项下的初始信托财产是否可能是资金与财产权的混合呢?显然,不存在混合,初始信托财产就是财产权。投资人交付的优先受益权转让款不是信托财产。

此外,需要特别说明的是,从司法实践来看,法院以事实为依据之事实为"法律事实",即证据证明的事实,该信托计划委托人仅有房地产公司,故不存在双信托法律关系。

(四)法律问题三:信托贷款合同是否具有合法性基础?

信托贷款合同常见于资金信托法律关系项下,系资金信托之信托资金的管理运用方式之一,但是,文中提及的信托并非资金信托,初始信托财产也不是资金,故不会因为系资金信托而存在信托贷款合同。

对投资人的优先受益权转让款,信托公司是基于什么原理交付给房地产公司呢?

资产收益财产权信托,委托人房地产公司委托信托公司将信托优先受益权向投资者予以转让,投资者向受托人交付转让款。基于房地产公司与信托公司之间的委托关系,该转让款理应由受托人信托公司交付给委托人房地产公司。因此,房地产公司基于与信托公司之委托关系而进行转让款的交付。

综上,房地产公司与信托公司之间根本无须签订信托贷款合同,即信托贷款合同根本不具有存在的合法性基础。签订信托贷款合同实质上系混淆了财产权信托与资金信托的类型,错误地将优先受益权转让款当作信托财产,错误地将优先受益权转让款的交付当作资金信托下对信托资金的投资行为。

此外,正如《从一起房地产信托纠纷看信托六大乱象》一文中所述,信托贷款合同是为了办理基础资产的抵押登记及强制执行公证而虚构的。持有同样或者类似观点的有如下博友:

@李翔信托　在评论中认为:由于财产权信托合同无法办理抵押登

记,故另签贷款合同。

@西湖边的民工 在评论中认为:有些地方政府主管部门不认可信托受益权作为抵押债权,为了业务信托公司只好与企业另签订信托贷款合同去办理抵押登记。

@全先银 在评论中认为:签订贷款合同,以能够办理抵押登记,达到控制风险的目的。

@周耀1901 在评论中认为:如果是财产权信托,信托贷款合同就属无效。

(五)法律问题四:为何采用财产权信托融资而不采用集合资金信托并发放贷款方式融资?

对于该问题,实际上与项目是否具备贷款条件有关,根据规定,房地产信托贷款一般需要具备如下条件:“四证”齐全,自有资金达到30%以上,二级以上开发资质,项目自盈能力强。而不具备这些条件的房地产公司又需要融资怎么办呢?通过资产收益财产权信托进行融资系方法之一。

@吴刚梁 博友 在回复@基金庄正时 认为:房地产项目贷款有“四证”齐全等要求。

(六)法律问题五:如何解决登记问题?

笔者认为,虽然上海浦东设有上海信托登记中心,但是,其登记行为到底起到何种作用,并没有法律规定予以界定。

针对信托登记,博友发表的评论有:

@悟者无痕 认为,中国式的信托停留在协议层面,没有配套的登记制度。

@全先银　认为，信托受益权非债权，当然不存在担保问题，同时在大陆法系国家物权法定原则下，也难以被认定为物权，在中国目前的物权登记制度下，财产受益权是无法进行登记的。

因此，要解决信托财产信托登记问题，需要通过信托登记制度，即通过立法途径予以解决。登记制度需要包括登记目的、登记效力、登记内容、登记范围、登记机关等内容。

关于财产权营业信托纠纷第一案法院的判决与思考

——国内首例房地产财产权营业信托纠纷案件

周吉高

要点提示：某信托公司与某房地产公司营业信托纠纷一案，为国内特定资产收益财产权信托纠纷第一案，日前二审法院已经作出维持原判的判决。法院认定本案纠纷为营业信托纠纷而非金融借款合同纠纷；并认定某信托公司利用投资人资金放贷为自己谋取利差、约定高额违约责任为自己谋利，进而判决不予支持利差与高额违约责任。这对今后类似案件的审理具有很好的借鉴意义。但是，笔者认为，无论是判决偿还信托本金，还是判决享有抵押权，均违背了信托基本原理及《信托法》规定，探究其原因有二：一是法院未将《信托法》作为审理本案的主要法律依据；二是《信托法》立法滞后。最后，笔者提出了理想的处理方案和尽快制定《信托登记管理条例》的建议。

【基本案情】

2009 年 9 月 11 日，作为委托人的某房地产公司和作为受托人的某信托公司签订信托合同。约定：本信托系指根据本合同设立的信托，系受托人基于委托人交付的信托财产向投资人发行信托受益权份额62,700份而设立的一项信托。信托受益权分为优先受益权和一般受益权，其中,信托优先受益权规模为不超过人民币2.3亿元,但不低于2.15亿元,其余为信托一般受益权。基础资产系指委托人持有的“×××”项目土地的国有土地使用权和在建工程。信托财产系指委托人对基础财产依法享有取得收益的权利及因对其管理、运用、处分或者其他情形而取得的财产。信托目的是委托人为实现基础资产财产价值的流动化,以其合法享有的取得基础资产收益的权利设定的同时向投资者发行信托受益权份额的财产权信托,受托人按信托文件约定为受益人的利益管理、运用、处分信托财产、向受益人分配信托利益。本信托存续期间,信托财产所涉及的基础资产继续按原有方式保管,委托人承诺妥善保管基础资产,并负责管理、经营和销售该基础资产。为保证基础资产收益款的按时足额收回以及保证委托人履行资金补足义务,委托人自愿以受托人为抵押权人将基础资产抵押给本信托,以保证受托人在管理信托财产时顺利行使各项权利,包括但不限于对该基础财产的受益权和处分权。本信托应在保管银行开立信托专户,信托专户的开设和管理由受托人负责,受托人承诺开设独立的信托专户对所募集的资金及信托财产进行管理,本信托的一切资金往来均需通过该账户进行。受托人不得假借本信托的名义开立任何其他账户,亦不得适用本信托专户进行本信托业务以外的活动。如一般受益人未按本合同约定向信托专户内汇集基础资产收益款或未履行资金补足义务的,逾期期间应计收罚息,罚息按应付未付价款的日万分之二点一计收。若委托人、受托人和受益人未履行其在本合同项下的义务,或一方在本合同项下的声明、保证严重失实或不准确,视为该方违约。本合同的违约方应赔偿因其违约而给守约方或其他相关方造成的全部损失。

同日,作为贷款人的某信托公司与作为借款人的某房地产公司、作为保证人的×××、×××签订了《信托贷款合同》。约定:贷款期限为三年,起止日期为2009年9月18日至2012年9月18日(以借据为准)。借款人以"×××"项目土地的国有土地使用权和在建工程抵押给贷款人。当借款人向信托专户或贷款人指定账户划转的资金不能达到最低现金余额要求时,如借款人未按本条约定补足资金,逾期期间应计收罚息,罚息按照日万分之二点一执行。借款人逾期支付本合同和《资金监管协议》的相关款项,从逾期之日起按每日万分之二点一向借款人计收罚息;同时,贷款人有权自逾期之日起向借款人按年利率10%计收复利,并以实际逾期天数每日万分之三计收违约金。《资金监管协议》及补充协议均是本合同的组成部分,与本合同具有同等效力。

同日,某信托公司与某房地产公司还签订了《资金监管协议》。约定:在本协议有效期内,为保证"×××"资产收益财产权信托项下全部优先受益权按时、足额分配,某房地产公司保证并承诺信托专户及某信托公司指定的账户内最低现金余额要达到表格(该表与《信托贷款合同》某信托公司指定专户最低现金余额表一致)要求。《抵押协议》、《担保函》是本协议的从属部分,与本协议具有同等法律效力。

经对比,《信托贷款合同》、《资金监管协议》中的某信托公司指定专户最低现金余额表比信托合同中的信托专户最低现金余额表,多列2009年底以前最低现金余额2070万元、信托成立后第575天最低现金余额A×11.4%-2070(万元)以及信托成立后第755天最低现金余额A×60%×6%(万元),此三笔最低现金余额在协议中约定是指某信托公司向某房地产公司收取的财务顾问费。三表中A虽然分别指全部贷款初始本金、融资资金本金、全部信托优先受益权初始本金,但都指向同一笔资金即2.15亿元。此外,三表的其余所列内容一致。

2009年9月11日,某房地产公司和某信托公司还签订了两份《抵押协议》,均约定:为确保《信托贷款合同》项下某房地产公司义务的履行,该公司愿意以其有权处分的在建工程提供抵押担保。

同日，×××、×××分别向某信托公司出具了《担保函》，主要内容均为确保作为主合同即信托合同和《资金监管协议》项下某房地产公司的义务能切实履行，自愿就某房地产公司在主合同项下全部义务的履行向某信托公司提供不可撤销的连带责任保证担保。

2009年9月24日，某信托公司“×××”资产收益财产权信托成立并发布公告。该公告中明确，信托优先受益权实际募集资金2.15亿元，其余为信托一般受益权，由某房地产公司持有。

2009年9月25日、27日，某信托公司从信托专户账号中分别转账给某房地产公司1亿元、1.15亿元，共计2.15亿元，在特种转账借方传票的摘要中均载明支付信托优先受益权转让款。

2010年12月，某信托公司与某房地产公司签订了《“×××”资产收益财产权信托补充协议》。该协议约定：某房地产公司申请提前回购本信托项下期限为18个月和24个月部分的信托优先受益权，回购本金金额为8600万元。

2012年，作为债权人的某信托公司与作为债务人的某房地产公司签订了《〈信托贷款合同〉之补充协议》。某房地产公司分别于2012年6月11日、7月2日，向某信托公司付款3,100,000元、19,248,284元，合计22,348,284元。

2012年9月18日，某信托公司以某房地产公司违反《信托贷款合同》约定为由，宣布信托贷款提前到期，并据此提出如下诉讼请求（注：摘录主要诉讼请求）：（1）某房地产公司归还某信托公司贷款本金128,400,000元；（2）某房地产公司偿付某信托公司贷款利息12,840,000元以及自2012年9月24日起算按年利率12%计算至偿还本金之日的利息；（3）某房地产公司支付某信托公司违约金23,948,727元以及自2012年9月25

日起算按每日万分之三计算至偿还本息之日的违约金;(4)某房地产公司支付某信托公司罚息16,764,109元以及自2012年9月24日起算每日万分之二点一计算至实际偿还本息之日罚息;(5)某房地产公司支付某信托公司复利303,882元以及自2012年9月25日起算按年利率10%计收复利至实际清偿本息之日;(6)某房地产公司偿付某信托公司实现债权费用111.5万元;(7)某信托公司在上述金额内就“×××”房屋享有抵押权;(8)×××、×××对上述某房地产公司债务清偿承担连带担保责任。

【一审法院认为及判决】

一审法院经审理认为:

本案的主要争议焦点是:(1)本案是金融借款合同纠纷还是营业信托纠纷问题;(2)关于某房地产公司是否违约以及违约责任认定的问题;(3)某信托公司可否实现抵押权以及×××、×××是否应承担担保责任。

(一)关于本案纠纷的性质问题

第一,虽然某信托公司以其与某房地产公司存在信托贷款合同纠纷为起诉事由,但某房地产公司、×××、×××以本案系信托纠纷提出抗辩,某信托公司对信托成立及与某房地产公司签订信托合同的事实亦不予否认,又鉴于信托合同系双方当事人的真实意思表示,且未违反法律、法规的强制性规定,该合同合法有效。故某信托公司与某房地产公司之间存在信托法律关系。

第二,某信托公司与某房地产公司之间的信托法律关系存在在先,系不争的事实。

第三,信托合同中所涉的优先受益权本金与《信托贷款合同》中所涉的贷款本金系同一笔资金即2.15亿元。

第四，从《信托贷款合同》与信托合同约定的内容来看，除上述两份合同约定的本金系同一笔资金之外，约定的还款方式也大致相同。故该《信托贷款合同》虽系一份独立的主合同，但其还款结构与通常意义的贷款有所不同，应视为依附于信托合同而产生。

第五，根据信托合同中关于信托财产的管理与运用方式的约定，信托优先受益人投资于信托优先受益权的资金应由受托人（某信托公司）交付给委托人（某房地产公司）。该投资资金应视为案外投资人购买受益权份额的资金，不应视为某信托公司的自有资金。而某信托公司将该笔本应根据信托合同交付某房地产公司的信托资金，却与某房地产公司另行签订《信托贷款合同》以贷款的方式发放给某房地产公司，显然与信托合同的上述约定以及不得使用信托专户进行本信托业务以外活动的约定有悖。除此之外，从相关的信托宣传资料来看，某信托公司亦未将该信托贷款事宜向案外投资人披露，故对案外投资人而言，其所能知晓的法律关系仅仅是信托合同而非《信托贷款合同》。某信托公司在《信托贷款合同》里另行约定了贷款利率，该利率高于某信托公司向案外投资人兑付的收益率，相当于某信托公司利用案外投资人的资金放贷为自己谋取利差，这种行为与我国信托法有关受托人除依照本法规定取得报酬外，不得利用信托财产为自己谋取利益的规定相悖。

综上，一方面，信托合同成立在先，本案信托的设立、投资人资金的募集，都具有公示效力，且已履行完毕；另一方面，贷款资金来源于信托募集资金；《信托贷款合同》的还款方式采用信托合同中对信托专户最低现金余额的约定方式，该合同依附于信托合同而产生，某信托公司发放贷款又有违信托合同的约定。故某信托公司将2.15亿元以贷款方式发放给某房地产公司，现以某房地产公司未偿还贷款为诉由，显属不当。法院认为，本案纠纷的性质应为营业信托纠纷。某信托公司与某房地产公司签订的《信托贷款合同》，与信托合同存在冲突，因为案外投资人的一笔款项，不能既作为案外投资人购买受益权份额的款项，又作为某信托公司发放贷款的款项。之所以针对一份款项签订两个合同，法院采信某房地产公司的陈述，即房地产交易中心不接受信托合同作为主合同办理抵押登记手续，故将贷款合同作为主合同并签署《抵押协议》而办理抵押登记。某信托公司对此亦未否认。法院认为，由于本案信托财产仅仅是受益权，而基础财产的抵押是保障案外投资人获得受益权的重要手段，如果缺乏这种抵押，某信托公司也无法为某房地产公司招徕足够多的案外投资人。因此，抵押的办理对某信托公司、某房地产公司和案外投资人均具有重要意义。由于信托合同结构复杂、权利义务不清晰，难以用于办理抵押登记，为此，某信托公司与某房地产公司通过签订《信托贷款合同》以达成办理抵押登记手续的目的，情有可原。对此，双方均有预期且达成了合意。某房地产公司现要求法院完全否认《信托贷款合同》并进而否定抵押权的存在，与双方当时的合意不符，不予采信。因此，应认定《信托贷款合同》仅作为表面形式，其实质在于实现信托合同中所约定的抵押权登记。至于某信托公司借机在《信托贷款合同》约定某房地产公司承担罚息、复利、违约金等责任，借某房地产公司违约之机，主张高额的违约责任归其所有而不是归于案外投资人所有，这种未经案外投资人同意，借助案外投资人财产为自己私自谋利的行为违反了诚实信用原则，不应予以支持。某信托公司和某房地产公司之间的权利义务以及违约责任，应以信托合同为准。

（二）关于某房地产公司是否违约以及违约责任认定的问题

经法院核对，可以认定某房地产公司违反了信托合同的约定，未按约定的付款时间向信托专户足额支付最低现金余额，存在违约行为，因此必须承担相应的违约责任，包括归还本金及其他违约责任。

法院认为，根据前述已经查明的事实以及本案系营业信托纠纷性质的认定，故某房地产公司欠付的本金系基于信托合同而产生的信托优先受益权本金。鉴于前文所述，《信托贷款合同》仅为表面形式，某信托公司根据该协议的约定直接扣收某房地产公司向信托专户支付的款项22,348,284元，显属不当。

关于某信托公司诉请的利息、罚息、违约金、复利可否支持的问题。法院认为：其一，本案系营业信托纠纷，理应根据信托合同的约定要求某房地产公司承担相应的付款及违约责任。其二，某信托公司根据《信托贷款合同》诉请的利息、罚息、违约金、复利累加高达年利率40%左右，显然过高。其三，法院认为本案中《资金监管协议》又约定为《信托贷款合同》的组成部分，故同理不宜支持上述高额违约责任，也不能通过约定高额违约责任为自己谋利。

（三）关于某信托公司可否实现抵押权以及×××、×××是否应承担担保责任

关于某信托公司可否实现抵押权的问题。法院认为，首先，本案所涉的两份《抵押协议》均合法有效。其次，虽然《抵押协议》中约定是为确保《信托贷款合同》项下某房地产公司义务的履行，但某房地产公司与某信托公司在信托合同中亦约定将基础资产抵押给本信托并约定另行签订抵押协议。基于前文所述，《信托贷款合同》仅是某信托公司与某房地产公司实现抵押权登记的形式，双方对此达成了合意，抵押物已经办理了相应的抵押登记手续，故法院认为，某信托公司向某房地产公司主张其抵押权的实现，并无不当，应予支持。某房地产公司有关抵押无效的辩称意见，缺乏法律依据，不予支持。

关于×××、×××的保证责任问题。法院认为，×××、×××出具的《担保函》，系其真实意思表示，且该《担保函》中并非仅为《信托贷款

Part Ⅲ

合同》项下义务的履行承担保证责任，亦明确为《资金监管协议》、信托合同项下的全部义务的履行承担连带责任保证担保，故对某信托公司要求×××、×××承担保证责任的诉请，予以支持。

综上，一审法院依照《合同法》第5条、第8条、第60条第1款，《物权法》第176条、第194条、第195条、第198条，《担保法》第18条、第26条、第31条，《信托法》第26条、第35条，以及《担保法司法解释》第19条、第20条规定，判决如下（注：摘录主要判决）：

（1）某房地产公司偿还某信托公司信托优先受益权本金106,051,716元。（2）某房地产公司支付某信托公司罚息14,000,000元，并支付以106,051,716元为基数，按日万分之二点一计收自2012年9月25日起至判决生效之日止的罚息。（3）某房地产公司不履行上述判决付款义务的，某信托公司可以与某房地产公司协议，以坐落于某地的房屋折价，或者以拍卖、变卖该抵押财产所得价款优先受偿。抵押财产折价或者拍卖、变卖后，其价款超过债权数额的部分归某房地产公司所有，不足部分由某房地产公司清偿。（4）如上述抵押物不足以清偿上述付款义务的，×××、×××应对某房地产公司上述偿付金额的剩余部分承担连带保证责任；×××、×××履行保证责任后，有权向某房地产公司追偿。（5）对某信托公司其余的诉讼请求不予支持。

【案件思考】

（一）法院判决思路充满了智慧

1. 法院判决思路

法院的判决思路，体现在关于本案纠纷性质问题、关于某房地产公司是否违约及违约责任认定问题、关于某信托公司可否实现抵押权问题、关于保证责任问题的认定中。具体分述如下：

关于本案纠纷性质问题，法院认为：一方面，信托合同成立在先，信托的设立、投资人资金的募集，都具有公示效力，且已履行完毕；另一方面，贷款资金来源于信托募集资金，贷款合同依附于信托合同而产生。因此，本案纠纷的性质为营业信托纠纷。

关于某房地产公司是否违约及违约责任认定问题，法院认为，某房地产公司违反了信托合同的约定，没有按约定的付款时间向信托专户足额支付最低现金，存在违约行为，因此必须承担相应的违约责任，包括归还本金及其他违约责任。某信托公司根据信托贷款合同诉请的利息、罚息、违约金、复利累计高达年利率40%，显然过高，对整个信托市场将产生不利影响；且某信托公司借某房地产公司违约之机，主张高额的违约责任归其所有而不是归于案外投资人所有，未经案外投资人同意，借助案外投资人的财产为自己私自谋利行为违反了诚实信用原则，不予以支持。

关于某信托公司可否实现抵押权问题。法院认为，抵押协议合法有效，虽然约定抵押协议是为确保信托贷款合同的履行，但在信托合同中约定将基础资产抵押给信托并约定另行签订抵押协议，而信托贷款合同仅是实现抵押权登记的形式，且双方达成了合意，办理了登记，故予以支持抵押权。

关于保证责任问题，法院认为，担保函真实有效，且担保函并非仅为信托贷款合同履行承担保证责任，亦为资金监管协议、信托合同项下义务履行承担连带责任保证担保，故对要求承担保证责任予以支持。

根据上述分述思路，可以将法院判决思路总体归纳为：从信托公示性及履行完毕角度以及认定信托贷款合同依附于信托合同而产生角度，认定本案纠纷性质为营业信托纠纷；根据信托合同约定，认定某房地产公司构成违约，承担违约责任，包括归还本金及其他违约责任；此外，认定信托贷款合同为形式上的合同，进而认定抵押协议实质上为了担保信托合同中某房地产公司义务的履行，进而支持某信托公司主张的抵押权。

2. 法院判决思路体现的智慧

(1)法院认定信托贷款合同依附于信托合同而产生，进而认定本案纠纷性质为营业信托纠纷，体现了法院智慧

某信托公司以某房地产公司与其存在信托贷款合同纠纷作为起诉事由，并主张信托贷款合同为独立的合同；而某房地产公司以本案系营业信托纠纷提出抗辩，并提出信托合同项下不应存在信托贷款合同，且信托贷款合同因违反金融机构实行特许经营规定而无效。法院在分析信托合同成立在先后，比较了信托合同与信托贷款合同之内容，特别是还款结构，两者除了财务顾问费约定外，几乎相同，并进而认定信托贷款合同依附于信托合同而产生。进而认定，本案纠纷性质为营业信托纠纷而非信托贷款合同纠纷(金融借款合同纠纷)。

上述认定，一方面，从某信托公司与某房地产公司整个法律关系的角度进行了评判，体现了双方关系的整体性；另一方面，又从合同的内在关系即本质角度进行了评判，即实质上，信托贷款合同依附于信托合同而产生。虽然，法院未否定信托贷款合同的效力，但是，实质上认定双方的法律关系及权利义务以信托合同为准。因此，法院关于纠纷性质的认定，体现了法院的智慧。

(2)法院认定信托贷款合同仅为表面形式，实质上在于实现信托合同中约定的抵押权登记，体现了法院的智慧

法院首先从案外投资人支付的款项只有一笔的角度认定信托合同与信托贷款合同存在冲突；其次，认定抵押的办理对双方以及案外投资人均有重要意义；再次，认定因信托合同结构复杂、权利义务不清晰，难以办理抵押登记，进而认定签订信托贷款合同以达成办理抵押登记的目

的，情有可原；最后，认定信托贷款合同仅为表面形式，实质上在于实现信托合同中所约定的抵押权登记。

上述认定，妥善地解决了抵押权生效问题，体现了法院的智慧。倘若信托贷款合同不被认定为形式上的合同，则会因信托贷款并未发放，即信托贷款合同作为抵押协议的主合同实际上并未履行，主债权不成立，进而导致抵押权不生效的法律后果。

（二）从信托基本特征角度对法院判决的思考——法院判决与信托基本特征相悖

1. 信托基本特征

学术界的通说认为信托有 4 个基本特征[①]。

基本特征之一：委托人财产所有权的移转与信托财产所有权的分离。其中，信托财产所有权的分离是指将信托财产所有权中处分权和经营管理权配置给受托人，使受托人取得对信托财产的经营管理权和处分权；将信托财产所有权中的收益权配置给受益人，使受益人享有信托财产收益权。

基本特征之二：信托财产的独立性。信托财产不但与委托人的财产相独立，而且也与受托人和受益人的自有财产相独立。

基本特征之三：信托民事责任的独立性和有限性。一方面，受托人不承担信托财产损失风险责任；另一方面，不要求委托人和受益人以自己的财产承担责任，而只需以信托财产为限独立承担民事责任。

基本特征之四：信托目的制约或决定信托财产管理。信托受信托目的的制约，且直接决定了信托财产的管理。

① 徐孟洲主编：《信托法学》，中国金融出版社 2004 年版，第 6 ~ 8 页。

2. 本案所涉信托总体上体现了信托基本特征，但委托人资金补足义务以及抵押、保证担保约定有违信托基本特征

本纠纷所涉信托为资产收益财产权信托。信托合同约定，信托财产的交付以基础资产的相关权利证明文件交付为标志，权利证明文件包括但不限于基础资产的产权证明、财产保险证明等，受托人某信托公司将基础资产优先受益权对案外投资人进行按份转让，受托人将案外投资人支付的优先受益权转让款2.15亿元交付给委托人某房地产公司。上述约定，体现了信托基本特征之一：财产所有权的移转，即产权证明等权利证明文件由委托人某房地产公司交付给受托人某信托公司，受托人某信托公司将转让款交付给委托人某房地产公司的行为，实为因基础资产收益财产权利的移转而支付对价的行为[①]。同时，也体现了信托财产所有权权能的分离，即收益权从所有权中分离出来。

基础资产由某房地产公司保管并负责管理、经营和销售。本信托开立信托专户，对募集的资金及信托财产进行管理，并特别约定委托人应按约定向信托专户汇集基础资产收益款。因此，信托财产即基础资产财产权利（收益款），既独立于委托人某房地产公司，也独立于受托人某信托公司。该信托体现了信托基本特征之二，信托财产的独立性。

此外，信托合同约定，受托人可以依据合同约定的方式管理、运用、处分信托财产；如委托人未按约定将基础资产收益款按时、足额向信托专户汇集或者委托人未履行资金补足义务的，受托人有权立即通过处置抵押物收回信托优先受益权本金及预期收益；依据法律规定及合同约定应由信托财产承担而由受托人以其固有财产先行垫付的费用，受托人对信托财产享有优先受偿权。上述约定，体现了信托的基本特征之三，信

① 高凌云著：《被误读的信托——信托法原论》，复旦大学出版社2010年版，第45页。

托民事责任的独立性和有限性。

因此,客观地说,该信托基本上体现了信托的4个基本特征。只是在基础资产收益款数额(即销售款数额)不满足信托专户现金余额表约定数额时,委托人某房地产公司需要履行资金补足义务,而该义务有违"信托民事责任的独立性和有限性"之信托基本特征,即不应约定委托人履行资金补足义务。

此外,有关基础资产抵押约定、有关连带责任保证约定,也不符合"信托民事责任的独立性和有限性"之信托基本特征。因为倘若以信托财产为限独立地对外承担责任,则设定抵押与保证担保根本没有存在的必要。此外,既然信托财产具有独立性特征,作为信托财产收益财产权利的基础财产也应具有独立性,即不应再作为抵押物出现,故作为抵押物有违"信托财产独立性"之特征。

3. 法院判决与信托基本特征相悖

本案所涉信托财产实际上就是基础资产的财产权利,应以基础资产的收益作为支付信托本金和收益的来源,且也只能以基础资产的收益为限。但是,法院却判决委托人某房地产公司承担偿还信托本金的责任。该判决显然与"信托民事责任的独立性和有限性"之基本特征相悖。

此外,正如上文分析,有关抵押、担保之约定,既违背了"信托民事责任的独立性和有限性"之信托基本特征,有关抵押约定还违背了"信托财产独立性"之特征。

与信托合同相比,法院判决使该信托更是远离了信托的本来面貌。法院不但未能纠正信托合同中有违信托基本特征的约定,而且有关委托人某房地产公司偿还某信托公司信托本金之判决,进一步违背了"信托民事责任的独立性和有限性"之信托基本特征。

（三）从信托的基本特征与《信托法》的规定来考量法院判决

1. 法院判决某房地产公司偿还信托本金，是否完全符合《信托法》第34条规定的原意以及信托民事责任的独立性和有限性的基本特征，有待商榷。

信托的基本特征之一是信托民事责任的独立性和有限性。本案所涉信托财产实际上就是基础资产的财产权利，理应以基础资产的收益作为支付投资者投资资金和收益的来源，且也只能以基础资产的收益为限。并且《信托法》第34条规定：受托人以信托财产为限向受益人承担支付信托利益的义务。虽然该条规定的义务主体为受托人，但是该规定更多的是强调信托关系下责任的上限是以信托财产为限。结合信托基本特征之一"民事信托责任的独立性和有限性"，不难得出结论，对委托人而言，也应当以信托财产为限承担责任。对上述情形虽然没有明确的法律规定，但是判决某房地产公司偿还信托本金的做法值得商榷。

2. 法院判决某信托公司就基础资产享有抵押权是否完全符合《信托法》第34条、第37条的真实意思，有待探讨。

《信托法》第37条规定：受托人因处理信托事务所支出的费用、对第三人所负债务，以信托财产承担。受托人以其固有财产先行支付的，对信托财产享有优先受偿的权利。该条规定表明，受托人为处理信托事务而支出的费用、对第三人所负债务，以固有财产垫付的，对信托财产享有优先受偿权。此外，《信托法》第34条规定了受托人以信托财产为限向受益人承担支付信托利益的义务，故法院判决某信托公司就基础资产享有抵押权，也违反了该条规定，因为既然以信托财产为限承担信托利益的义务，就不应再存在任何抵押权。

法院判决某信托公司就基础资产享有抵押权，实际上赋予了受托人超越优先受偿权的权利。笔者认为，参照《信托法》第10条、第37条规定，判决某信托公司就基础资产享有优先受偿权是一种更好的还原信托的本来面目的做法。

3. 法院判决不予支持信托贷款合同中约定的利息、罚息、违约金、复利等高额违约责任符合信托的基本特征，也符合《信托法》的规定。

《信托法》第 26 条规定：受托人除依照本法规定取得报酬外，不得利用信托财产为自己谋取利益。该规定表明，受托人不得利用信托财产为自己谋取利益。

有关某信托公司根据信托贷款合同诉请的利息、罚息、违约金、复利，法院一方面认为，违约责任累计高达年利率 40%，显然过高；另一方面认为，某信托公司主张高额的违约责任属于借助案外投资人的财产为自己私自谋利行为，进而以违背了诚实信用原则为由，判决不予承担高额违约责任。显然，法院关于高额违约责任的认定及判决，与《信托法》第 26 条有关不得利用信托财产为自己谋取利益之规定相一致，即符合《信托法》的规定。

（四）对法院判决及判决思路的再认识

根据以上分析，不难看出，法院之所以判决委托人某房地产公司偿还信托优先受益权本金、某信托公司对基础资产享有抵押权、保证人需要承担连带责任，就在于法院对法律的适用思路，实际上停留在对一般的《合同法》、《担保法》、《物权法》的认识上，并没有将《信托法》规定作为处理本案的主要法律，这从判决主文引用的法条就能看出，其大量引用了《合同法》、《物权法》、《担保法》等法律规定，在引用《信托法》时仅引用了第 26 条、第 35 条有关信托报酬和不得利用信托财产为自己谋利的规定，并没有实质上引用《信托法》第 34 条、第 37 条有关受托人以信托财产为限向受益人支付信托利益以及受托人以固有资产垫付的对信托财产享有优先受偿权的规定。

复旦大学高凌云教授认为，信托不受《合同法》约束，因为信托的产生早于契约，当然，这是指英美的情况，在我国由于《合同法》早于信托法，故我国对信托的理解有很深的合同烙印[①]。这也是在我国的信托业务中《合同法》等法律的适用具有较大影响的原因之一。

（五）对信托立法的建议——由国务院尽快制定《信托登记管理条例》

法院在认定本案纠纷性质为营业信托纠纷的同时，认定信托贷款合同为形式上的合同，实质上在于实现信托合同中约定的抵押权登记；而信托合同之所以约定抵押权，根本目的完全在于保障案外投资人的投资本金和收益能够实现。

《信托法》第10条规定：设立信托，对于信托财产，有关法律、行政法规规定应当办理登记手续的，应当依法办理信托登记。根据该规定，信托财产根据法律、行政法规规定应当办理登记手续的，应当依法办理信托登记。信托登记是一种公示制度，即通过登记的办法向社会公开信托事实，公示的法律效果之一就是对抗第三人[②]。即办理信托登记，可以对抗第三人。此外，《信托法》第34条规定了受托人以信托财产为限向受益人承担支付信托利益的义务，第37条规定了受托人对信托财产的优先受偿权。因此，倘若办理了信托登记，案外投资人的投资本金和收益就能够获得保障，如受托人先行用固有资产进行兑付，则其对信托财产就享有优先受偿权。当然，无须用基础资产进行抵押登记，以保障案外投资人的利益。

因此，在此建议让沉睡10多年的《信托法》所规定的信托登记制度复活，由国务院制定《信托登记管理条例》，详细规定登记申请人、登记机关、登记内容、登记程序、登记效力等。进而避免信托在中国被误读，让《信托法》成为一个活法，而非死法。

---

① 高凌云著：《被误读的信托——信托法原论》，复旦大学出版社2010年版，第25页。

② 周小明著：《信托制度：法理与实务》，中国法制出版社2012年版，第153页。

“资产收益财产权”能否作为信托财产初探

萧 亮

前言：随着近期上海市第二中级人民法院审理的某资产收益财产权信托案一审判决的落幕，“资产收益权”能否作为信托财产的问题成为了各大媒体的热议话题。而据统计，目前信托市场中有数千亿涉及资产收益权类的信托产品，如果该问题不解决，资产收益权信托仍将处于一种“名不正言不顺”的尴尬地位，直接影响该类信托产品的金融安全，进而影响金融稳定、社会稳定，对金融行业构成系统风险，同时，也将阻碍中国信托业的发展。

（一）信托财产的特征

根据《信托法》第2条“本法所称信托，是指委托人基于对受托人的信任，将其财产权委托给受托人，由受托人按委托人的意愿以自己的名义，为受益人的利益或者特定目的，进行管理或者处分的行为”。可知，信托是由信托当事人、信托财产、信托行为和信托目的4个要件组成，缺一不可。同样的，其生效也是建立在4个要件全部合法有效的基础之上。

其中，结合《信托法》第7条“设立信托，必须有确定的信托财产，并且该信托财产必须是委托人合法所有的财产。本法所称财产包括合法的财产权利”以及第三章关于信托财产制度的规定。信托财产应当具备以下特征：(1)信托财产必须是委托人合法所有的财产及合法的财产权利；(2)信托财产应具备权利性，包括法律上的权利和独立权利之形态；

(3)信托财产应具有确定性;(4)信托财产应具有可转让性。

(二)我国对资产收益权作为信托财产的争议

其实在大陆法系国家,不论是信托界还是法律界,对资产收益权法律性质的探讨由来已久,但一直存在不小的争议。由于缺乏具体法律制度的规定,权威机构也尚未出面解释,因此,资产收益权信托产品自其在中国创设以来,其合规性也一直困扰着信托界和法律界的专业人士。归纳起来主要有两种观点:一种观点认为资产收益权的法律性质模糊,欠缺信托财产的确定性和转移性之属性,因此不可作为信托财产;另一种观点认为只要双方约定详尽,资产收益权可完全具备信托财产的全部属性,故而可以作为信托财产。下面对两种观点分别做一介绍:

否定观点者认为:资产收益权不具备独立权利形态,缺乏确定性

1. 资产收益权不具有财产属性

从财务会计角度分析,如果资产收益权具有财产属性,则意味着会给企业带来相应的利益,但在资产负债表中,资产收益权从未被企业确认为一项单独的资产,而均是隐含在其基础资产之中。比如,股权收益权不是一项单独的权利,而是以“长期股权投资”作为一项金融资产记入资产负债表。因此从会计角度不能体现出资产收益权的财产属性。

2. 资产收益权不具有独立性

现实中,资产收益权的转让并没有相应的公示规则和手段与之相配套,虽然委托人与受让人之间可能签订有“资产收益权转让协议”,但该转让协议并不能达到企业破产风险隔离的效果,即如果融资企业发生破产清算,“收益权”的受让人仍要作为普通权利人参与破产清算,显然与一种独立权利让与的法律效果大相径庭。

3. 资产收益权不具有确定性和可转让性

从目前信托界对资产收益权的定义来看,资产收益权是基于将来在使用、处分资产时而对可能存在债务人享有债权的一种可得利益。在设立信托时,资产收益权如已产生实际的债权,则应当视为应收账款;如尚未有债务人,则资产收益权仅是在将来可能或期待获得的将来债权。既然是将来债权,则本身就没有确定性。此外,资产收益权是否具有可转让性在立法和司法实践中也尚无定论。

肯定观点者认为:资产收益权满足信托财产的所有条件

持肯定观点者认为,根据资产收益权的定义并结合实践当中的操作方式,资产收益权近似于一种将来债权。所谓"将来债权"是指委托人即融资方在其对特定资产的经营管理中将来所享有的对第三人的金钱债权。我国立法尽管对将来债权尚无明文规定,但从《担保法》中建立最高额抵押制度可以看出立法者已承认了将来债权存在的合法性,基于以上观点:

1. 资产收益权具有财产属性

基于上述对"将来债权"之表述,可见资产收益权是一种财产性权利,并且是一种积极的财产权利。比如,以不动产租赁权作为信托财产设定信托后,受托人基于和委托人的信托关系而享有向承租人收取租金的请求权,租金收益无疑属于积极的财产性权利。

2. 资产收益权具有相对独立性

资产收益权具有独立权利之形态,如其对破产财产的排除效果。即如果受托人破产,设定的信托资产收益权不属于受托人的破产财产,受益人可优先取回信托财产。

3. 资产收益权具有确定性

尽管将来债权存在一定的不确定性,但如果可以在信托文件中明确有关将来债权产生的因素和实现的可能性，包括但不限于所涉及的资产、所涉及的债务人、将来债权的合同类型、将来债权的范围、将来债权的收取方式等，实践中可认定为信托财产被“确定”。

4. 资产收益权具有可转让性

基于将资产收益权定性为一种将来债权，资产收益权就具备了可转让性。《物权法》第 223 条规定的可出质的权利中包含有“应收账款”一项；《应收账款质押登记办法》第 4 条规定，“应收账款”包括现有和未来的金钱债权及其产生的收益。结合以上两条规定，似乎也可以推出，资产收益权具有可转让性。

(三)结语

综上，由于理论界对我国资产收益财产权能否作为信托财产有如此针锋相对的观点，而且在现实中直接影响着金融安全、金融稳定，构成金融市场系统风险。因此，我们寄希望于全国人大常委会在修订《信托法》时，将资产收益财产权作为信托财产之一予以立法保护。

第4编

社会反响

The Part

Ⅳ

·第一章·

新闻媒体对本案的报道精选

本案自从进入双方关系破裂一直到诉讼终结，都始终处于媒体的密切关注下，尤其是金融专业媒体。关于本案的报道可以用“浩繁”来形容，各位新闻人以自己出色的专业知识和职业素养，准确地传达出对本案纠纷的各种声音。在征得记者和所在媒体同意的前提下，我们在本书中选取了针对本案的两篇媒体引用次数较多、传播范围较广的新闻报道并稍作处理，以飨读者。

一、受益权信托引爆司法地雷　判例决定行业变局

《证券时报网》　作者：张伟霖　发表时间：2013年3月13日

某信托公司某房地产项目为解决兑付问题，已于日前进入了司法程序。相关诉讼信息表明，案件双方正纠结于受益财产权信托是否拥有处置抵押物权利。

不少业内人士在接受《证券时报》记者采访时皆表示，此事很可能将引发一场行业地震。因为受理法院最终是否承认这项权利，并将其确认为债权关系，不仅意味着某信托公司能否最终顺利处置抵押物偿还投资人，更意味着从2009年起就大行其道的受益权信托能否避免全盘皆墨的结局。

此外，《证券时报》记者采访获悉，受益权信托正处于个案频发的状

态，除了目前已曝光的某信托公司事件外，北京某信托公司的受益权信托产品也同样陷入了司法僵局。

产品逾期未兑付

某信托公司近日披露的公告表明，该公司旗下一款信托产品已经陷入了兑付危机。

公开资料显示，该产品成立于2009年9月24日，是应某房地产公司融资需求，由某信托公司发起并设立的总规模为6.27亿元的“×××”资产收益财产权信托，其中信托优先受益权实际募集资金为人民币2.15亿元，由合格投资者以资金认购并持有；其余为信托一般受益权。后者由某房地产公司以其持有的“×××”项目土地使用权及80,370.23平方米在建工程项下资产收益权认购并持有。

但在3年后的到期日，即2012年9月18日，某房地产公司最终违约，没有按时足额偿还信托合同约定的本息。

某信托公司公告称，该公司已经向上海市第二中级人民法院提起诉讼。此外，某信托公司称，由于按信托合同约定，产品逾期后可以在不超过逾期日起的一年内，对抵押物即项目土地使用权及80,370.23平方米在建工程进行处置。因此产品并未进行最终的清算，也就不存在外界所猜测的某信托公司为产品垫付，实现刚性兑付的情况。

模糊关系引爆司法地雷

根据某信托公司的公告，目前诉讼双方的争议主要集中在受益财产权信托是否拥有处置抵押物权利，这也是信托业界关注的焦点所在。上海某信托公司高管对此表示，“该项权利最终能否得到承认，不仅仅关系着是否倒下这一个产品，更可能牵连倒下一片同类产品”。

资深信托人士唐琪称，所谓的受益权信托，某种程度上可以说是信托公司为绕开现行信托监管政策，打擦边球而设计出的交易结构。

据介绍，早期阶段，银监会要求贷款类信托严格执行“432”的监管规定，在“四证”（即国有土地使用证、建设用地规划许可证、建设工程规划许可证及建筑工程施工许可证）不全之前不能给房地产开发商提供资金。为绕开这一规定，信托公司便以“受益权信托”或者“股权信托”等方式，为部分“四证”不全的房地产开发商提供资金。

而从2011年以后，大量的受益权信托诞生，更多是出于规避信托公司净资本管理相关规定的需要。因为贷款类信托需要计提较高的风险资本，诸多信托公司通过受益权模式来规避相关规定。

受益权信托的主要模式是信托公司为融资方提供信托资金，在信托计划到期时，由融资方溢价受让特定资产收益权等财产权来实现信托资金退出。期间，为保障信托资金安全，融资方提供足额的抵押物作为增信条款。

从交易结构上可以看出，受益权信托的实质是信托公司提供资金，融资方偿还资金；从法律逻辑推导上，受益权信托应该是一种借贷债权关系。不过，在信托监管部门的归类中，将受益权信托列为财产权信托，而非贷款类信托，由此绕开了净资本监管。

但问题在于，对上述这种设计，国家司法却并不熟悉或者说尚未确认“受益权信托”所代表的法律逻辑。这甚至导致此类产品在面世之初，就面临了一些司法尴尬局面。

深圳某信托人士向记者介绍称，如果仅仅拿各方签订的《受益权信托合同》去办理质押物登记，司法公证机关是不会承认的。因此，信托设计者们在受益权信托合同之外，又专门补充设计了一份《信托贷款合同》，以《信托贷款合同》去向司法机关申请质押物的登记。

而在最终的矛盾爆发时，恰恰又是出现在最初所设计的上述两份合同上。

据唐琪介绍，这导致司法机关在短时间内无法明确房地产公司与信托公司之间到底是信托法律关系还是债权法律关系，“如果是纯粹的债权法律关系，司法机关就可以马上对抵押物采取强制措施，进行处置后以归还给信托资金，正常的话半年时间可以处置完毕。但在目前存在争议的受益权信托方面，司法机关必然要多次研究相关法律关系；而且在地方司法机关明确后，诉讼双方还有可能上诉至高一等级的法院再行讨论。如此一来，至少需要折腾一两年”。

然而，在某信托公司该事件中，按信托合同约定，最后延期处置抵押物时间是2013年的9月末。不少接受记者采访的人士普遍认为，寄望于司法在该时段前给出结果不太现实。届时，某信托公司可能只有在是否为投资人施行“刚性兑付”上进行抉择。

与此同时，有地产金融界人士也对某信托公司在该事件中的风控表现提出质疑，认为该公司的贷后监管流于形式，没尽到勤勉尽职的受托义务，所以应该承担赔付投资人的义务。

或向全行业蔓延

有信托研究人士则对记者表示，“信托公司为模糊债权关系搞了个复杂的交易结构设计，到最后出事了却要求司法从复杂的交易结构设计中，重新明确债权关系，颇有自己搬石砸脚的意味”。

不过，上述研究人士认为，此案最终的司法判例对信托行业具有极其重要的意义。若判例支持受益权，将令信托解除后顾之忧而大力推行；若判例不承认受益权，则将导致过往的受益权信托陆续爆发司法纠纷，信托公司在饱受损失后最终改弦更张。

事实上,据《证券时报》记者采访了解,受益权纠纷目前就已非上述某信托公司一个案。据上海某律师介绍,其代理的一桩类似的信托受益权纠纷在今年3月初开庭,目前正在审理过程中。

据悉,该案大致情况是某开发商2009年在北京信托公司融资2.3亿元,双方签订了《资产收益财产权信托合同》、《信托贷款合同》等一系列协议。目前开发商未按期足额还款,双方发生纠纷并付诸法律。由于早前已向登记公证机关进行了抵押品的登记,信托公司向公证机关提出了出具强制执行证书的请求。但开发商也同时向当地公证机关提出异议,公证机关最终拒绝了信托公司出具强制执行证书的请求。

这意味着,此案涉及的信托公司也将被迫进入漫长的诉讼程序。在个案频发的同时,受益权信托可能涉及的范围究竟有多广?根据用益信托的统计,2011年及2012年,信托公司发行的数以千亿计的房地产信托中,权益类投资占比分别为26%和31.5%。

二、某房地产公司案一审判决出炉　某信托公司主张债权缩水

《21世纪经济报道》　作者:乔加伟　发表日期:2013年6月19日

核心提示:法院认定《信托贷款合同》属于表面形式,对某信托公司依据此合同诉请的利息、违约金、罚息予以驳回,某信托公司获支持债权大幅缩水。

某信托公司“×××项目”违约案的爆发,一度引发行业对受益财产权信托下签订阴阳合同、信托贷款合同及抵押、增信措施法律效力等问题的争论。

6月18日,本报记者最新获得了某信托公司“某房地产公司案”一审

判决书，法院认定《信托贷款合同》属于表面形式，对某信托公司依据此合同诉请的利息、违约金、罚息予以驳回，某信托公司获支持债权大幅缩水。

不过，法院也同时认定，依附于《信托贷款合同》的抵押有效，予以支持。一审判决后，某信托公司如果15天内未提请上诉，这一案例可能成为此类信托判决的先例。

部分诉请不予支持

据了解，根据《信托合同》中关于信托财产管理和运用方式的约定，信托受益人（即案外投资人）投资于信托受益权的资金，即由受托人（某信托公司）交付委托人（某房地产公司），该投资资金应视为案外受益人购买受益权份额资金，不应视为某信托公司自有资金。

不过，某信托公司却另行签订信托贷款合同，以贷款方式发放某房地产公司投资开发有限公司（以下简称某房地产公司）。法院认为，这"显然有悖于信托合同，以及不得使用信托专户进行本信托业务以外活动的约定"。

"这种阴阳合同还存在于另外一些信托项目，有时，信托公司是为了规避相关监管，算是行业一种擦边球。"沪上一位信托人士对记者称。

同时，从相关信托宣传资料来看，某信托公司并未将贷款事宜向案外人披露，某信托公司在信托贷款合同中另行规定了贷款利率，该利率高于向案外投资人兑付的收益率，这种行为与我国《信托法》规定受托人除了依据本法取得报酬外，不得利用信托财产为自己谋取利益相悖。

因此，在上述情景下，据悉，法院认定"某信托公司与某房地产公司的权利义务及违约责任以信托合同为准，而非信托贷款合同"。

判决同时称，某信托公司借《信托贷款合同》约定某房地产公司承担接近本金40%的高额罚息、违约金、复利等，试图获取的巨大利益非归案外投资人所有，而是归公司自己所有，这种未经案外投资人同意为己牟利的行为，违反了诚实信用原则。故不予支持。

上述沪上信托人士也认为，某信托公司根据《信托贷款合同》诉请利息、罚息、违约金、复利高达年利率40%，显然过高，对整个信托市场将产生不利影响，算是行业一种乱象。

据记者计算，一审判决下，某信托公司获支持的本金将缩水2200万元左右，利息和罚息部分缩水接近1000万元，违约金被认定无效，缩水2394万元。

信托瑕疵有待司法检验

在一审判决前，某信托公司曾直言“双方的争议主要集中在以‘资产收益权’信托模式进行创新性地风险控制及信用增级在传统违约责任和担保责任框架下的合理性”。

在上述沪上信托人士看来，这种财产收益权信托所依赖的阴阳合同，本身存在法律争议和盲点，这一类信托设计还未受到司法检验，具有潜在风险。

6月18日，记者了解的另一起信托纠纷中，某信托公司的一款股权收益权回购信托，被告也以“未发生股权转让，不存在回购和溢价”，质疑信托合同有效性。

事情还没完，据悉，某房地产公司将就某信托公司额外收取2335万元财务顾问费起诉某信托公司，这可能掀开信托行业另一潜规则——巨额财务顾问费的面纱。“此部分费用未在《信托合同》中予以约定，但在信托成立公告中，将该笔费用的支付及依据作为备注。如果只将《信托合同》作为依据(被定性为营业信托纠纷)那么这个费用有争议。”上述沪上信托人士表示。

据了解,2009 年 9 月 11 日双方签订的《信托贷款合同》,某房地产公司作为借款人向某信托公司申请信托贷款,贷款用于“×××”项目开发,贷款利率为年息 10%。

2009 年 9 月 25 日,双方又签订一份《融资框架协议》,合同约定支付某信托公司实际每年融资费用为实际融资额的 16%,其中 10% 将作为资金成本支付投资者收益、保管费、信托报酬和其他费用,其余 6% 作为融资服务费。

某房地产公司委托代理人、上海建领城达律师事务所律师周吉高认为,某信托公司收取的融资服务费以及信托收益补偿款的行为,依法构成利用受托人地位谋取不当利益的行为,系违法行为,依法应将不当利益返还给某房地产公司。

·第二章·

法官对本案裁判的解读

信托法律关系的司法认定

——以资产收益权信托的纠纷与困境为例

符望(上海市第二中级人民法院民六庭副庭长)

一、引言

“信托是指委托人基于对受托人的信任,将其财产权委托给受托人,由受托人按委托人的意愿以自己的名义,为受益人的利益或者特定目的进行管理或者处分的行为。”①信托法律关系体现了信托财产的独立性、权利主体与利益主体相分离、责任有限性等相关特点。信托业作为现代金融体系的重要组成部分,近10年来经历了转型发展的快速历程。中国信托业协会最新公布的2012年四季度信托公司主要数据显示,截至2012年底,全行业管理的信托资产规模再创历史新高,达到7.47万亿元,与2011年底相比增长55.30%。并且,信托资产规模首次超过了保险业7.35万亿元的规模,一跃成为仅次于银行业的第二大金融部门②。在信托产品中,房地产信托占据了重要地位。但同时,在当前经济下行、房企融资受限的情况下,房地产行业的资金链断裂有时引起了房地产信

① 参见《信托法》第2条。

② 参见《经济导报》2013年2月21日版:“房地产信托重回龙头地位1月募资规模169亿”。

托项目的兑付危机，一部分房地产信托纠纷不得不进入司法领域。然而，与发行火热的信托产品相比，与信托纠纷相关的司法实践相对滞后。尤其是面对一些创新产品如资产收益权信托产品产生的纠纷，司法并无以往经验可供借鉴。近期，上海地区一起较为典型的资产收益权信托纠纷进入司法领域，并且引发了业界关注。在审理该案的过程中，笔者觉得其中有不少法律问题值得探讨，故梳理成文，抛砖引玉。

二、据以研究的案例

2009 年 9 月 11 日，受托人某信托公司与委托人某房地产公司签订了《资产收益财产权信托合同》(以下简称《信托合同》)，约定该信托系受托人基于委托人交付的信托财产向投资人发行信托受益权份额62,700份而设立的一项信托。信托财产系指委托人对基础财产依法享有取得收益的权利及因对其管理、运用、处分或者其他情形而取得的财产。而基础资产系指委托人持有的×××项目土地的国有土地使用权和建筑面积为 80,370.23 平方米的在建工程。信托受益权分为优先受益权和一般受益权。优先受益权由公众投资人享有，一般受益权由某房地产公司享有。优先受益权优先于一般受益权从信托财产中分配信托收益和获偿信托本金。受益人根据其所拥有的信托受益权份额享有信托资产收益、承担信托资产风险。双方在《信托合同》中还约定，信托财产所涉及的基础资产继续按原有方式保管，委托人承诺妥善保管基础资产，并负责管理、经营和销售该基础资产。为保证基础资产收益款的按时足额收回，委托人自愿以受托人为抵押权人将基础资产抵押给本信托。

在签订《信托合同》当日，某信托公司又与某房地产公司签订《信托贷款合同》及《抵押协议》，约定指由某信托公司作为受托人，将《信托合同》获得的信托资金向某房地产公司发放贷款。贷款期限为 3 年，贷款金额为不超过2.3亿元。同时，某房地产公司以《信托合同》中所提到的基础资产即×××项目为贷款提供抵押担保。双方办妥了抵押登记手续。

2009年9月24日，上述信托成立并发布公告，该公告中明确，信托优先受益权实际募集资金2.15亿元，其余为信托一般受益权，由某房地产公司持有；该信托预期年收益率为9%左右。次日，某信托公司将2.15亿元款项汇入某房地产公司账户，在相关银行凭证中载明用途为支付信托优先受益权转让款。

此后，由于某房地产公司未能按时还款，某信托公司以某房地产公司违反《信托贷款合同》为由诉至上海市第二中级人民法院（以下简称二中院），请求判令某房地产公司偿还信托贷款本金1.2亿元及利息、复利、罚息、违约金约数千万元，并实现相关担保权利。某房地产公司辩称《信托合同》才是合法有效的合同，双方的纠纷应为资产收益权信托纠纷；而《信托贷款合同》掩盖非法目的，为无效合同，故基于该合同项下的抵押协议、保证担保均为无效协议，《信托贷款合同》约定的各项利息、违约金、罚息和复利的约定也无效。

二中院一审判决认为，双方签订的《信托贷款合同》与《信托合同》存在冲突，因为案外投资人的一笔款项，不能既作为案外投资人购买受益权份额的款项，又作为某信托公司的放贷款项。故本案纠纷的性质应定为营业信托纠纷。由于登记制度的不完善，应认定《信托贷款合同》及相应的抵押协议仅作为表面形式，其实质在于实现信托合同中所约定的抵押权登记。抵押权对信托受益人权益保障非常重要，且双方已达成合意，应认定有效。至于某信托公司主张《信托贷款合同》中约定的高额违约责任，不应支持，违约责任应以《信托合同》中约定为准。本案一审判决之后，双方提起上诉，后上海市高级人民法院维持原判。

三、资产收益权信托简介及相应模式

上述案例涉及资产收益权信托产品。而关于资产收益权的信托,目前大行其道。根据报道,2013 年截至 6 月共有 202 款以收益权为标的的信托产品发行,占比超过 10%。基础资产的构成丰富多样,包括上市公司股票、金融机构股权、地产项目、矿业项目、基建 BT 项目、应收账款等。[①] 此类信托产品是由信托公司以特定资产的“资产收益权”为投资标的发行信托计划。公众投资人的资金经信托公司之手最终投向于“资产收益权”,其主要特征是资产的所有权并不转让予信托公司(也不转移特定资产的占有),信托公司取得的仅仅是收益权。

据笔者了解,目前涉及资产收益权的信托产品主要有两个模式:[②]

第一种模式:信托公司先成立集合资金信托计划(不涉及公众投资人的单一资金信托在此不讨论),然后用信托资金购买资产的收益权。这是传统的集合资金信托计划模式。根据《信托公司集合资金信托计划管理办法》,设立集合资金信托计划后,由信托公司担任受托人,按照委托人意愿,为受益人的利益,将两个以上(含两个)委托人交付的资金进行集中管理、运用或处分的资金信托业务活动,适用本办法。具体要求包括:(1)委托人为合格投资者;(2)参与信托计划的委托人为唯一受益人;(3)单个信托计划的自然人人数不得超过 50 人,合格的机构投资者数量不受限制;(4)信托期限不少于一年。信托公司可以运用债权、股权、物权及其他可行方式运用信托资金。[③] 具体方式如下图:

Part IV

① 参见《21 世纪经济报道》2013 年 6 月 25 日版:“202 款收益权信托吸金 阴阳合同出现风险隐患”。

② 有文章将资产收益权信托仅仅界定为第二种模式,但笔者注意到不少新闻报道中将涉及资产收益权的信托统称为资产收益权信托,并未区分具体模式。本文为研究目的,采用了广义模式。

③ 参见《信托公司集合资金信托计划管理办法》第 2 条、第 5 条、第 26 条。

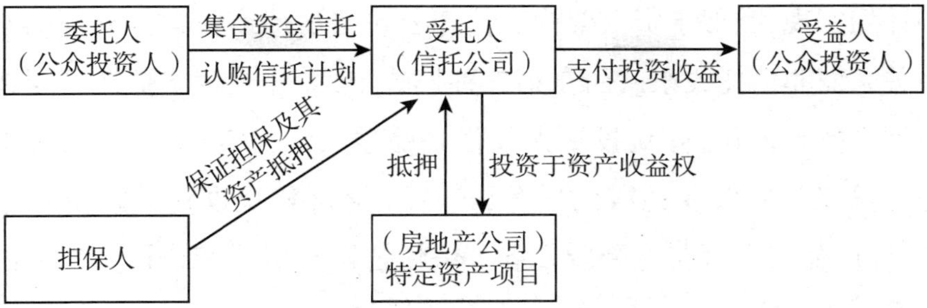

第二种模式：以资产收益权作为信托财产，设立财产权信托计划，然后再募集资金，由公众投资者出资购买信托受益权份额（笔者注：受益权与收益权一字之差，在信托中容易误用，但实际意义大不相同），这种模式更加类似于资产证券化模式。对此种模式，目前尚无专门的法律或者管理性规定予以明确，引发的争议更多。本文研究的案例就属于第二种模式。具体方式如下图：

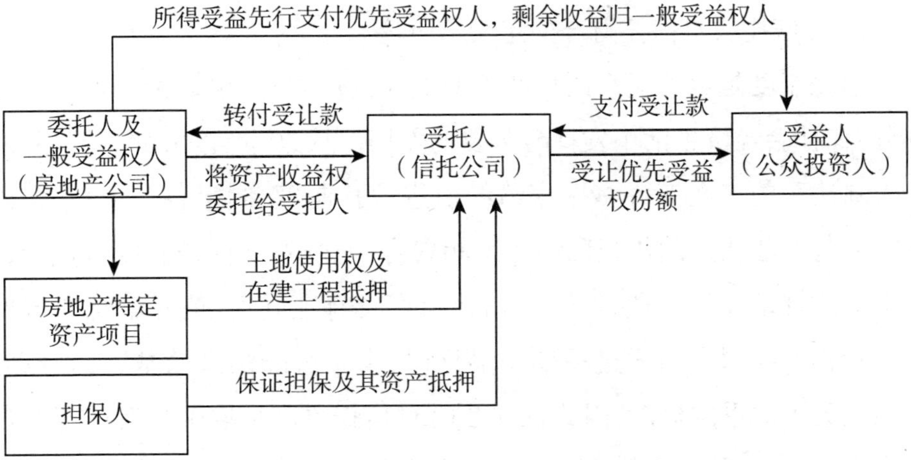

无论哪种模式，具体的资产均不会转移至信托公司名下，涉及的仅仅是资产收益权。但仔细分析，第一种模式与第二种模式存在非常大的区别。在第一种模式中，委托人为公众投资人，信托财产是投资人的钱款。投资收益往往由资金所投向的房地产公司予以承诺支付或者通过

Part Ⅳ

回购计划实现,类似于贷款架构。信托公司与房地产公司是外部的投资契约关系而非信托关系。而在第二种模式中,委托人为房地产公司或者其他资产持有公司,公众投资人仅仅是受益人。为实现收益,通常采取优先受益权及一般受益权的区分,这样在给付公众投资人投资收益之后,房地产公司亦可获得剩余收益。信托公司与房地产公司是内部的信托关系。

四、资产收益权信托的合法性分析

资产收益权信托作为一种创新,不乏业界异议。主要批评的声音在于在特定资产不转移占有的情况下,资产的收益权能否作为信托财产或者是信托投资的对象。笔者认为,分析这一问题,既涉及《信托法》对信托财产的界定,也涉及资产收益权的性质分析。

(一)信托法对信托财产的定义与争论

信托制度是英美法系最具特色的法律制度之一,也是衡平法的核心部分,在社会经济生活中发挥着重要的作用。从 20 世纪 90 年代开始,属于大陆法系的东南亚许多国家纷纷引进信托制度,制定各自信托法,以期能够与大陆法系的传统民法体系相融合,充分发挥信托制度对社会经济生活的推动作用。通常认为,信托财产具有独立性,信托就意味着所有权转移。我国在引入这一舶来品之时,由于大陆法系的基因,难以完全照搬英美法系的概念,因此在立法时对信托财产采取了具有中国特色的定义。《信托法》在第 2 条所下的信托定义中,使用了委托人"将财产权委托给受托人"这样的表述,第 14 条将"信托财产"定义为"受托人因承诺信托而取得的财产是信托财产"。有学者认为,该条中的"委托给"应解释为"委托 + 给",其中"委托"是设立信托的意思表示,"给"是将信托财产所有权转移给受托人的行为,因此,"委托给"实际上表示了财产所有权的转移,故与英美信托法的规则并无区别。也有学者认为,将所有权"委托给"受托人与"转移给"受托人是两个不同的概念,委托并不转移财产的所有权;此外,一部分学者认为,"委托人将财产'委托'给受托人,意味着财产可能转移,也可能并未转移给受托人,并不意味着信托财产的所有权一定仍归委托人所有"。[①]

笔者认为,如果我们考察立法者的原意,就可以得出一个结论,即"委托给"的表述是立法者有意为之,[②]我国引入信托制度,需考虑本国社会经济文化背景,使信托制度便于人们理解接受;如将信托表述为委托人一旦将财产设立信托,即丧失财产所有权,可能会使一些人接受起来颇费思量,用"委托"较符合大众心理。[③] 既然立法时考虑到中国的特殊国情,那么实践中亦应贯彻这样的立法思想,即当事人可以根据信托的目的及信托财产的性质,选择转移或者不转移信托财产的归属,只要最终能够保障信托财产独立性即可。从目前信托产品市场的实践看,立法上的这种模糊处理,让当事人能够根据交易目的决定是否转移信托财产的权属,相当于给信托制度一个灵活创新的灵魂,跟随时代发展以适应不同交易形态。正如江平教授所言:"《信托法》最终通过时,这种模糊写法,没准儿会被历史证明是正确的!"[④]实际上,在信托发源地英美法国家,信托概念是不断发展的,也非单一概念,法院审理相关案件大部分情况下都没有必要考虑信托的定义,首要的考虑因素是具体案情和先例判

---

① 楼建波:"信托财产的独立性与信托财产归属的关系——兼论中国《信托法》第 2 条的解释与应用",载《广东社会科学》2012 年第 2 期。

② 信托法立法草案第二稿使用"委托给"取代了原先第一稿中所使用的"转移",参见扈纪华、张桂龙主编:《中华人民共和国信托法条文释义》,人民法院出版社 2001 年 8 月版,第 20 页。

③ 卞耀武主编:《中华人民共和国信托法释义》,法律出版社 2002 年版,第 3 ~ 4 页;何宝玉:《信托法原理研究》,中国政法大学出版社 2005 年版,第 11 页。

④ 江平口述、陈夏红整理:《沉浮与枯荣:八十自述》,法律出版社 2010 年版,第415 页。

决。[①] 基于上述理由，笔者认为，应以开放式态度对待资产收益权信托。只要能通过配套制度保障资产收益权作为信托财产的独立性，特定资产所有权本身是否转给信托公司并无意义。如果强行要求资产转移作为信托财产，以本案中所采用的第二种模式为例，则房产过户可能涉及高额税收，或者信托公司还需负有销售房地产的义务，变为房地产公司。

（二）资产收益权的界定与思考

资产收益权究竟是什么权利，存在颇多争论。以本文案例为例，《信托合同》中约定“资产收益权是指权利人享有的获得对基础资产预售、销售或以其他形式使用和处分所形成现金收入的权利”。根据《物权法》第39条规定，“所有权人对自己的不动产或者动产，依法享有占有、使用、收益和处分的权利”，表明了对资产获得收益是一项法律认可的权利。比如，房屋所有权人将房屋出租所收取的租金，租金便是资产收益权这一权能的体现。但这种权利，笔者认为确实很难归结为一种物权。一是我国物权法物权法定以及对物权类别细化的规定中，资产收益权并不属于用益物权。二是资产收益权的客体不仅包括房屋等不动产，还包括债权、股权[②]等各种无体权利，无法归类于物权。除此之外，资产收益权也不具有物权一些排他性的特征。如果把资产收益权简单视为债权，也缺乏合理性。因为债权通常数额确定，债务人确定，但资产收益权的收益并不确定，而且债务人（比如房地产的买受人）也不确定。

尽管存在种种争论与质疑，但笔者并不认为资产收益权就不能作为信托财产。信托源自于英美法，在大陆法系的传统法律制度下对信托的移植并非易事，它要克服两大法系的种种差异。就财产而言，英美法上

---

① 何宝玉著：《信托法原理与判例》，中国法制出版社2013年版，第21页。

② 比如，2004年某股权收益权信托投资计划内容为：由上海新华闻投资有限公司将其合法持有的合计价值2.07亿元的中国财产再保险股份有限公司的股权收益权信托给中泰信托，由中泰信托按照信托合同的约定对外转让。社会投资者为优先权益的受益人。

的财产权被视为具有丰富内涵的权利束，财产所有权人有权就其财产做其想做的事情，但是财产权并非绝对，要受到义务或者责任的限制。因此，只有将财产权分解成权力、责任、义务等的"束"即在个体之间以不同个体之间分配稀缺资源，才能领会财产权的内容。① 而大陆法系往往强调财产权的绝对性，以有形物的实体占有来衡量权利，提倡一物一权。正如学者评价的：随着经济的发展，一些具有双重属性的权利的出现如股票、企业、信托等如果以物和所有权的习惯思维去涵盖，则必须会产生理论上的困境。②

笔者认为，如果仍沿着大陆法系的概念来认定财产，则信托制度会受到相当大的限制，很可能让这一移植的制度失去生命力。正如信托法专家梅特兰所说："对我而言，信托不太可能诞生于这样的一个民族之手，这个民族明确地区分对人权和对世权，并将这一区分作为其法律体系的总体框架"。③ 为此，我国《信托法》对信托的定义，专门使用了"财产权"这一英美法概念而不是"所有权"、"物权"这些大陆法系的概念，给了信托相当大的自由空间。当然，单纯引入财产权概念是不够的，如果缺乏相应的配套制度，信托实践中可能遇到一些困难，但笔者认为，两大法系的融合、金融市场的发展，实际英美法的概念越来越多地引入到我们的制度中来。"风物长宜放眼量"，不能故步自封。举例而言，许多制度慢慢在创设，如从收费权质押到理财产品质押、寿险单质押，实际上已经体现了资产收益权的地位。收益着眼于将来、收益金额不确定均不成为问题。笔者大胆设想一种情形，某富人可能将巨额寿险保单所代表的

① J. E. Penner, *The "Bundle of Rights" Picture of Property*, 43 UCLA L. Rev. 711 (1996).

② 陈雪萍、豆景俊著：《信托关系中受托人权利与衡平机制研究》，法律出版社2008年版，第56页。

③ [英]F. W. 梅特兰：《国家、信托与法人》，樊安译，北京大学出版社2008年版，第98页。

财富作为信托财产传承给下一代，而不是直接指定下一代为保单受益人。[①] 因此，笔者认为，资产收益权作为财产权的一种，直接以大陆法系的旧思维从定义上否认其作为信托财产的可行性，于法无据。当然，由于信托财产需要有一定的确定性，[②]而收益权有多种多样，因此应考虑所涉及的资产、合同义务人、将来收益权的合同类型、将来收益权的范围、收取方式等因素，看信托财产是否“确定”，若具有确定性，应允许其作为信托财产设定信托。

五、资产收益权信托纠纷的难点与司法认定

逃避监管是创新的动力之一，资产收益权信托作为创新产品，其背后亦离不开这一因素，因此其合法有效性受到质疑，这是资产收益权信托的困境之一。其次，由于缺乏配套登记制度，资产收益权信托中往往会采用特殊的手段以保障信托财产的相对独立性。这种手段的合法性会引发争议。这些困境所引发的问题，往往成为司法认定的难点。

(一)信托目的对信托效力的影响

资产收益权信托的创设和发展离不开房地产行业的持续调控。2009年下半年，严厉的房地产调控政策不断出台，房地产企业在资本市场进行公开募资的难度越来越大。房地产信托成为了开发商的“救命稻草”，成为该行业最重要的融资渠道。最先开始的是集合资金信托发放贷款模式。因集合资金信托涉及公众投资人的利益，监管部门要求较严，对向房地产企业发放信托贷款，要求房地产项目符合“432”标准，即房地产

Part IV

---

① 实际上这种情况已经在中国香港、新加坡等地出现，参见江家岱：“离岸家族信托大比价，25 倍杠杆年息 2%”，载 2013 年 11 月 2 日《21 世纪经济报道》。

② 关于确定性的要求，主要还是依靠司法的解释，在英美法中，不管当事人用语如何，只要包含了必要的信息和意图，法官可以解释为信托成立。参见 Richard Edwards & Nigel Stockwell：《Trust and Equity》，法律出版社 2003 年 9 月版，第 91 页。

开发项目“四证”(国有土地使用证、建设用地规划许可证、建设工程规划许可证以及建筑工程施工许可证)必须齐全、房地产开发项目资本金比例应达到国家最低要求30%、开发商或其控股股东具备房地产开发二级资质。[①] 为此,信托公司又设计出了集合资金购买资产收益权的模式(即本文所提到的第一种模式),从形式上看该种模式的信托产品并不是向融资者发放贷款,而是对资产收益权的购买和赎回,这样信托公司便绕开了监管部门的限制。但这种行为实质还是一种变相发放贷款。中国银行业监督管理委员会于2010年12月8日颁布了《中国银监会办公厅关于信托公司房地产信托业务风险提示的通知》,要求“逐笔对房地产信托业务进行核查对以受让债权等方式变相提供贷款的情况要按照实质重于形式的原则予以甄别”。于是本文所提到的第二种模式即以资产收益权作为信托财产而非信托财产投资对象则应运而生。这种模式,“既解决了开发商的初期融资之难,又缓解了信托公司的项目难寻之殇,还规避了信托公司净资本管理相关规定,比贷款类信托计提的风险保证担保及其资产抵押资本要低,似乎形成的是一种皆大欢喜双赢的局面”。[②]

笔者认为,不管资产收益权的结构如何精巧,都回避不了当事人逃避监管、实现房地产融资的目的。《信托法》第11条规定:“有下列情形之一的,信托无效:(一)信托目的违反法律、行政法规或者损害社会公共利益……”《合同法》也规定以合法形式掩盖非法目的而订立的合同无效。因此,司法不得不面对关于信托目的合法性的讨论。对此,笔者认为,第一,从目的上来说,限制房地产融资,为的是实现房地产调控的效果。但在调控过程中,调控的手段、方法,经常随着政策不同而发生变

---

① 参见中国银行业监督管理委员会《关于加强信托公司房地产信托业务监管有关问题的通知》。

② 邹菁、周蒙俊、许晨艳:“资产收益权信托兑付危机探讨”,载http://blog.sina.com.cn/s/blog_534e95330101lzii.html。

化,具有一定的不确定性。而融资行为是一种市场经济下的自由交易,不能将房地产融资等同于法律明令禁止的毒品交易。房地产融资方面的调控手段,应当归类于管理性规定,而非效力性规定,不应以宣告合同无效这一较为严厉的方式予以打击。第二,至于不断增加的房地产信托风险,监管部门可以加大风险提示力度,消除投资人关于刚性兑付的误解,也可以对某些风险较大的产品不予批准,对信托公司作出处罚,这些都属于有效手段,有利于减少流向房地产企业的资金,降低行业风险。但对司法部门而言,由于监管部门一些监管通知效力层次较低,尚无法以违反这些监管规定为由直接认定信托合同无效。

(二)阴阳合同实现抵押对信托关系的影响

我国《信托法》用 3 个条文规定了信托财产相对受托人固有财产的独立性,分别是遗产或者清算财产的排除(第 16 条)、强制执行的例外(第 17 条)、抵销的禁止(第 18 条)。而信托登记对保障信托财产的独立性非常重要。《信托法》第 10 条还专门规定,设立信托,对信托财产,有关法律、行政法规规定应当办理登记手续的,应当依法办理信托登记。未依照前款规定办理信托登记的,应当补办登记手续;不补办的,该信托不产生效力。首先,登记对资产收益权信托而言非常重要,毕竟资产收益权是依附于特定资产而存在的,如果该资产存在法律上的瑕疵或负担,如被设定担保,被私自处分,最终投资收益的实现便失去基础;其次,资产收益权本身不具有优先效力,如果特定资产所有人企业发生破产情形,无论是上述第一种还是第二种模式,受益人都无法主张优先受偿。但是,正如学者所评价的,"《信托法》是瘸腿的法律,躯干已经引入了,但是脚没有,不知道怎么走,比如信托登记。按照以前中国的立法惯例,只要涉及登记,国务院就会出一个条例,《公司法》有登记条例,信托这么大的法律却没有登记条例”。[①] 没有相应的登记制度，或者登记制度起不到相应的作用，便会使信托财产尤其是本案中无形的财产权利难以得到保障。

在本文案例中，虽然双方当事人在《信托合同》中约定了应将基础资产办理抵押登记，但房地产交易中心不接受《信托合同》作为主合同办理抵押登记手续，公证机关也认为资产收益财产权信托合同的债权债务关系不明确、该合同不属于债权文件性质，不予办理强制执行公证。这样一来，双方采取了阴阳合同的做法，再签订一份《信托贷款合同》，并将《信托贷款合同》作为主合同并签署《抵押协议》而办理抵押登记。但仔细分析就会发现当中的法律问题，因为两份合同会存在冲突，案外公众投资人的一笔款项，不能既作为案外投资人购买信托受益权份额的款项，又作为信托公司信托财产并用于放贷的款项。即一笔业务或者款项，不可能同时符合本文前面所介绍的两种模式。因此，这种冲突直接成为司法认定的第一个难点，即双方究竟是贷款合同纠纷还是营业信托纠纷。对于该难点，笔者认为，由于本案的复杂情况，需要考虑内部与外部关系，不管是否存在阴阳合同，应优先考虑外部关系、从公众投资者的角度分析。因为信托业务涉及投资者利益，保护投资者利益才是司法关注的重点。投资者签订的合同、收到的单据或者阅读的信托宣传材料，才是认定本案双方当事人关系的主要证据。从本案材料来看，投资者对《信托贷款合同》根本不知情，因此本案应认定为营业信托关系。

本文案例第二个难点在于阴阳合同下抵押关系的认定。本案中，抵押权是依据《信托贷款合同》办理登记的，而认定贷款关系并非双方真正的关系。在这种情况下，如果简单地以“主合同无效担保合同亦无效”的

---

① 王涌：“中国信托法的基本问题”，载《China Law》2012 年第 5 期。

思路处理抵押权问题,笔者认为存在不妥之处。一是抵押权对信托的成立至关重要。本案信托财产仅仅是受益权,而基础财产的抵押是保障案外投资人获得受益权的重要手段,如果缺乏这种抵押,某信托公司也无法为某房地产公司招徕足够多的案外投资人,根本实现不了某房地产公司融资的目的。二是《信托贷款合同》最主要的目的是办理抵押登记,[①]而这也是《信托合同》中双方约定的重要义务。在上文所述信托登记制度缺乏的情况下,双方形成合意采取了变通的手段以实现抵押权登记,因此抵押权的登记以及效力不宜随意推翻,否则有违诚信。三是确认抵押权才能真正保护投资者利益。除了本案之外,类似的资产受益权信托在业界发行不少。司法应首先站在公众投资者的角度看待这一问题,如果不顾市场现实随意否定抵押权效力,极有可能造成众多公众投资者血本无归。

六、资产收益权信托的展望与建议

资产收益权作为新生事物,由于缺乏配套制度,总归会产生不少磕磕绊绊。本文案例所体现出来的问题,值得我们反思与改进。作为成文法国家,相应的立法无法即刻更新,这也许是成文法国家在建设国际金融中心时相对判例法国家的劣势。因此有时面对新事物新纠纷,不得不通过司法个案予以调整和处理,以保证一定的灵活性。尽管这种个案处理不具有英美法判例的效果,但无疑能为立法的更新提供一个视角或者是不成熟的经验教训。

就此意义而言,笔者认为司法应对资产收益权信托保持一个开放的心态,而不是一棍子打死。比如,本文介绍的资产收益权信托,就是资产

① 至于某信托公司通过《信托贷款合同》约定某房地产公司在违约时应承担高额的违约责任,所获利益归其所有而不是归于案外投资人所有,属于私自谋利的行为且违反诚实信用原则,法院不予支持。

证券化过程中有待改进的雏形。根据美国证券交易委员会的定义,资产证券化是"创立主要由一组不连续的应收款或者其他金融资产集合产生的现金流担保的证券,它可以是固定的或是循环的,并可根据条款在一定时期内变现,同时附加一些权利或其他资产来保证上述担保或按时地向持券人分配收益"。资产证券化的范围仅受想象力的限制,1997 年美国就已经出现了对某音乐版权的未来版税收入进行证券化的做法,使证券化的对象范围从有形的资产形态拓展到了无形的知识产权上。[1] 在资产证券化的过程中,必须通过设立特殊目的公司 SPV 来分离和重组资产的收益和风险,信托就是 SPV 的常用方式之一。

在房地产领域,本文所提到的资产收益权信托的第一种和第二种模式,与不动产收益证券化做法更是接近,这一点参照 2003 年 4 月我国台湾地区的"不动产证券化条例"更容易理解。该条例区分了不动产投资信托和不动产资产信托,前者指"向不特定的人募集发行或向特定人私募交付不动产投资信托受益证券,以投资不动产、不动产相关权利、不动产相关有价证券及其他经主管机关核准投资标的而成立的信托";而后者则指"委托人转移其不动产或不动产相关权利予受托机构,并由受托机构向不特定人募集发行或向特定人私募交付不动产资产信托受益证券,以表彰受益人对该信托之不动产、不动产相关权利或其所生利益、孳息及其他收益之权利而成立的信托"。美国对不动产的投资、融资更为发达,自 1960 年以来蓬勃发展,形成了权益型、抵押型等 8 种类型的房地产投资信托(Real Estate Investment Trust,REIT)。[2] 与成熟做法相比,我们所遇到的资产收益权信托发展为资产证券化产品还存在种种障碍,如

---

① 洪艳蓉著:《资产证券化法律问题研究》,北京大学出版社 2004 年 7 月版,第 5 ~ 8 页。

② [美]彼得 · M. 法斯等著:《美国房地产投资信托指南》,邢建东、陶然译,法律出版社 2010 年 3 月版,第 16 页。

Part Ⅳ

能否做到“真实出售”、“破产隔离”，[①]投资人取得的信托受益权份额能否形成市场自由流通，信托业能否摆脱刚性兑付的潜规则；等等。随着问题的逐步解决，也许在不远的将来，资产收益权信托会逐步演变为成熟的资产证券化产品。

当然，资产收益权信托这一雏形，能否继续发展，最终有待于相关配套立法的跟进。以本文案例所反映的登记难题为例，台湾地区的立法可以为我们提供借鉴。2001 年台湾地区“土地登记规则”修订后，增加了信托登记的专章。依相关规定，除应于土地登记簿所有权部或他项权利部登记载外，同时应当在其他事项栏记明信托财产及委托人身份资料，以及信托内容详见信托专簿。这样一来，对土地权利的信托登记，除以土地登记簿为准外，特别需要参考信托专簿的内容，形成了土地登记簿与信托专簿的双簿制度。信托专簿的内容也同土地登记簿一样，具有公示性，得对抗第三人。对不动产资产信托，登记之后权利能够得到保障，对不动产投资信托，也有学者建议在信托专簿上登记，因为此时金钱信托财产转化为不动产权利。[②] 他山之石，可以攻玉，笔者期待信托登记制度的突破，为信托行业带来更美好的春天。

（经原作者同意，本书作者对本文中涉及当事人姓名、公司名称等信息进行了处理。）

---

① 比如，笔者所审理的另一起某信托公司为原告的案件中，尽管信托资金投向的资产收益权所依附的基础资产已经办理了抵押，但基础资产的所有人申请破产重整，在破产重整中抵押权可能受限，导致兑付迟延。

② 雷秋玉：“论台湾不动产信托公示制度”，载《云南行政学院学报》2012 年第 4 期。

·第三章·

中国信托行业的发展现状及对《信托法》修改的建议及展望

信托制度在中国的历程不可谓不曲折,自1919年聚兴诚银行设立了信托部成为信托制度在中国的萌芽,经历了20世纪上半叶的短暂发展,直到1952年社会主义改造运动中信托业务被撤销。随着中国的改革开放,1979年中国重新出现了第一家信托投资机构——中国国际信托投资公司,虽然这之后中国也成立了多家信托投资公司,但是这些投资公司所从事的业务却并非真正意义上的信托业务,而是以银行业务为主的混业经营。

规范的信托法律制度在中国的出现肇始于2001年《信托法》的颁布,这成为了信托这一制度自英国发端之后在全球扩展的又一个成果。中国作为大陆法系国家,其信托制度并非原生的产物,而纯粹为法律移植的结果。这也决定了中国的信托制度带有一些法律移植的特征。在信托的发端处英国以及历史上深受英国法律制度影响的英美法系国家而言,信托制度最早是作为一种民事财产的处理方式出现的,尤其是多见于遗产的安排中,因此民事信托在英美法系国家根深蒂固,应用广泛。但是在中国,目前而言民事信托还非常少见,真正得到发展的是商事信托,即围绕着信托公司开展业务。中国信托公司的经营对象主要是面向高净值客户和机构投资者发行带有私募性质的信托计划,在募集资金之后是对主要包括公司在内的资金需求方提供信贷资金或进行股权投资,或者投资于公开的股票和债券市场。信托公司的收入主要来自管理信托计划而收取的佣金,以及自营资金的投资收益。

信托法律制度自从在我国建立之后,得到了迅猛发展。2002 年中国的信托公司管理的资产只有几百亿元,根据中国信托业协会公布的数据,截至 2014 年第二季度,中国的信托公司管理的信托资产已经达到 124,782.28亿元。① 作为金融业的一个分支,中国的信托业在短短十几年的时间内取得的业绩成就和市场规模不得不令人称奇。归纳下来,信托业务之所以能够获得如此迅猛的扩展,主要有 3 个方面的宏观原因:一是自改革开放以来社会财富迅速增长的结果,尤其是全社会的财富向社会中少数人群集中造就了一批高净值人群,这些人群在财富增长后需要更加宽广的理财渠道,这也能够解释近 10 年来中国的信托产品虽然在现行的监管制度下是以私募的形式募集资金,但资金募集却往往供不应求的原因;二是中国利率市场化正在发展,信托能够为富余资金提供高于银行利率水平的收益,因此信托业务吸纳了大量的社会资金;三是信托业相比于传统的银行金融业务和证券业务而言,监管制度仍比较宽松,如银行业需要满足对净资本和信用额度等要求,但是信托业务则比较灵活,这也是信托业务能够在短时间内实现快速增长的原因之一。

虽然有以上种种的数据与分析,表明信托这一金融领域中的朝阳业务在中国已经获得了相当巨大的市场规模,但是在法律层面上,一些与信托制度相关的配套制度却仍然没有建立起来,如信托登记制度、信托税收制度、信托会计制度等的缺失,严重制约了信托业务的发展。

我们在办理本案件的过程中,深切地感受到了信托配套制度的缺失对信托业务造成的潜在风险,尤其是信托登记制度,使信托这一法律制

① “2014 年 2 季度末信托公司主要业务数据”,载 http://www.xtxh.net/xtxh/statistics/20277.htm,访问时间 2014 年 9 月 16 日。

度的功能大打折扣。因此,我们根据我们的心得与研究结果,在本部分专门对信托登记制度的现状及建议进行介绍,以期能够引起读者的关心和监管机构的重视。

在我国现行的法律框架下,仅在《信托法》第10条中对信托的登记进行了规定:“设立信托,对于信托财产,有关法律、行政法规规定应当办理登记手续的,应当依法办理信托登记。未依照前款规定办理信托登记的,应当补办登记手续;不补办的,该信托不产生效力。”该条只规定了登记的生效作用和公示作用,与一般的不动产物权权属登记的作用相同,未体现信托登记作为一种专有类型的登记制度的特殊之处;只是就信托财产登记进行原则性规定,缺少下位法及程序性法律法规与之配套,对信托财产登记的内容、程序、不同种类信托财产的登记分类和登记机构等,均未有任何涉及。此外,信托实务中也无依据《信托法》第十条进行的信托财产登记法律实践。

信托财产登记制度的缺失会产生如下不利后果:

(一)信托财产的破产隔离功能无法实现

《信托法》第17条规定:“除因下列情形之一外,对信托财产不得强制执行:(一)设立信托前债权人已对该信托财产享有优先受偿的权利,并依法行使该权利的;(二)受托人处理信托事务所产生债务,债权人要求清偿该债务的;(三)信托财产本身应担负的税款;(四)法律规定的其他情形。对于违反前款规定而强制执行信托财产,委托人、受托人或者受益人有权向人民法院提出异议。”本条规定的是信托财产的破产隔离功能,也正是信托能够吸引大量经济主体加入信托法律关系的重要诱因之一。

信托财产的独立性指信托财产独立于委托人的其他财产,同时独立于受托人的固有财产和其管理下的其他信托财产。信托财产的独立性是信托财产破产隔离功能的基础,而信托财产登记制度则是信托财产独立性的制度保障。没有信托财产登记制度,信托财产的权属无法取得公示、公信效力,善意第三人无法获悉信托财产的权属情况;甚至经过繁复多次的交易后,可能连信托当事人自身也无法准确地区分出信托财产。而若出现信托公司破产时,信托公司固有财产的债权人或其管理的其他信托财产上的债权人申请对特定信托财产强制执行时,《信托法》第17条的信托财产对抗强制执行的规定将得不到有效适用,信托财产的破产隔离功能便无从谈起。

(二)对信托实践中的信托交易结构有重大影响

信托设立时,如果当事人能依法办理信托财产登记,则信托关系自登记时起就已经成立并取得公示、公信效力,当事人的权利义务也就能依据信托法律进行调节。但由于我国缺乏信托财产登记制度,在我们代理的本例信托纠纷案件中所涉及的资产收益权信托的登记便无法进行,导致双方当事人只能采取变通交易结构的策略,将资产收益财产权信托的基础财产(在建工程)抵押给信托计划;而当地抵押登记部门对以信托合同为主合同的抵押合同不予办理抵押登记,双方又只好另行签订了一份《信托贷款合同》及相应的《抵押合同》,并用这两份合同在当地抵押登记部门办理了在建工程抵押登记。资产收益权信托关系被迫以信托贷款的形象出现,一方面扭曲了信托法律关系,如某信托公司就据此认为其与某房地产之间为信托贷款合同法律关系而非信托合同法律关系,进而试图主张高额的罚金、违约金等;另一方面,也埋藏了巨大的法律和交易的风险,如某房地产公司主张信托贷款合同未履行,抵押权未生效等,否定表面的信托贷款法律关系。由于大量的信托财产无法依法进行登记,导致出现了多种变通登记的现象,如以转让、过户登记代替信托登记;办理抵押、质押登记并进行公证,权当信托登记;或者干脆不对信托进行任何的登记，这些都给信托业的发展埋藏了巨大风险。

（三）受托人在以其固有资产对信托财产承担责任后，就信托财产应享有的优先受益权无法得到保障

受托人在经营信托财产时，以其固有资产对因信托财产而生的任何债务承担责任的，在处置信托财产时便有权享有就信托财产的优先得到受偿的地位。但如果没有有效的信托财产登记制度，信托财产无法与委托人和受托人的固有财产相区别，受托人则难以向第三人或信托财产上的其他债权人证明其对信托财产承担过特定责任，进而也难以享有就该信托财产的优先受益权。

对我国建立信托财产登记法律制度的建议

第一，全国人民代表大会及其常务委员会或国务院尽快制定规范信托财产登记行为的全国性的"信托登记法"或"信托登记条例"，明确信托财产登记的特有内涵和范畴，使信托财产登记真正能够有法可依。

第二，组建全国统一的信托财产登记中心。考虑到信托财产种类的多样性以及信托业内对信托财产产品的不断创新，可考虑设独立的统一信托登记机构，将所有的信托财产登记业务交由全国统一的信托登记机构办理。目前我国唯一的信托登记机构——上海信托登记中心，正在进行着有益的尝试。但由于该中心缺乏明确的法律及行政授权，也未获得有足够权威的官方机构的正式认可，且其属于自愿登记，并没有法律上的公示与对抗效力，因而不能解决《信托法》第10条所欠缺的信托生效问题，不能视为真正的信托登记。但是，可以考虑以上海信托登记中心为参照，建立全国统一的信托登记中心。

第三，建立满足不同信托财产种类并能适应其创新的信托财产登记规则。应对信托财产进行分类，依据不同的信托财产种类规定相适应的登记规则或登记办法，以适应信托财产品种的多样性和不断创新。

第四，建立适合不同种类信托财产的登记效力模式，对有权属登记的信托财产，应采用我国《信托法》第10条规定的登记生效主义。对无权属登记的信托财产，可借鉴日本、我国台湾地区的信托登记的经验，采用登记对抗主义，即不登记不得以信托财产为有限责任对抗善意第三人。

后　记

虽然经过了10余年的发展,信托业务和信托法律制度在中国仍然处于方兴未艾的阶段。实践总是领先于法律的发展,却又是法律发展最直接的推动力量,该信托纠纷案件引发的激烈讨论和强烈的社会反响无疑将会对信托业务和信托制度的发展有所影响。在承办本案之前,我们对信托制度的理解也是有雾里看花的感觉,对信托制度与我国大陆法系的传统如何衔接没有很深入地考虑,这个案件给了我们一个很好的思考和研究信托法律制度的进路,促使我们从根源、原理、法律移植的衔接上来学习和了解信托法律制度。这种不断地去探求事物的本源、不断更新自己的知识和认识、不断地去探索未知领域,也是作为一名律师职业道路上的享受。

据了解,信托业务中发生争议的现象并不鲜见,但是在过去经济高速增长的10年,尤其是信托资金主要流向的房地产领域可谓暴涨,因为信托公司业务盈利能力强,资金充裕,因此即使发生信托争议,也往往是通过协商的方式私下解决。随着中国经济的转型,尤其是房地产领域的降温,信托业务的盈利能力和增长速度有可能会经历暂时降低或放缓,这个阶段正是纠纷和诉讼多发阶段,而信托领域的法律还没有成熟的司法实践可供参考,因此无论是信托公司还是信托的其他当事人,对如何处理纠纷都比较困惑。

这种困惑不仅困扰着律师,更困扰着信托业务中的信托公司、信托融资方和信托投资人。在我们成功办理了本案后,不断有客户就信托法律领域的业务或者纠纷委托或者咨询我们。以我们最近为一家投资管理公司代理并且一审胜诉的一起信托纠纷案件为例。在该案中，几位同是信托计划受益人的自然人投资者以该投资管理公司虚假陈述、与其他受益人恶意串通为由，起诉其他信托受益人和信托公司，主张受益人大会的决议无效，要求退还信托公司已经处分的信托计划原持有的股权份额。该案件涉及的法律问题同样是一个接近空白的领域，受益人大会制度在我国的法律中还没有明确的制度性规定，更不用说对受益人大会决议的效力问题了。在信托合同中没有对受益人大会决议效力明确约定的情况下，我们的意见包括一审法院的意见是该情形可以类推适用《公司法》对股东会决议的规定。虽然仅是一个以受益人大会决议效力为核心的法律问题，但是纠纷涉及的交易过程包括了股权转让、国有资产评估等内容，整个案件适用的法律领域横跨《信托法》、《合同法》和《公司法》，如果对各个部门法没有很好地理解和把握以及融会贯通的能力，要分析清楚本案几乎是不可能的。我们从各方交易的过程、交易的背景、信托法下受托人和受益人的权利和义务以及公司法与信托法的衔接等几个内容进行了研究并在学习原上海高级人民法院副院长邹碧华所著《要件审判九步法》一书的基础上，审慎地确定原告请求权基础是否成立。对原告的主张提出了有针对性的抗辩。截至本书完成时，法院已经就该案件作出了一审判决，驳回了几位自然人投资人的诉讼请求。

不论是办理本书中的首例房地产营业信托案件，还是后来办理的其他与信托业务相关的案件，我们越来越深刻地感受到律师要把一个新型、疑难和复杂的案件办理好，两个必不可少的条件是快速学习新知识、新业务的能力和出色的研究能力。只有律师对事实和法律能够做到胸有成竹，才能够主动地引导法院的审理思路，精准有效地反驳对方的请求或抗辩。建领城达律师事务所为了能够提供高质量的研究内容，专门设置了研究部门，组织研究能力强的律师专门为办理案件提供支持。对一个新案件的工作流程是：先由资深的合伙人将案件中涉及的关键性问题进行归纳，然后由研究部门的律师对每一个问题进行深入、彻底的研究后，与主办律师团队分享和汇报，再经过团队的讨论和分析，制定有针对性的诉讼策略。这一点可以说是建领城达律师事务所自 2010 年成立以来的切身经验之谈和安身立命之本，也是诉讼案件保持了高胜诉率的一点秘诀，我们在本书中将办理案件的心得与体会分享出来，希望能够对律师界同行、信托行业专业人士和感兴趣的读者有所裨益。

在本书即将付梓之际，惊闻邹碧华法官逝世，本书在此特向这位推动中国的司法改革以及法律职业共同体的建设居功至伟的法律人致敬。

建领城达律师事务所主任

二〇一四年十二月三十一日

附　录

一、本案办理过程中所参考的主要书籍及资料

（一）实务性信托书籍：

1. 王巍、王连洲著：《房地产信托投融资实务及典型案例》，经济管理出版社。

2. 关景欣著：《中国信托法律操作实务》，法律出版社。

3. 张同庆著：《信托业务法律实务》，中国法制出版社。

4. 三菱日联信托银行著：《信托法务与实务》（第 5 版），张军建译，中国财政经济出版社。

（二）理论性书籍：

1. 高凌云著：《被误读的信托——信托法原论》，复旦大学出版社。

2. 徐孟洲著：《信托法学》（21 世纪高等学校金融学系列教材），中国金融出版社。

3. 周小明著：《信托制度：法理与实务》，中国法制出版社。

4. 董慧凝著：《信托财产法律问题研究》，法律出版社。

二、信托业务中涉及的主要法律法规及房地产信托贷款相关的主要规定

1.《信托法》

中华人民共和国信托法

（2001 年 4 月 28 日第九届全国人民代表大会常务委员会第二十一次会议通过 2001 年 4 月 28 日中华人民共和国主席令第 50 号公布 自 2001 年 10 月 1 日起施行）

目 录

第一章 总 则
第二章 信托的设立
第三章 信托财产
第四章 信托当事人
第一节 委托人
第二节 受托人
第三节 受益人
第五章 信托的变更与终止
第六章 公益信托
第七章 附 则

第一章 总 则

第一条 【立法目的】为了调整信托关系，规范信托行为，保护信托当事人的合法权益，促进信托事业的健康发展，制定本法。

第二条 【信托】本法所称信托，是指委托人基于对受托人的信任，将其财产权委托给受托人，由受托人按委托人的意愿以自己的名义，为受益人的利益或者特定目的，进行管理或者处分的行为。

第三条 【适用范围】委托人、受托人、受益人（以下统称信托当事人）在中华人民共和国境内进行民事、营业、公益信托活动，适用本法。

第四条 【具体办法】受托人采取信托机构形式从事信托活动，其组织和管理由国务院制定具体办法。

第五条 【信托活动必须守法】信托当事人进行信托活动，必须遵守法律、行政法规，遵循自愿、公平和诚实信用原则，不得损害国家利益和社会公共利益。

第二章 信托的设立

第六条 【信托目的的合法性】设立信托，必须有合法的信托目的。

第七条 【信托财产及其合法性】设立信托，必须有确定的信托财产，并且该信托财产必须是委托人合法所有的财产。

本法所称财产包括合法的财产权利。

第八条 【信托应采取书面形式】设立信托，应当采取书面形式。

书面形式包括信托合同、遗嘱或者法律、行政法规规定的其他书面文件等。

采取信托合同形式设立信托的，信托合同签订时，信托成立。采取其他书面形式设立信托的，受托人承诺信托时，信托成立。

第九条 【信托书面文件的载明事项】设立信托，其书面文件应当载明下列事项：

（一）信托目的；

（二）委托人、受托人的姓名或者名称、住所；

（三）受益人或者受益人范围；

（四）信托财产的范围、种类及状况；

（五）受益人取得信托利益的形式、方法。

除前款所列事项外，可以载明信托期限、信托财产的管理方法、受托人的报酬、新受托人的选任方式、信托终止事由等事项。

第十条 【信托登记】设立信托，对于信托财产，有关法律、行政法规规定应当办理登记手续的，应当依法办理信托登记。

未依照前款规定办理信托登记的，应当补办登记手续；不补办的，该信托不产生效力。

第十一条 【信托无效】有下列情形之一的，信托无效：

（一）信托目的违反法律、行政法规或者损害社会公共利益；

（二）信托财产不能确定；

（三）委托人以非法财产或者本法规定不得设立信托的财产设立信托；

（四）专以诉讼或者讨债为目的设立信托；

（五）受益人或者受益人范围不能确定；

（六）法律、行政法规规定的其他情形。

第十二条 【信托的撤销】委托人设立信托损害其债权人利益的，债权人有权申请人民法院撤销该信托。

人民法院依照前款规定撤销信托的，不影响善意受益人已经取得的信托利益。

本条第一款规定的申请权，自债权人知道或者应当知道撤销原因之日起一年内不行使的，归于消灭。

第十三条 【遗嘱信托】设立遗嘱信托，应当遵守继承法关于遗嘱的规定。

遗嘱指定的人拒绝或者无能力担任受托人的，由受益人另行选任受托人；受益人为无民事行为能力人或者限制民事行为能力人的，依法由其监护人代行选任。遗嘱对选任受托人另有规定的，从其规定。

第三章 信 托 财 产

第十四条 【信托财产的范围】受托人因承诺信托而取得的财产是信托财产。

受托人因信托财产的管理运用、处分或者其他情形而取得的财产，也归入信托财产。

法律、行政法规禁止流通的财产，不得作为信托财产。

法律、行政法规限制流通的财产，依法经有关主管部门批准后，可以作为信托财产。

第十五条 【信托财产与委托人其他财产的区别】信托财产与委托人未设立信托的其他财产相区别。设立信托后，委托人死亡或者依法解散、被依法撤销、被宣告破产时，委托人是唯一受益人的，信托终止，信托财产作为其遗产或者清算财产；委托人不是唯一受益人的，信托存续，信托财产不作为其遗产或者清算财产；但作为共同受益人的委托人死亡或者依法解散、被依法撤销、被宣告破产时，其信托受益权作为其遗产或者清算财产。

第十六条 【信托财产与受托人其他财产的区别】信托财产与属于受托人所有的财产（以下简称固有财产）相区别，不得归入受托人的固有财产或者成为固有财产的一部分。

受托人死亡或者依法解散、被依法撤销、被宣告破产而终止,信托财产不属于其遗产或者清算财产。

第十七条 【信托财产的强制执行】除因下列情形之一外,对信托财产不得强制执行:

(一)设立信托前债权人已对该信托财产享有优先受偿的权利,并依法行使该权利的;

(二)受托人处理信托事务所产生债务,债权人要求清偿该债务的;

(三)信托财产本身应担负的税款;

(四)法律规定的其他情形。

对于违反前款规定而强制执行信托财产,委托人、受托人或者受益人有权向人民法院提出异议。

第十八条 【债权债务的抵销】受托人管理运用、处分信托财产所产生的债权,不得与其固有财产产生的债务相抵销。

受托人管理运用、处分不同委托人的信托财产所产生的债权债务,不得相互抵销。

第四章 信托当事人

第一节 委 托 人

第十九条 【委托人的定义】委托人应当是具有完全民事行为能力的自然人、法人或者依法成立的其他组织。

第二十条 【委托人的了解权利】委托人有权了解其信托财产的管理运用、处分及收支情况,并有权要求受托人作出说明。

委托人有权查阅、抄录或者复制与其信托财产有关的信托帐目以及处理信托事务的其他文件。

第二十一条 【信托财产管理方法的调整】因设立信托时未能预见

的特别事由,致使信托财产的管理方法不利于实现信托目的或者不符合受益人的利益时,委托人有权要求受托人调整该信托财产的管理方法。

第二十二条 【信托目的的违反】受托人违反信托目的处分信托财产或者因违背管理职责、处理信托事务不当致使信托财产受到损失的,委托人有权申请人民法院撤销该处分行为,并有权要求受托人恢复信托财产的原状或者予以赔偿;该信托财产的受让人明知是违反信托目的而接受该财产的,应当予以返还或者予以赔偿。

前款规定的申请权,自委托人知道或者应当知道撤销原因之日起一年内不行使的,归于消灭。

第二十三条 【解任受托人】受托人违反信托目的处分信托财产或者管理运用、处分信托财产有重大过失的,委托人有权依照信托文件的规定解任受托人,或者申请人民法院解任受托人。

第二节 受 托 人

第二十四条 【受托人的定义】受托人应当是具有完全民事行为能力的自然人、法人。

法律、行政法规对受托人的条件另有规定的,从其规定。

第二十五条 【受托人的义务】受托人应当遵守信托文件的规定,为受益人的最大利益处理信托事务。

受托人管理信托财产,必须恪尽职守,履行诚实、信用、谨慎、有效管理的义务。

第二十六条 【受托人与谋利】受托人除依照本法规定取得报酬外,不得利用信托财产为自己谋取利益。

受托人违反前款规定,利用信托财产为自己谋取利益的,所得利益归入信托财产。

第二十七条 【不得转为固有财产】受托人不得将信托财产转为其固有财产。受托人将信托财产转为其固有财产的,必须恢复该信托财产的原状;造成信托财产损失的,应当承担赔偿责任。

第二十八条 【相互交易】受托人不得将其固有财产与信托财产进行交易或者将不同委托人的信托财产进行相互交易,但信托文件另有规定或者经委托人或者受益人同意,并以公平的市场价格进行交易的除外。

受托人违反前款规定,造成信托财产损失的,应当承担赔偿责任。

第二十九条 【分别管理与记帐】受托人必须将信托财产与其固有财产分别管理、分别记帐,并将不同委托人的信托财产分别管理、分别记帐。

第三十条 【受托人的再委托】受托人应当自己处理信托事务,但信托文件另有规定或者有不得已事由的,可以委托他人代为处理。

受托人依法将信托事务委托他人代理的,应当对他人处理信托事务的行为承担责任。

第三十一条 【共同受托人】同一信托的受托人有两个以上的,为共同受托人。

共同受托人应当共同处理信托事务,但信托文件规定对某些具体事务由受托人分别处理的,从其规定。

共同受托人共同处理信托事务,意见不一致时,按信托文件规定处理;信托文件未规定的,由委托人、受益人或者其利害关系人决定。

第三十二条 【连带赔偿责任】共同受托人处理信托事务对第三人所负债务,应当承担连带清偿责任。第三人对共同受托人之一所作的意思表示,对其他受托人同样有效。

共同受托人之一违反信托目的处分信托财产或者因违背管理职责、

处理信托事务不当致使信托财产受到损失的,其他受托人应当承担连带赔偿责任。

第三十三条 【记录与报告】受托人必须保存处理信托事务的完整记录。

受托人应当每年定期将信托财产的管理运用、处分及收支情况,报告委托人和受益人。

受托人对委托人、受益人以及处理信托事务的情况和资料负有依法保密的义务。

第三十四条 【受托人的支付义务】受托人以信托财产为限向受益人承担支付信托利益的义务。

第三十五条 【受托人的报酬】受托人有权依照信托文件的约定取得报酬。信托文件未作事先约定的,经信托当事人协商同意,可以作出补充约定;未作事先约定和补充约定的,不得收取报酬。

约定的报酬经信托当事人协商同意,可以增减其数额。

第三十六条 【不得请求给付报酬】受托人违反信托目的处分信托财产或者因违背管理职责、处理信托事务不当致使信托财产受到损失的,在未恢复信托财产的原状或者未予赔偿前,不得请求给付报酬。

第三十七条 【优先受偿与损失承担】受托人因处理信托事务所支出的费用、对第三人所负债务,以信托财产承担。受托人以其固有财产先行支付的,对信托财产享有优先受偿的权利。

受托人违背管理职责或者处理信托事务不当对第三人所负债务或者自己所受到的损失,以其固有财产承担。

第三十八条 【受托人的辞任】设立信托后,经委托人和受益人同意,受托人可以辞任。本法对公益信托的受托人辞任另有规定的,从其规定。

受托人辞任的,在新受托人选出前仍应履行管理信托事务的职责。

第三十九条 【受托人职责终止】受托人有下列情形之一的,其职责终止:

(一)死亡或者被依法宣告死亡;

(二)被依法宣告为无民事行为能力人或者限制民事行为能力人;

(三)被依法撤销或者被宣告破产;

(四)依法解散或者法定资格丧失;

(五)辞任或者被解任;

(六)法律、行政法规规定的其他情形。

受托人职责终止时,其继承人或者遗产管理人、监护人、清算人应当妥善保管信托财产,协助新受托人接管信托事务。

第四十条 【新受托人的选任】受托人职责终止的,依照信托文件规定选任新受托人;信托文件未规定的,由委托人选任;委托人不指定或者无能力指定的,由受益人选任;受益人为无民事行为能力人或者限制民事行为能力人的,依法由其监护人代行选任。

原受托人处理信托事务的权利和义务,由新受托人承继。

第四十一条 【受托人职责终止的责任】受托人有本法第三十九条第一款第(三)项至第(六)项所列情形之一,职责终止的,应当作出处理信托事务的报告,并向新受托人办理信托财产和信托事务的移交手续。

前款报告经委托人或者受益人认可,原受托人就报告中所列事项解除责任。但原受托人有不正当行为的除外。

第四十二条 【共同受托人之一职责终止后的信托财产管理和处分】共同受托人之一职责终止的,信托财产由其他受托人管理和处分。

第三节 受 益 人

第四十三条 【受益人】受益人是在信托中享有信托受益权的人。

受益人可以是自然人、法人或者依法成立的其他组织。

委托人可以是受益人，也可以是同一信托的唯一受益人。

受托人可以是受益人，但不得是同一信托的唯一受益人。

第四十四条 【信托受益权的起始】受益人自信托生效之日起享有信托受益权。信托文件另有规定的，从其规定。

第四十五条 【共同受益人信托利益的享有】共同受益人按照信托文件的规定享受信托利益。信托文件对信托利益的分配比例或者分配方法未作规定的，各受益人按照均等的比例享受信托利益。

第四十六条 【信托受益权的放弃】受益人可以放弃信托受益权。

全体受益人放弃信托受益权的，信托终止。

部分受益人放弃信托受益权的，被放弃的信托受益权按下列顺序确定归属：

（一）信托文件规定的人；

（二）其他受益人；

（三）委托人或者其继承人。

第四十七条 【信托受益权与受益人债务清偿】受益人不能清偿到期债务的，其信托受益权可以用于清偿债务，但法律、行政法规以及信托文件有限制性规定的除外。

第四十八条 【信托受益权的转让和继承】受益人的信托受益权可以依法转让和继承，但信托文件有限制性规定的除外。

第四十九条 【法院的裁定】受益人可以行使本法第二十条至第二十三条规定的委托人享有的权利。受益人行使上述权利，与委托人意见不一致时，可以申请人民法院作出裁定。

受托人有本法第二十二条第一款所列行为，共同受益人之一申请人民法院撤销该处分行为的，人民法院所作出的撤销裁定，对全体共同受益人有效。

第五章 信托的变更与终止

第五十条 【解除信托】委托人是唯一受益人的，委托人或者其继承人可以解除信托。信托文件另有规定的，从其规定。

第五十一条 【委托人变更受益人与处分受益权】设立信托后，有下列情形之一的，委托人可以变更受益人或者处分受益人的信托受益权：

（一）受益人对委托人有重大侵权行为；

（二）受益人对其他共同受益人有重大侵权行为；

（三）经受益人同意；

（四）信托文件规定的其他情形。

有前款第（一）项、第（三）项、第（四）项所列情形之一的，委托人可以解除信托。

第五十二条 【信托不终止的情形】信托不因委托人或者受托人的死亡、丧失民事行为能力、依法解散、被依法撤销或者被宣告破产而终止，也不因受托人的辞任而终止。但本法或者信托文件另有规定的除外。

第五十三条 【信托终止的情形】有下列情形之一的，信托终止：

（一）信托文件规定的终止事由发生；

（二）信托的存续违反信托目的；

（三）信托目的已经实现或者不能实现；

（四）信托当事人协商同意；

（五）信托被撤销；

（六）信托被解除。

第五十四条 【信托财产的归属】信托终止的，信托财产归属于信托文件规定的人；信托文件未规定的，按下列顺序确定归属：

（一）受益人或者其继承人；

（二）委托人或者其继承人。

第五十五条 【信托财产归属确定的后果】依照前条规定，信托财产的归属确定后，在该信托财产转移给权利归属人的过程中，信托视为存续，权利归属人视为受益人。

第五十六条 【信托终止后的信托财产的被执行】信托终止后，人民法院依据本法第十七条的规定对原信托财产进行强制执行的，以权利归属人为被执行人。

第五十七条 【信托终止后受托人报酬的请求】信托终止后，受托人依照本法规定行使请求给付报酬、从信托财产中获得补偿的权利时，可以留置信托财产或者对信托财产的权利归属人提出请求。

第五十八条 【清算报告】信托终止的，受托人应当作出处理信托事务的清算报告。受益人或者信托财产的权利归属人对清算报告无异议的，受托人就清算报告所列事项解除责任。但受托人有不正当行为的除外。

第六章 公益信托

第五十九条 【公益信托的法律适用】公益信托适用本章规定。本章未规定的，适用本法及其他相关法律的规定。

第六十条 【公益信托的范围】为了下列公共利益目的之一而设立的信托，属于公益信托：

（一）救济贫困；

（二）救助灾民；

（三）扶助残疾人；

（四）发展教育、科技、文化、艺术、体育事业；

（五）发展医疗卫生事业；

（六）发展环境保护事业，维护生态环境；

（七）发展其他社会公益事业。

第六十一条 【国家鼓励发展公益信托】国家鼓励发展公益信托。

第六十二条 【公益信托的批准】公益信托的设立和确定其受托人，应当经有关公益事业的管理机构（以下简称公益事业管理机构）批准。

未经公益事业管理机构的批准，不得以公益信托的名义进行活动。

公益事业管理机构对于公益信托活动应当给予支持。

第六十三条 【公益信托财产及其收益的使用】公益信托的信托财产及其收益，不得用于非公益目的。

第六十四条 【信托监察人】公益信托应当设置信托监察人。

信托监察人由信托文件规定。信托文件未规定的，由公益事业管理机构指定。

第六十五条 【信托监察人的权利】信托监察人有权以自己的名义，为维护受益人的利益，提起诉讼或者实施其他法律行为。

第六十六条 【公益信托人的辞任】公益信托的受托人未经公益事业管理机构批准，不得辞任。

第六十七条 【公益信托的检查、报告与公告】公益事业管理机构应当检查受托人处理公益信托事务的情况及财产状况。

受托人应当至少每年一次作出信托事务处理情况及财产状况报告，经信托监察人认可后，报公益事业管理机构核准，并由受托人予以公告。

第六十八条 【公益信托受托人的变更】公益信托的受托人违反信托义务或者无能力履行其职责的，由公益事业管理机构变更受托人。

第六十九条 【变更信托文件】公益信托成立后,发生设立信托时不能预见的情形,公益事业管理机构可以根据信托目的,变更信托文件中的有关条款。

第七十条 【终止报告】公益信托终止的,受托人应当于终止事由发生之日起十五日内,将终止事由和终止日期报告公益事业管理机构。

第七十一条 【公益信托终止的清算报告与公告】公益信托终止的,受托人作出的处理信托事务的清算报告,应当经信托监察人认可后,报公益事业管理机构核准,并由受托人予以公告。

第七十二条 【公益信托终止后信托财产的处理】公益信托终止,没有信托财产权利归属人或者信托财产权利归属人是不特定的社会公众的,经公益事业管理机构批准,受托人应当将信托财产用于与原公益目的相近似的目的,或者将信托财产转移给具有近似目的的公益组织或者其他公益信托。

第七十三条 【公益信托的委托人、受托人或受益人的诉权】公益事业管理机构违反本法规定的,委托人、受托人或者受益人有权向人民法院起诉。

第七章 附　　则

第七十四条 【生效日期】本法自 2001 年 10 月 1 日起施行。

2.《信托公司管理办法》

信托公司管理办法

(2007年1月23日　银监会令[2007]第2号

《信托公司管理办法》于2006年12月28日经会

第55次主席会议通过。现予公布,自2007年3月1日起施行)

第一章　总　　则

第一条　为加强对信托公司的监督管理,规范信托公司的经营行为,促进信托业的健康发展,根据《中华人民共和国信托法》、《中华人民共和国银行业监督管理法》等法律法规,制定本办法。

第二条　本办法所称信托公司,是指依照《中华人民共和国公司法》和本办法设立的主要经营信托业务的金融机构。

本办法所称信托业务,是指信托公司以营业和收取报酬为目的,以受托人身份承诺信托和处理信托事务的经营行为。

第三条　信托财产不属于信托公司的固有财产,也不属于信托公司对受益人的负债。信托公司终止时,信托财产不属于其清算财产。

第四条　信托公司从事信托活动,应当遵守法律法规的规定和信托文件的约定,不得损害国家利益、社会公共利益和受益人的合法权益。

第五条　中国银行业监督管理委员会对信托公司及其业务活动实施监督管理。

第二章　机构的设立、变更与终止

第六条　设立信托公司,应当采取有限责任公司或者股份有限公司的形式。

第七条 设立信托公司,应当经中国银行业监督管理委员会批准,并领取金融许可证。

未经中国银行业监督管理委员会批准,任何单位和个人不得经营信托业务,任何经营单位不得在其名称中使用"信托公司"字样。法律法规另有规定的除外。

第八条 设立信托公司,应当具备下列条件:

(一)有符合《中华人民共和国公司法》和中国银行业监督管理委员会规定的公司章程;

(二)有具备中国银行业监督管理委员会规定的入股资格的股东;

(三)具有本办法规定的最低限额的注册资本;

(四)有具备中国银行业监督管理委员会规定任职资格的董事、高级管理人员和与其业务相适应的信托从业人员;

(五)具有健全的组织机构、信托业务操作规程和风险控制制度;

(六)有符合要求的营业场所、安全防范措施和与业务有关的其他设施;

(七)中国银行业监督管理委员会规定的其他条件。

第九条 中国银行业监督管理委员会依照法律法规和审慎监管原则对信托公司的设立申请进行审查,作出批准或者不予批准的决定;不予批准的,应说明理由。

第十条 信托公司注册资本最低限额为3亿元人民币或等值的可自由兑换货币,注册资本为实缴货币资本。

申请经营企业年金基金、证券承销、资产证券化等业务,应当符合相关法律法规规定的最低注册资本要求。

中国银行业监督管理委员会根据信托公司行业发展的需要,可以调整信托公司注册资本最低限额。

第十一条 未经中国银行业监督管理委员会批准，信托公司不得设立或变相设立分支机构。

第十二条 信托公司有下列情形之一的，应当经中国银行业监督管理委员会批准：

（一）变更名称；

（二）变更注册资本；

（三）变更公司住所；

（四）改变组织形式；

（五）调整业务范围；

（六）更换董事或高级管理人员；

（七）变更股东或者调整股权结构，但持有上市公司流通股份未达到公司总股份5%的除外；

（八）修改公司章程；

（九）合并或者分立；

（十）中国银行业监督管理委员会规定的其他情形。

第十三条 信托公司出现分立、合并或者公司章程规定的解散事由，申请解散的，经中国银行业监督管理委员会批准后解散，并依法组织清算组进行清算。

第十四条 信托公司不能清偿到期债务，且资产不足以清偿债务或明显缺乏清偿能力的，经中国银行业监督管理委员会同意，可向人民法院提出破产申请。

中国银行业监督管理委员会可以向人民法院直接提出对该信托公司进行重整或破产清算的申请。

第十五条 信托公司终止时，其管理信托事务的职责同时终止。清算组应当妥善保管信托财产,作出处理信托事务的报告并向新受托人办理信托财产的移交。信托文件另有约定的,从其约定。

第三章 经营范围

第十六条 信托公司可以申请经营下列部分或者全部本外币业务:

(一)资金信托;

(二)动产信托;

(三)不动产信托;

(四)有价证券信托;

(五)其他财产或财产权信托;

(六)作为投资基金或者基金管理公司的发起人从事投资基金业务;

(七)经营企业资产的重组、购并及项目融资、公司理财、财务顾问等业务;

(八)受托经营国务院有关部门批准的证券承销业务;

(九)办理居间、咨询、资信调查等业务;

(十)代保管及保管箱业务;

(十一)法律法规规定或中国银行业监督管理委员会批准的其他业务。

第十七条 信托公司可以根据《中华人民共和国信托法》等法律法规的有关规定开展公益信托活动。

第十八条 信托公司可以根据市场需要,按照信托目的、信托财产的种类或者对信托财产管理方式的不同设置信托业务品种。

第十九条 信托公司管理运用或处分信托财产时,可以依照信托文件的约定,采取投资、出售、存放同业、买入返售、租赁、贷款等方式进行。中国银行业监督管理委员会另有规定的,从其规定。

信托公司不得以卖出回购方式管理运用信托财产。

第二十条 信托公司固有业务项下可以开展存放同业、拆放同业、贷款、租赁、投资等业务。投资业务限定为金融类公司股权投资、金融产品投资和自用固定资产投资。

信托公司不得以固有财产进行实业投资，但中国银行业监督管理委员会另有规定的除外。

第二十一条 信托公司不得开展除同业拆入业务以外的其他负债业务，且同业拆入余额不得超过其净资产的20%。中国银行业监督管理委员会另有规定的除外。

第二十二条 信托公司可以开展对外担保业务，但对外担保余额不得超过其净资产的50%。

第二十三条 信托公司经营外汇信托业务，应当遵守国家外汇管理的有关规定，并接受外汇主管部门的检查、监督。

第四章 经 营 规 则

第二十四条 信托公司管理运用或者处分信托财产，必须恪尽职守，履行诚实、信用、谨慎、有效管理的义务，维护受益人的最大利益。

第二十五条 信托公司在处理信托事务时应当避免利益冲突，在无法避免时，应向委托人、受益人予以充分的信息披露，或拒绝从事该项业务。

第二十六条 信托公司应当亲自处理信托事务。信托文件另有约定或有不得已事由时，可委托他人代为处理，但信托公司应尽足够的监督义务，并对他人处理信托事务的行为承担责任。

第二十七条 信托公司对委托人、受益人以及所处理信托事务的情况和资料负有依法保密的义务，但法律法规另有规定或者信托文件另有约定的除外。

第二十八条 信托公司应当妥善保存处理信托事务的完整记录，定期向委托人、受益人报告信托财产及其管理运用、处分及收支的情况。

委托人、受益人有权向信托公司了解对其信托财产的管理运用、处分及收支情况，并要求信托公司作出说明。

第二十九条 信托公司应当将信托财产与其固有财产分别管理、分别记账，并将不同委托人的信托财产分别管理、分别记账。

第三十条 信托公司应当依法建账，对信托业务与非信托业务分别核算，并对每项信托业务单独核算。

第三十一条 信托公司的信托业务部门应当独立于公司的其他部门，其人员不得与公司其他部门的人员相互兼职，业务信息不得与公司的其他部门共享。

第三十二条 以信托合同形式设立信托时，信托合同应当载明以下事项：

（一）信托目的；

（二）委托人、受托人的姓名或者名称、住所；

（三）受益人或者受益人范围；

（四）信托财产的范围、种类及状况；

（五）信托当事人的权利义务；

（六）信托财产管理中风险的揭示和承担；

（七）信托财产的管理方式和受托人的经营权限；

（八）信托利益的计算，向受益人交付信托利益的形式、方法；

（九）信托公司报酬的计算及支付；

（十）信托财产税费的承担和其他费用的核算；

（十一）信托期限和信托的终止；

（十二）信托终止时信托财产的归属；

（十三）信托事务的报告；

（十四）信托当事人的违约责任及纠纷解决方式；

（十五）新受托人的选任方式；

（十六）信托当事人认为需要载明的其他事项。

以信托合同以外的其他书面文件设立信托时，书面文件的载明事项按照有关法律法规规定执行。

第三十三条 信托公司开展固有业务，不得有下列行为：

（一）向关联方融出资金或转移财产；

（二）为关联方提供担保；

（三）以股东持有的本公司股权作为质押进行融资。

信托公司的关联方按照《中华人民共和国公司法》和企业会计准则的有关标准界定。

第三十四条 信托公司开展信托业务，不得有下列行为：

（一）利用受托人地位谋取不当利益；

（二）将信托财产挪用于非信托目的的用途；

（三）承诺信托财产不受损失或者保证最低收益；

（四）以信托财产提供担保；

（五）法律法规和中国银行业监督管理委员会禁止的其他行为。

第三十五条 信托公司开展关联交易，应以公平的市场价格进行，逐笔向中国银行业监督管理委员会事前报告，并按照有关规定进行信息披露。

第三十六条 信托公司经营信托业务，应依照信托文件约定以手续费或者佣金的方式收取报酬，中国银行业监督管理委员会另有规定的除外。

信托公司收取报酬，应当向受益人公开，并向受益人说明收费的具体标准。

第三十七条 信托公司违反信托目的处分信托财产，或者因违背管理职责、处理信托事务不当致使信托财产受到损失的，在恢复信托财产的原状或者予以赔偿前，信托公司不得请求给付报酬。

第三十八条 信托公司因处理信托事务而支出的费用、负担的债务，以信托财产承担，但应在信托合同中列明或明确告知受益人。信托公司以其固有财产先行支付的，对信托财产享有优先受偿的权利。因信托公司违背管理职责或者管理信托事务不当所负债务及所受到的损害，以其固有财产承担。

第三十九条 信托公司违反信托目的处分信托财产，或者管理运用、处分信托财产有重大过失的，委托人或受益人有权依照信托文件的约定解任该信托公司，或者申请人民法院解任该信托公司。

第四十条 受托人职责依法终止的，新受托人依照信托文件的约定选任；信托文件未规定的，由委托人选任；委托人不能选任的，由受益人选任；受益人为无民事行为能力人或者限制民事行为能力人的，依法由其监护人代行选任。新受托人未产生前，中国银行业监督管理委员会可以指定临时受托人。

第四十一条 信托公司经营信托业务，有下列情形之一的，信托终止：

（一）信托文件约定的终止事由发生；

（二）信托的存续违反信托目的；

（三）信托目的已经实现或者不能实现；

（四）信托当事人协商同意；

（五）信托期限届满；

（六）信托被解除；

（七）信托被撤销；

（八）全体受益人放弃信托受益权。

第四十二条 信托终止的，信托公司应当依照信托文件的约定作出处理信托事务的清算报告。受益人或者信托财产的权利归属人对清算报告无异议的，信托公司就清算报告所列事项解除责任，但信托公司有不当行为的除外。

第五章 监督管理

第四十三条 信托公司应当建立以股东（大）会、董事会、监事会、高级管理层等为主体的组织架构，明确各自的职责划分，保证相互之间独立运行、有效制衡，形成科学高效的决策、激励与约束机制。

第四十四条 信托公司应当按照职责分离的原则设立相应的工作岗位，保证公司对风险能够进行事前防范、事中控制、事后监督和纠正，形成健全的内部约束机制和监督机制。

第四十五条 信托公司应当按规定制订本公司的信托业务及其他业务规则，建立、健全本公司的各项业务管理制度和内部控制制度，并报中国银行业监督管理委员会备案。

第四十六条 信托公司应当按照国家有关规定建立、健全本公司的财务会计制度，真实记录并全面反映其业务活动和财务状况。公司年度财务会计报表应当经具有良好资质的中介机构审计。

第四十七条 中国银行业监督管理委员会可以定期或者不定期对信托公司的经营活动进行检查；必要时，可以要求信托公司提供由具有良好资质的中介机构出具的相关审计报告。

信托公司应当按照中国银行业监督管理委员会的要求提供有关业

务、财务等报表和资料，并如实介绍有关业务情况。

第四十八条 中国银行业监督管理委员会对信托公司实行净资本管理。具体办法由中国银行业监督管理委员会另行制定。

第四十九条 信托公司每年应当从税后利润中提取5%作为信托赔偿准备金，但该赔偿准备金累计总额达到公司注册资本的20%时，可不再提取。

信托公司的赔偿准备金应存放于经营稳健、具有一定实力的境内商业银行，或者用于购买国债等低风险高流动性证券品种。

第五十条 中国银行业监督管理委员会对信托公司的董事、高级管理人员实行任职资格审查制度。未经中国银行业监督管理委员会任职资格审查或者审查不合格的，不得任职。

信托公司对拟离任的董事、高级管理人员，应当进行离任审计，并将审计结果报中国银行业监督管理委员会备案。信托公司的法定代表人变更时，在新的法定代表人经中国银行业监督管理委员会核准任职资格前，原法定代表人不得离任。

第五十一条 中国银行业监督管理委员会对信托公司的信托从业人员实行信托业务资格管理制度。符合条件的，颁发信托从业人员资格证书；未取得信托从业人员资格证书的，不得经办信托业务。

第五十二条 信托公司的董事、高级管理人员和信托从业人员违反法律、行政法规或中国银行业监督管理委员会有关规定的，中国银行业监督管理委员会有权取消其任职资格或者从业资格。

第五十三条 中国银行业监督管理委员会根据履行职责的需要，可以与信托公司董事、高级管理人员进行监督管理谈话，要求信托公司董事、高级管理人员就信托公司的业务活动和风险管理的重大事项作出说明。

第五十四条 信托公司违反审慎经营规则的，中国银行业监督管理委员会责令限期改正；逾期未改正的，或者其行为严重危及信托公司的稳健运行、损害受益人合法权益的，中国银行业监督管理委员会可以区别情形，依据《中华人民共和国银行业监督管理法》等法律法规的规定，采取暂停业务、限制股东权利等监管措施。

第五十五条 信托公司已经或者可能发生信用危机，严重影响受益人合法权益的，中国银行业监督管理委员会可以依法对该信托公司实行接管或者督促机构重组。

第五十六条 中国银行业监督管理委员会在批准信托公司设立、变更、终止后，发现原申请材料有隐瞒、虚假的情形，可以责令补正或者撤销批准。

第五十七条 信托公司可以加入中国信托业协会，实行行业自律。

中国信托业协会开展活动，应当接受中国银行业监督管理委员会的指导和监督。

第六章 罚 则

第五十八条 未经中国银行业监督管理委员会批准，擅自设立信托公司的，由中国银行业监督管理委员会依法予以取缔；构成犯罪的，依法追究刑事责任；尚不构成犯罪的，由中国银行业监督管理委员会没收违法所得，违法所得五十万元以上的，并处违法所得一倍以上五倍以下罚款；没有违法所得或者违法所得不足五十万元的，处五十万元以上二百万元以下罚款。

第五十九条 未经中国银行业监督管理委员会批准，信托公司擅自设立分支机构或开展本办法第十九条、第二十条、第二十一条、第二十二条、第三十三条和第三十四条禁止的业务的，由中国银行业监督管理委员会责令改正，有违法所得的，没收违法所得，违法所得五十万元以上的，并处违法所得一倍以上五倍以下罚款；没有违法所得或者违法所得不足五十万元的，处五十万元以上二百万元以下罚款；情节特别严重或者逾期不改正的，责令停业整顿或者吊销其金融许可证；构成犯罪的，依法追究刑事责任。

第六十条 信托公司违反本办法其他规定的，中国银行业监督管理委员会根据《中华人民共和国银行业监督管理法》等法律法规的规定，采取相应的处罚措施。

第六十一条 信托公司有违法经营、经营管理不善等情形，不予撤销将严重危害金融秩序、损害公众利益的，由中国银行业监督管理委员会依法予以撤销。

第六十二条 对信托公司违规负有直接责任的董事、高级管理人员和其他直接责任人员，中国银行业监督管理委员会可以区别不同情形，根据《中华人民共和国银行业监督管理法》等法律法规的规定，采取罚款、取消任职资格或从业资格等处罚措施。

第六十三条 对中国银行业监督管理委员会的处罚决定不服的，可以依法提请行政复议或者向人民法院提起行政诉讼。

第七章 附 则

第六十四条 信托公司处理信托事务不履行亲自管理职责，即不承担投资管理人职责的，其注册资本不得低于1亿元人民币或等值的可自由兑换货币。对该类信托公司的监督管理参照本办法执行。

第六十五条 本办法由中国银行业监督管理委员会负责解释。

第六十六条 本办法自2007年3月1日起施行，原《信托投资公司管理办法》（中国人民银行令［2002］第5号）不再适用。

3.《信托公司集合资金信托计划管理办法》

信托公司集合资金信托计划管理办法

（中国银行业监督管理委员会令2007年第3号公布
根据2008年12月17日中国银行业监督管理委员会
第78次主席会议 《关于修改〈信托公司集合资金
信托计划管理办法〉的决定》修订）

第一章 总 则

第一条 为规范信托公司集合资金信托业务的经营行为，保障集合资金信托计划各方当事人的合法权益，根据《中华人民共和国信托法》、《中华人民共和国银行业监督管理法》等法律法规，制定本办法。

第二条 在中华人民共和国境内设立集合资金信托计划（以下简称信托计划），由信托公司担任受托人，按照委托人意愿，为受益人的利益，将两个以上（含两个）委托人交付的资金进行集中管理、运用或处分的资金信托业务活动，适用本办法。

第三条 信托计划财产独立于信托公司的固有财产，信托公司不得将信托计划财产归入其固有财产；信托公司因信托计划财产的管理、运用或者其他情形而取得的财产和收益，归入信托计划财产；信托公司因依法解散、被依法撤销或者被依法宣告破产等原因进行清算的，信托计划财产不属于其清算财产。

第四条 信托公司管理、运用信托计划财产，应当恪尽职守，履行诚实信用、谨慎勤勉的义务，为受益人的最大利益服务。

第二章 信托计划的设立

第五条 信托公司设立信托计划,应当符合以下要求:

(一)委托人为合格投资者;

(二)参与信托计划的委托人为惟一受益人;

(三)单个信托计划的自然人人数不得超过50人,但单笔委托金额在300万元以上的自然人投资者和合格的机构投资者数量不受限制;

(四)信托期限不少于1年;

(五)信托资金有明确的投资方向和投资策略,且符合国家产业政策以及其他有关规定;

(六)信托受益权划分为等额份额的信托单位;

(七)信托合同应约定受托人报酬,除合理报酬外,信托公司不得以任何名义直接或间接以信托财产为自己或他人牟利;

(八)中国银行业监督管理委员会规定的其他要求。

第六条 前条所称合格投资者,是指符合下列条件之一,能够识别、判断和承担信托计划相应风险的人:

(一)投资一个信托计划的最低金额不少于100万元人民币的自然人、法人或者依法成立的其他组织;

(二)个人或家庭金融资产总计在其认购时超过100万元人民币,且能提供相关财产证明的自然人;

(三)个人收入在最近3年内每年收入超过20万元人民币或者夫妻双方合计收入在最近3年内每年收入超过30万元人民币,且能提供相关收入证明的自然人。

第七条 信托公司推介信托计划,应有规范和详尽的信息披露材料,明示信托计划的风险收益特征,充分揭示参与信托计划的风险及风险承担原则，如实披露专业团队的履历、专业培训及从业经历，不得使用任何可能影响投资者进行独立风险判断的误导性陈述。

信托公司异地推介信托计划的，应当在推介前向注册地、推介地的中国银行业监督管理委员会省级派出机构报告。

第八条 信托公司推介信托计划时，不得有以下行为：

（一）以任何方式承诺信托资金不受损失，或者以任何方式承诺信托资金的最低收益；

（二）进行公开营销宣传；

（三）委托非金融机构进行推介；

（四）推介材料含有与信托文件不符的内容，或者存在虚假记载、误导性陈述或重大遗漏等情况；

（五）对公司过去的经营业绩作夸大介绍，或者恶意贬低同行；

（六）中国银行业监督管理委员会禁止的其他行为。

第九条 信托公司设立信托计划，事前应进行尽职调查，就可行性分析、合法性、风险评估、有无关联方交易等事项出具尽职调查报告。

第十条 信托计划文件应当包含以下内容：

（一）认购风险申明书；

（二）信托计划说明书；

（三）信托合同；

（四）中国银行业监督管理委员会规定的其他内容。

第十一条 认购风险申明书至少应当包含以下内容：

（一）信托计划不承诺保本和最低收益，具有一定的投资风险，适合风险识别、评估、承受能力较强的合格投资者。

（二）委托人应当以自己合法所有的资金认购信托单位，不得非法汇集他人资金参与信托计划。

（三）信托公司依据信托计划文件管理信托财产所产生的风险，由信托财产承担。信托公司因违背信托计划文件、处理信托事务不当而造成信托财产损失的，由信托公司以固有财产赔偿；不足赔偿时，由投资者自担。

（四）委托人在认购风险申明书上签字，即表明已认真阅读并理解所有的信托计划文件，并愿意依法承担相应的信托投资风险。

认购风险申明书一式二份，注明委托人认购信托单位的数量，分别由信托公司和受益人持有。

第十二条 信托计划说明书至少应当包括以下内容：

（一）信托公司的基本情况；

（二）信托计划的名称及主要内容；

（三）信托合同的内容摘要；

（四）信托计划的推介日期、期限和信托单位价格；

（五）信托计划的推介机构名称；

（六）信托经理人员名单、履历；

（七）律师事务所出具的法律意见书；

（八）风险警示内容；

（九）中国银行业监督管理委员会规定的其他内容。

第十三条 信托合同应当载明以下事项：

（一）信托目的；

（二）受托人、保管人的姓名（或者名称）、住所；

（三）信托资金的币种和金额；

（四）信托计划的规模与期限；

（五）信托资金管理、运用和处分的具体方法或安排；

（六）信托利益的计算、向受益人交付信托利益的时间和方法；

(七)信托财产税费的承担、其他费用的核算及支付方法;

(八)受托人报酬计算方法、支付期间及方法;

(九)信托终止时信托财产的归属及分配方式;

(十)信托当事人的权利、义务;

(十一)受益人大会召集、议事及表决的程序和规则;

(十二)新受托人的选任方式;

(十三)风险揭示;

(十四)信托当事人的违约责任及纠纷解决方式;

(十五)信托当事人约定的其他事项。

第十四条 信托合同应当在首页右上方用醒目字体载明下列文字:信托公司管理信托财产应恪尽职守,履行诚实、信用、谨慎、有效管理的义务。信托公司依据本信托合同约定管理信托财产所产生的风险,由信托财产承担。信托公司因违背本信托合同、处理信托事务不当而造成信托财产损失的,由信托公司以固有财产赔偿;不足赔偿时,由投资者自担。

第十五条 委托人认购信托单位前,应当仔细阅读信托计划文件的全部内容,并在认购风险申明书中签字,申明愿意承担信托计划的投资风险。

信托公司应当提供便利,保证委托人能够查阅或者复制所有的信托计划文件,并向委托人提供信托合同文本原件。

第十六条 信托公司推介信托计划时,可与商业银行签订信托资金代理收付协议。委托人以现金方式认购信托单位,可由商业银行代理收付。信托公司委托商业银行办理信托计划收付业务时,应明确界定双方的权利义务关系,商业银行只承担代理资金收付责任,不承担信托计划的投资风险。

信托公司可委托商业银行代为向合格投资者推介信托计划。

第十七条 信托计划推介期限届满，未能满足信托文件约定的成立条件的，信托公司应当在推介期限届满后30日内返还委托人已缴付的款项，并加计银行同期存款利息。由此产生的相关债务和费用，由信托公司以固有财产承担。

第十八条 信托计划成立后，信托公司应当将信托计划财产存入信托财产专户，并在5个工作日内向委托人披露信托计划的推介、设立情况。

第三章 信托计划财产的保管

第十九条 信托计划的资金实行保管制。对非现金类的信托财产，信托当事人可约定实行第三方保管，但中国银行业监督管理委员会另有规定的，从其规定。

信托计划存续期间，信托公司应当选择经营稳健的商业银行担任保管人。信托财产的保管账户和信托财产专户应当为同一账户。

信托公司依信托计划文件约定需要运用信托资金时，应当向保管人书面提供信托合同复印件及资金用途说明。

第二十条 保管协议至少应包括以下内容：

（一）受托人、保管人的名称、住所；

（二）受托人、保管人的权利义务；

（三）信托计划财产保管的场所、内容、方法、标准；

（四）保管报告内容与格式；

（五）保管费用；

（六）保管人对信托公司的业务监督与核查；

（七）当事人约定的其他内容。

第二十一条 保管人应当履行以下职责：

(一)安全保管信托财产；

(二)对所保管的不同信托计划分别设置账户，确保信托财产的独立性；

(三)确认与执行信托公司管理运用信托财产的指令，核对信托财产交易记录、资金和财产账目；

(四)记录信托资金划拨情况，保存信托公司的资金用途说明；

(五)定期向信托公司出具保管报告；

(六)当事人约定的其他职责。

第二十二条 遇有信托公司违反法律法规和信托合同、保管协议操作时，保管人应当立即以书面形式通知信托公司纠正；当出现重大违法违规或者发生严重影响信托财产安全的事件时，保管人应及时报告中国银行业监督管理委员会。

第四章 信托计划的运营与风险管理

第二十三条 信托公司管理信托计划，应设立为信托计划服务的信托资金运用、信息处理等部门，并指定信托经理及其相关的工作人员。

每个信托计划至少配备一名信托经理。担任信托经理的人员，应当符合中国银行业监督管理委员会规定的条件。

第二十四条 信托公司对不同的信托计划，应当建立单独的会计账户分别核算、分别管理。

第二十五条 信托资金可以进行组合运用，组合运用应有明确的运用范围和投资比例。

信托公司运用信托资金进行证券投资，应当采用资产组合的方式，事先制定投资比例和投资策略，采取有效措施防范风险。

第二十六条 信托公司可以运用债权、股权、物权及其他可行方式运用信托资金。

信托公司运用信托资金,应当与信托计划文件约定的投资方向和投资策略相一致。

第二十七条 信托公司管理信托计划,应当遵守以下规定:

(一)不得向他人提供担保;

(二)向他人提供贷款不得超过其管理的所有信托计划实收余额的30%,但中国银行业监督管理委员会另有规定的除外;

(三)不得将信托资金直接或间接运用于信托公司的股东及其关联人,但信托资金全部来源于股东或其关联人的除外;

(四)不得以固有财产与信托财产进行交易;

(五)不得将不同信托财产进行相互交易;

(六)不得将同一公司管理的不同信托计划投资于同一项目。

第二十八条 信托公司管理信托计划而取得的信托收益,如果信托计划文件没有约定其他运用方式的,应当将该信托收益交由保管人保管,任何人不得挪用。

第五章 信托计划的变更、终止与清算

第二十九条 信托计划存续期间,受益人可以向合格投资者转让其持有的信托单位。信托公司应为受益人办理受益权转让的有关手续。

信托受益权进行拆分转让的,受让人不得为自然人。机构所持有的信托受益权,不得向自然人转让或拆分转让。

第三十条 有下列情形之一的,信托计划终止:

(一)信托合同期限届满;

(二)受益人大会决定终止;

（三）受托人职责终止，未能按照有关规定产生新受托人；

（四）信托计划文件约定的其他情形。

第三十一条 信托计划终止，信托公司应当于终止后10个工作日内做出处理信托事务的清算报告，经审计后向受益人披露。信托文件约定清算报告不需要审计的，信托公司可以提交未经审计的清算报告。

第三十二条 清算后的剩余信托财产，应当依照信托合同约定按受益人所持信托单位比例进行分配。分配方式可采取现金方式、维持信托终止时财产原状方式或者两者的混合方式。

采取现金方式的，信托公司应当于信托计划文件约定的分配日前或者信托期满日前变现信托财产，并将现金存入受益人账户。

采取维持信托终止时财产原状方式的，信托公司应于信托期满后的约定时间内，完成与受益人的财产转移手续。信托财产转移前，由信托公司负责保管。保管期间，信托公司不得运用该财产。保管期间的收益归属于信托财产，发生的保管费用由被保管的信托财产承担。因受益人原因导致信托财产无法转移的，信托公司可以按照有关法律法规进行处理。

第三十三条 信托公司应当用管理信托计划所产生的实际信托收益进行分配，严禁信托公司将信托收益归入其固有财产，或者挪用其他信托财产垫付信托计划的损失或收益。

第六章 信息披露与监督管理

第三十四条 信托公司应当依照法律法规的规定和信托计划文件的约定按时披露信息，并保证所披露信息的真实性、准确性和完整性。

第三十五条 受益人有权向信托公司查询与其信托财产相关的信息，信托公司应在不损害其他受益人合法权益的前提下，准确、及时、完整地提供相关信息，不得拒绝、推诿。

第三十六条 信托计划设立后，信托公司应当依信托计划的不同，按季制作信托资金管理报告、信托资金运用及收益情况表。

第三十七条 信托资金管理报告至少应包含以下内容：

（一）信托财产专户的开立情况；

（二）信托资金管理、运用、处分和收益情况；

（三）信托经理变更情况；

（四）信托资金运用重大变动说明；

（五）涉及诉讼或者损害信托计划财产、受益人利益的情形；

（六）信托计划文件约定的其他内容。

第三十八条 信托计划发生下列情形之一的，信托公司应当在获知有关情况后3个工作日内向受益人披露，并自披露之日起7个工作日内向受益人书面提出信托公司采取的应对措施：

（一）信托财产可能遭受重大损失；

（二）信托资金使用方的财务状况严重恶化；

（三）信托计划的担保方不能继续提供有效的担保。

第三十九条 信托公司应当妥善保存管理信托计划的全部资料，保存期自信托计划结束之日起不得少于15年。

第四十条 中国银行业监督管理委员会依法对信托公司管理信托计划的情况实施现场检查和非现场监管，并要求信托公司提供管理信托计划的相关资料。

中国银行业监督管理委员会在现场检查或非现场监管中发现信托公司存在违法违规行为的，应当根据《中华人民共和国银行业监督管理法》等法律法规的规定，采取暂停业务、限制股东权利等监管措施。

第七章 受益人大会

第四十一条 受益人大会由信托计划的全体受益人组成,依照本办法规定行使职权。

第四十二条 出现以下事项而信托计划文件未有事先约定的,应当召开受益人大会审议决定:

(一)提前终止信托合同或者延长信托期限;

(二)改变信托财产运用方式;

(三)更换受托人;

(四)提高受托人的报酬标准;

(五)信托计划文件约定需要召开受益人大会的其他事项。

第四十三条 受益人大会由受托人负责召集,受托人未按规定召集或不能召集时,代表信托单位10%以上的受益人有权自行召集。

第四十四条 召集受益人大会,召集人应当至少提前10个工作日公告受益人大会的召开时间、会议形式、审议事项、议事程序和表决方式等事项。

受益人大会不得就未经公告的事项进行表决。

第四十五条 受益人大会可以采取现场方式召开,也可以采取通讯等方式召开。

每一信托单位具有一票表决权,受益人可以委托代理人出席受益人大会并行使表决权。

第四十六条 受益人大会应当有代表50%以上信托单位的受益人参加,方可召开;大会就审议事项作出决定,应当经参加大会的受益人所持表决权的2/3以上通过;但更换受托人、改变信托财产运用方式、提前终止信托合同,应当经参加大会的受益人全体通过。

受益人大会决定的事项,应当及时通知相关当事人,并向中国银行业监督管理委员会报告。

第八章　罚　　则

第四十七条　信托公司设立信托计划不遵守本办法有关规定的,由中国银行业监督管理委员会责令改正;逾期不改正的,处10万元以上30万元以下罚款;情节特别严重的,可以责令停业整顿或者吊销其金融许可证。

第四十八条　信托公司推介信托计划违反本办法有关规定的,由中国银行业监督管理委员会责令停止,返还所募资金并加计银行同期存款利息,并处20万元以上50万元以下罚款;构成犯罪的,依法追究刑事责任。

第四十九条　信托公司管理信托计划违反本办法有关规定的,由中国银行业监督管理委员会责令改正;有违法所得的,没收违法所得,并处违法所得1倍以上5倍以下罚款;没有违法所得的,处20万元以上50万元以下罚款;情节特别严重或者逾期不改正的,可以责令停业整顿或者吊销其金融许可证;构成犯罪的,依法追究刑事责任。

第五十条　信托公司不依本办法进行信息披露或者披露的信息有虚假记载、误导性陈述或者重大遗漏的,由中国银行业监督管理委员会责令改正,并处20万元以上50万元以下罚款;给受益人造成损害的,依法承担赔偿责任。

第五十一条　信托公司设立、管理信托计划存在其他违法违规行为的,中国银行业监督管理委员会可以根据《中华人民共和国银行业监督管理法》等法律法规的规定,采取相应的处罚措施。

第九章 附　则

第五十二条　两个以上(含两个)单一资金信托用于同一项目的,委托人应当为符合本办法规定的合格投资者,并适用本办法规定。

第五十三条　动产信托、不动产信托以及其他财产和财产权信托进行受益权拆分转让的,应当遵守本办法的相关规定。

第五十四条　本办法由中国银行业监督管理委员会负责解释。

第五十五条　本办法自2007年3月1日起施行,原《信托投资公司资金信托管理暂行办法》(中国人民银行令〔2002〕第7号)不再适用。

4. 房地产信托贷款的条件"432"的相关规定

(1)"四证"要求的来源

《中国银行业监督管理委员会关于进一步加强房地产信贷》的通知(银监发〔2006〕54号):四、严格执行有关信贷管理规定,规范开发贷款行为。各银行业金融机构要扎实做好房地产贷款"三查",全过程监控开发商项目资本金水平及其变化,严禁向项目资本金比例达不到35%(不含经济适用房)、"四证"不齐等不符合贷款条件的房地产开发企业发放贷款。

《中国银监会办公厅关于加强信托公司房地产、证券业务监管有关问题的通知》(银监办发〔2008〕265号):一、信托公司要严格按照《中国银行业监督管理委员会关于进一步加强房地产信贷管理的通知》(银监发〔2006〕54号)等有关法规从事房地产业务。

(一)严禁向未取得国有土地使用证、建设用地规划许可证、建设工程规划许可证、建筑工程施工许可证("四证")的房地产项目发放贷款,严禁以投资附加回购承诺、商品房预售回购等方式间接发放房地产贷款。

（2）“30%项目资本金”要求的来源

《中国银监会关于信托公司开展项目融资业务涉及项目资本金有关问题的通知》（银监发〔2009〕84号）：一、信托公司要严格执行国家固定资产投资项目资本金管理制度，加强对项目资本金来源及到位真实性的审查认定。对股东借款（股东承诺在项目公司偿还银行或信托公司贷款前放弃对该股东借款受偿权的情形除外）、银行贷款等债务性资金和除商业银行私人银行业务外的银行个人理财资金，不得充作项目资本金。信托公司应要求借款人提供资本金到位的合法、有效证明，必要时应委托有资质的中介机构进行核实认定。二、信托公司不得将债务性集合信托计划资金用于补充项目资本金，以达到国家规定的最低项目资本金要求。前述债务性集合信托计划资金包括以股权投资附加回购承诺（含投资附加关联方受让或投资附加其他第三方受让的情形）等方式运用的信托资金。信托公司按照《信托公司私人股权投资信托业务操作指引》开展私人股权投资信托业务时，约定股权投资附加回购选择权的情形不适用前款规定。

《国务院关于调整固定资产投资项目资本金比例的通知》（国发〔2009〕27号）：保障性住房和普通商品住房项目的最低资本金比例为20%，其他房地产开发项目的最低资本金比例为30%。

（3）“二级房地产开发资质”要求的来源

《中国银监会办公厅关于加强信托公司房地产、证券业务监管有关问题的通知》（银监办发〔2008〕265号）：申请信托公司贷款（包括以投资附加回购承诺、商品房预售回购等方式的间接贷款）的房地产开发企业资质应不低于国家建设行政主管部门核发的二级房地产开发资质。

《中国银监会办公厅关于加强信托公司房地产业务监管有关问题的通知》(银监办发〔2010〕54 号):三、停止执行《中国银监会关于支持信托公司创新发展有关问题的通知》(银监发〔2009〕25 号)第十条中对监管评级 2C 级(含)以上、经营稳健、风险管理水平良好的信托公司发放房地产开发项目贷款的例外规定,信托公司发放贷款的房地产开发项目必须满足"四证"齐全、开发商或其控股股东具备二级资质、项目资本金比例达到国家最低要求等条件。